"十三五"国家重点出版物出版规划项目

|经|济|建|设|卷|

中国收入分配体制改革

REFORM OF CHINA'S INCOME
DISTRIBUTION SYSTEM

刘灿 李萍 等著

中国财经出版传媒集团
经济科学出版社
Economic Science Press

图书在版编目（CIP）数据

中国收入分配体制改革/刘灿等著．—北京：经济科学出版社，2019.2（2022.9 重印）

（中国道路·经济建设卷）

ISBN 978-7-5218-0281-8

Ⅰ.①中… Ⅱ.①刘… Ⅲ.①收入分配－经济体制改革－研究－中国 Ⅳ.①F124.7

中国版本图书馆 CIP 数据核字（2019）第 032824 号

责任编辑：于海汛
责任校对：曹育伟
责任印制：李　鹏

中国收入分配体制改革

刘　灿　李　萍　等著

经济科学出版社出版、发行　新华书店经销
社址：北京市海淀区阜成路甲 28 号　邮编：100142
总编部电话：010-88191217　发行部电话：010-88191522
网址：www.esp.com.cn
电子邮件：esp@esp.com.cn
天猫网店：经济科学出版社旗舰店
网址：http://jjkxcbs.tmall.com
北京季蜂印刷有限公司印装
710×1000　16 开　19 印张　250000 字
2019 年 2 月第 1 版　2022 年 9 月第 2 次印刷
ISBN 978-7-5218-0281-8　定价：68.00 元
（图书出现印装问题，本社负责调换。电话：010-88191510）
（版权所有　侵权必究　打击盗版　举报热线：010-88191661
QQ：2242791300　营销中心电话：010-88191537
电子邮箱：dbts@esp.com.cn）

《中国道路》丛书编委会

顾　　　问：魏礼群　马建堂　许宏才

总　主　编：顾海良

编委会成员：（按姓氏笔画为序）
　　　　　　马建堂　王天义　吕　政　向春玲
　　　　　　汪林平　陈江生　季正聚　季　明
　　　　　　竺彩华　周法兴　赵建军　逢锦聚
　　　　　　姜　辉　顾海良　高　飞　黄泰岩
　　　　　　傅才武　曾　峻　魏礼群　魏海生

经济建设卷

主　　　编：黄泰岩　吕　政　王天义

《中国道路》丛书审读委员会

主　任：吕　萍

委　员：（按姓氏笔画为序）
　　　　刘明晖　李洪波　陈迈利　柳　敏
　　　　樊曙华

总　序

中国道路就是中国特色社会主义道路。习近平总书记指出，中国特色社会主义这条道路来之不易，它是在改革开放三十多年的伟大实践中走出来的，是在中华人民共和国成立六十多年的持续探索中走出来的，是在对近代以来一百七十多年中华民族发展历程的深刻总结中走出来的，是在对中华民族五千多年悠久文明的传承中走出来的，具有深厚的历史渊源和广泛的现实基础。

道路决定命运。中国道路是发展中国、富强中国之路，是一条实现中华民族伟大复兴中国梦的人间正道、康庄大道。要增强中国道路自信、理论自信、制度自信、文化自信，确保中国特色社会主义道路沿着正确方向胜利前进。《中国道路》丛书，就是以此为主旨，对中国道路的实践、成就和经验，以及历史、现实与未来，分卷分册做出全景式展示。

丛书按主题分作十卷百册。十卷的主题分别为：经济建设、政治建设、文化建设、社会建设、生态文明建设、国防与军队建设、外交与国际战略、党的领导和建设、马克思主义中国化、世界对中国道路评价。每卷按分卷主题的具体内容分为若干册，各册对实践探索、改革历程、发展成效、经验总结、理论创新等方面问题做出阐释。在阐释中，以改革开放四十年伟大实践为主要内容，结合新中国成立近七十年的持续探索，对中华民族近代以来发展历程以及悠久文明传承的总结，既有强烈的时代感，又有深刻的历史感召力和面向未来的震撼力。

丛书整体策划，分卷作业。在写作风格上，注重历史和现实相贯通、国际和国内相关联、理论和实际相结合，对中国道路的重大理论和实践问题做出探索；注重对中国道路的实践经验、理论创新做出求实、求真的阐释；注重对中国道路做出富有特色的、令人信服的国际表达；注重对中国道路为发展中国家走向现代化的途径、为解决人类问题所贡献的中国智慧和中国方案的阐释。

在新中国成立特别是改革开放以来我国发展取得的重大成就基础上，近代以来久经磨难的中华民族实现了从站起来、富起来到强起来的历史性飞跃，焕发出强大生机活力，迈进中国特色社会主义道路发展的新时代。在新时代建设社会主义现代化强国的新的历史征程中，中国财经出版传媒集团经济科学出版社、中国特色社会主义经济建设协同创新中心精心策划、组织编写《中国道路》丛书有着更为显著的、重要的理论意义和现实意义。

《中国道路》丛书 2015 年策划启动，2017 年开始陆续推出。丛书 2016 年列入"十三五"国家重点出版物出版规划项目、主题出版规划项目，2017 年列入国家"90 种迎接党的十九大精品出版选题"，2018 年获国家出版基金资助。

《中国道路》丛书编委会
2018 年 12 月

目 录

第一章 马克思收入分配理论与社会主义分配原则 ······ 1

一、马克思收入分配理论 / 2
二、苏联社会主义建设中的收入分配理论和实践 / 8
三、中国社会主义建设中收入分配原则的历史演进 / 9
四、马克思收入分配理论中国化取得的重大理论与实践突破 / 15

第二章 中国收入分配体制改革：理论逻辑与基本演变轨迹 ······ 27

一、理论逻辑起点：基本概念界定 / 28
二、中国收入分配体制改革的理论分析框架 / 33
三、中国收入分配体制的形成与演变："三个阶段"与基本变迁轨迹 / 38

第三章 中国计划经济时期收入分配体制的形成与发展（1949~1978年） ······ 47

一、初步探索社会主义社会必须实行按劳分配原则 / 48

二、过渡时期"私转公"混合型收入分配的产生和
终结：1949~1956 年 / 51

三、传统计划经济时期公有制单一型按劳分配体制的
确立和演变：1957~1978 年 / 55

四、传统按劳分配体制及其实践：反思与启示 / 69

第四章 中国体制转轨与收入分配体制改革启动（1978~1992 年） …………… 77

一、中国收入分配制度的理论进展和思想
讨论：1978~1992 年 / 78

二、改革开放初期"主与补"混合型收入分配体制
改革与转向的动因 / 86

三、改革开放初期"主与补"混合型收入分配体制
改革与转向的突破：1978~1986 年 / 92

四、改革开放背景下"主与补"混合型收入分配体制
改革与转向的深入：1987~1992 年 / 106

五、中国体制转轨与"主与补"混合型收入分配体制
嬗变：特征、内在逻辑与演变方向 / 116

第五章 中国社会主义市场经济体制确立与收入分配体制改革创新（1992 年至今） ………… 125

一、中国收入分配制度的理论进展和思想
讨论：1992 年至今 / 126

二、社会主义市场经济体制确立时期"主与并"混合
型收入分配制度的初步确立：1992~2001 年 / 147

三、社会主义市场经济体制下"主与并"混合型收入
分配体制优化：2002~2012 年 / 156

四、社会主义市场经济体制完善与收入分配体制
改革深化（2012 年至今） / 168

五、社会主义市场经济体制下"主与并"混合型收入
　　分配体制改革创新：成效、矛盾与启示 / 177

第六章　中国收入分配体制改革总结与展望 …………… 217

一、中国特色社会主义收入分配理论创新的
　　时代意义 / 217
二、中国特色社会主义收入分配制度的演变逻辑与
　　方法论意义 / 228
三、新时期深化收入分配制度改革的路径：走共享
　　发展的中国道路 / 255

参考文献 / 277
后记 / 290

第一章

马克思收入分配理论与社会主义分配原则

新中国成立以来，在马克思收入分配理论的指导下，在中国经济建设实践经验的积累中，社会主义收入分配制度改革走过了近 70 年的探索历程，逐步形成了坚持按劳分配原则、完善按要素分配体制机制，效率与公平相结合的收入分配制度。这一进程是马克思收入分配理论中国化的过程，也是社会主义市场经济条件下，收入分配制度不断探索、创新的过程。在马克思经典收入分配理论的基础上，实现了对一系列重大理论和现实问题原创性的突破，形成了中国特色社会主义的收入分配原则。这些问题包括：在社会主义市场经济中为什么可以，以及如何实行按劳分配？为什么需要结合按要素分配？社会主义市场经济中按要素分配的含义是什么？按劳分配与按要素分配如何相结合？怎样处理社会主义收入分配制度中效率与公平的关系？如何实现共同富裕与共享发展等。

马克思在对现代社会经济运行规律做出科学分析的基础上，刻画了未来社会按劳分配产生的原因和运行的方式；中国则是在改革与发展的历史征程中为马克思收入分配理论的运行提供了实践经验，为理论赋予了新生。

一、马克思收入分配理论

经典的马克思收入分配理论应包括两大部分：一部分是建立在对资本主义生产方式深刻剖析基础上的，对资本主义分配关系、分配方式及其历史发展规律的解释；另一部分是在深刻剖析资本主义生产关系和分配关系的同时，批判并吸收空想社会主义者关于未来社会分配问题的观点，创立起的科学的按劳分配理论。

（一）马克思关于资本主义收入分配关系的理论

马克思对收入分配问题的分析建立在劳动价值论、剩余价值论、资本积累理论等基础上。劳动价值论确定了分配的实体是劳动创造的价值；劳动力商品理论、剩余价值理论解开了剩余价值来源的奥秘，也揭示了抽象劳动创造的新价值（v+m）的分配规则，以及工资的本质、形式和变动规律。工人的劳动是新价值的唯一来源，新价值在工人阶级和资本家阶级之间的分配因此具有"初次分配"的含义，分配的结果是工人取得劳动力价值、资本家占有剩余价值。

在马克思主义经济学中，生产、分配、交换、消费是经济运行密不可分的四个环节。在《〈政治经济学批判〉导言》中，马克思这样论述，"照最浅薄的理解，分配表现为产品的分配，因此它仿佛离生产很远，对生产是独立的。但是，在分配是产品的分配之前，它是：（1）生产工具的分配；（2）社会成员在各类生产之间的分配（个人从属于一定的生产关系）——这是上述同一关系的进一步规定。这种分配关系包含在生产过程本身中而且决定生产的结构、产品的分配显然只是这种分配的结果。……有了这种本来构成生产的一个要素的分配，产品的分配自然也就确定了。"①

"所谓分配关系,是同生产过程的历史规定的特殊形式,以及人们在他们生活的再生产过程中互相所处的关系相适应的,并且是由这些形式和关系产生的。这些分配的历史性质就是生产关系的历史性质,分配关系不过表示生产关系的一个方面。"②

因而,在马克思的收入分配理论中,生产与分配的关系表现为:首先,生产资料的分配是分配的基础,资本主义生产关系存续、v 和 m 在劳资间进行分配的前提是劳动者和生产资料的分离。其次,参与生产的形式决定了获取分配的形式。人们以雇佣工人的身份参与生产,就以工资的形式获得分配,以资本家的身份参与生产,就以利润的形式获得分配。③ 生产要素参与生产的形式决定产品分配的形式,而前者又取决于该社会生产资料的分配和生产者在各类生产之间的分配。再次,马克思对资本主义收入分配问题的讨论不是以个人为起点的,而是以一定的生产关系和分配关系为起点,讨论的是新价值在阶级之间和阶级内部的分配过程。最后,分配关系既然与生产关系是同一的,也就同样具有历史暂时性,随着资本主义生产关系消亡,资本主义分配关系也将被未来社会的分配关系所取代。

在马克思的收入分配理论中,研究收入分配一定要认识一定生产关系的内部构造,剩余价值理论是资本主义条件下研究分配问题的基本指导思想。这与后来边际主义兴起之后形成的西方主流经济学的分配理论截然不同,西方经济学把市场看作理性人交易的场所,市场根据每种要素的边际生产力测度出每种要素的"贡献",并使要素所有者根据贡献获得相应的收入。市场作用下的分配格局是合理有效的,干预将造成效率的损害。然而,这

---

① 《马克思恩格斯选集》第 2 卷,人民出版社 1972 年版,第 99 页。
② 马克思:《资本论》第 3 卷,人民出版社 1975 年版,第 998~999 页。
③ 张宇等:《中级政治经济学》,中国人民大学出版社 2016 年版,第 158~159 页。

套收入分配理论可能忽略的一个事实却是，个体所具备的要素禀赋，本身取决于一定生产关系所决定的生产条件的分配。① 市场的运行不是处在抽象的真空当中，而是处在特定生产关系的历史环境里。

（二）马克思关于未来社会实行按劳分配的思想和理论

资本主义制度确立统治地位后，资本大亨不择手段疯狂聚敛财富，工人阶级及广大劳动群众深受资本的剥削和压迫，陷入生活穷困潦倒的境地。面对资本主义社会初期的种种不合理、不公平的罪恶现象，激起了一些社会思想家猛烈的批判和要求进行社会改革的主张，特别具有代表性的是圣西门、傅立叶等空想社会主义学者提出的具有"按劳分配"雏形的收入分配思想。例如，以劳动时间为价值尺度，按照劳动者活劳动和物化劳动所耗时间确定产品价格，发给劳动者劳动券进行市场交换等。然而，空想社会主义收入分配思想并非建立在历史唯物主义基础上的科学理论，原因在于：一方面，空想社会主义者更侧重于对资本主义分配方式是否公平公正的伦理道德讨论，而没有深入到资本主义生产关系与生产力的矛盾运动当中，于是提出的新分配方式往往脱离了客观经济基础，带有幻想色彩；另一方面，空想社会主义没有找到实现新分配制度的阶级力量，新分配方案无法实现，只能束之高阁。

在19世纪中后期，马克思在深刻剖析资本主义生产关系和分配关系的同时，全面考察了前人的理论成果，批判了空想社会主义者关于未来社会分配问题的错误观点，吸收了其中的合理成分，创立了科学的按劳分配理论。按劳分配的基本含义，是指社会在对社会总产品作了各项必要的扣除之后，按照劳动者提供的

---

① 高峰、张彤玉等：《当代资本主义经济研究》，中国人民大学出版社2012年版，第143页。

劳动数量和质量来分配个人消费品的制度。

在马克思设想的未来社会里，个人消费品的分配原则是按劳分配。有关马克思的按劳分配思想及其理论，集中体现在1875年的《哥达纲领批判》一文中。马克思在《哥达纲领批判》这一文献中，对未来社会的设想第一次明确区分了共产主义社会的第一阶段和高级阶段，并提出第一阶段即社会主义社会实行按劳分配原则、高级阶段则实行"各尽所能，按需分配"原则。马克思指出，"我们这里所说的是这样的共产主义社会，它不是在它自身基础上已经发展了的，恰好相反，是刚刚从资本主义社会中产生出来的，因此它在各方面，在经济、道德和精神方面都还带着它脱胎出来的那个旧社会的痕迹。"① 马克思在这里强调了共产主义的第一个阶段还带着"旧社会的痕迹"，保留了旧式分工，生产力水平还不够高，物质财富还未充分涌流，劳动仍是谋生的手段，个人还不可能得到自由全面的发展，因此，为充分发挥劳动者的积极性，促进生产力的发展，还须实行按劳分配原则，而不能实行共产主义高级阶段的按需分配。

马克思强调，按劳分配是按劳动者提供的劳动量分配个人消费品。"每一个生产者，在做了各项扣除以后，从社会方面正好领回他所给予社会的一切。他所给予社会的，就是他个人的劳动量。例如，社会劳动日是由所有的个人劳动小时构成的，每一个生产者的个人劳动时间就是社会劳动日中他所提供的部分，就是他在社会劳动日里的一份。他从社会方面领得一张证书，证明他提供了多少劳动（扣除他为社会基金而进行的劳动），而他凭这张证书从社会储存中领得和他所提供的劳动量相当的一份消费资料。他以一种形式给予社会的劳动量，又以另一种形式全部领回

---

① 马克思：《哥达纲领批判》，引自《马克思恩格斯选集》第3卷，人民出版社1972年版，第10页。

来。"① 这是等量劳动相交换的过程，实质上也就是按劳分配的过程，这是我们在马克思著作中所看到的对于按劳分配的最详细、最经典的论述，这段话强调了按劳分配的关键是以劳动者提供给社会的劳动（包括劳动数量和质量）为尺度来分配个人消费品，虽然没有出现"按劳分配"的字样，但这已经标志着按劳分配理论的正式形成。

实行按劳分配需要具备以下几个前提条件：首先，按照马克思的设想，按劳分配的一个重要前提是在全社会范围内实现了生产资料公有制，从而使全体劳动者平等地占有和使用生产资料，消除了由于生产条件占有的不同造成的劳动者在分配上的差别，使劳动真正成为决定个人消费品分配的唯一因素，即劳动者除了个人的消费资料，没有任何东西可以成为个人的财产，除了自己的劳动，谁都不能提供其他任何东西。因此，按劳分配所依据的劳动排除了任何客观因素如土地、机器等生产资料的影响，只包括劳动者自身脑力和体力的支出。当然，由于劳动者的个人天赋等条件的不同，因而他们的劳动所得也是有差别的。进一步地，作为分配尺度的劳动，不是劳动者实际支出的个别劳动，而是劳动者在平均熟练程度和平均劳动强度下生产单位使用价值所耗费的社会平均活劳动。复杂劳动是倍加的简单劳动。随着社会经济的发展、劳动生产率的提高，劳动者能够分配到的消费品也将逐步增加。

其次，马克思还设想按劳分配的一个重要的社会经济条件或社会背景是商品货币关系已经消亡，劳动者的劳动无论其特殊用途有何不同，从一开始就成为直接的社会劳动，而不需要著名的"价值"插手其间。马克思指出，在商品货币关系消失以后，一种形式的一定量劳动和另一种形式的同量相交换，劳动者不需要

---

① 马克思：《哥达纲领批判》，引自《马克思恩格斯选集》第3卷，人民出版社1972年版，第10～11页。

商品货币的中介，而是直接凭借劳动券来参与分配。

最后，进行按劳分配的社会总产品必须进行一定的扣除。马克思强调，进行按劳分配的社会总产品不是全部社会总产品，而是必须进行各项必要的扣除：（1）用于补偿耗费的生产资料的部分；（2）用来扩大生产的追加部分；（3）用来应付不幸事故及自然灾害的后备基金或保障基金；（4）和生产没有关系的一般管理费用，即用于行政管理的费用；（5）用来满足共同需要的部分，如学校、保健设施等；（6）为丧失劳动能力的人等设立的基金。

按劳分配的主要内容和基本要求是：（1）在全社会范围内，社会在对社会总产品做了各项必要的扣除之后，以劳动者提供的劳动（包括劳动数量和质量）为唯一的尺度分配个人消费品，实行按等量劳动领取等量报酬的原则。有劳动能力的社会成员都必须参加劳动，多劳多得、少劳少得、不劳动者不得食。（2）按劳分配所依据的劳动排除任何客观因素，如土地、机器等生产资料的影响，只包括劳动者自身脑力与体力的支出，个人消费品的分配职能以劳动为尺度。（3）作为分配尺度的劳动，不是劳动者实际付出的个别劳动，而是劳动者在平均熟练程度和平均劳动强度下生产单位使用价值所耗费的社会平均劳动。

按劳分配是社会主义分配制度和利益关系的基础，它对于社会主义经济制度的形成与发展，对于提高社会主义经济的运行效率具有十分重要的意义。实行按劳分配，就排除了凭借对生产资料的占有而占有他人劳动成果的可能，从而对实现共同富裕的目标具有深远的历史意义；实行按劳分配，把劳动者的劳动和报酬直接联系起来，实现劳动平等和报酬平等，激发劳动者从物质利益上关心自己劳动成果的劳动积极性，从而对实现社会分配的公平与公正以及促进社会生产力的发展具有重大的现实意义。因此，按劳分配是社会主义收入分配理应坚持的原则。

二、苏联社会主义建设中的收入分配理论和实践

在苏联社会主义革命与建设中,列宁继承和发展了马克思主义的收入分配思想,特别是首次将按劳分配付诸社会实践之中。他认为,社会主义虽然消除了人剥削人的现象,但是"这个社会最初只能消灭私人占有生产资料这一'不公平'现象,却不能立即消灭另一(现象):'按劳动'(而不是按需要)分配消费品。"① 因此,"按劳分配消费品"的现象将长期存在,劳动尺度仍然是社会各个成员分配产品和分配劳动的调节者(决定者)。基于此,社会主义收入分配的原则是:"不劳动者不得食""按等量劳动领取等量产品"。在1918~1920年三年战争期间,苏联实行战时共产主义政策,国家直接定量配给基本消费品以及实行工资实物化。其后以新经济政策代替战时共产主义配给制,突破了由国家直接分配产品的模式,停止劳动券形式的直接实物分配,代之以货币工资,实行工资等级制和奖金制度,强调劳动者收入要与劳动成果、劳动生产率直接挂钩,多劳多得。劳动者消费品的分配不能实行按人口平均分配的制度,工资制度上鼓励实施奖励制度,"把奖励制包含到全体苏维埃职员的整个工资制度里去。"②

在斯大林时期,他的收入分配理论第一次把"各尽所能,按劳分配"明确确定为社会主义的收入分配公式,"各尽所能,按劳取酬——这就是马克思主义的社会主义公式"。③ 斯大林指出

---

① 《列宁选集》第3卷,人民出版社2012年版,第195页。
② 《列宁全集》第33卷,人民出版社1995年版,第299~300页。
③ 《斯大林全集》第13卷,人民出版社1979年版,第10页。

"大家都有按各人能力劳动的平等义务，一切劳动者都有按劳取酬的平等权利。"① 在此基础上，斯大林把社会主义经济中的收入差别分为城市（工业）和乡村（农业）之间的差别和脑、体劳动之间的差别。对于前者，斯大林认为其不仅与劳动条件不同相关，而且与两种生产资料所有制形式（全民所有制和集体所有制）相关；对于后者，斯大林认为由于工人阶级的文化水平、劳动生产率等因素，脑体的对立和差别在社会主义一定阶段是难免的。他强调平均主义和马克思主义的社会主义是毫无共同之处的。通过等级工资制改革的实践，斯大林在理论上继承了马克思收入分配理论按劳分配的思想，并形成了传统的社会主义分配模式，对其后社会主义国家的收入分配理论和实践产生极大影响。

三、中国社会主义建设中收入分配原则的历史演进

马克思收入分配理论是中国进行社会主义收入分配实践的理论基础，并且结合国情不断地发展与创新。马克思收入分配理论的中国化是一个动态的过程，不同时代的生产力基础、生产关系现实、社会发展目标促使中国社会主义建设实践中的收入分配制度不断改革与调整，也使得马克思的收入分配理论不断焕发新的生机。改革开放以来，我国收入分配制度改革逐步推进，破除了传统计划经济体制下平均主义的分配方式，在坚持按劳分配为主体的基础上，允许和鼓励资本、技术、管理等要素按贡献参与分配，不断加大收入分配调节力度。经过近 40 年的探索与实践，我国的收入分配制度改革始终坚持按劳分配原则，并不断完善按要素分配的体制机制，以税收、社会保障、转移支付为主要手段

---

① 《斯大林选集》下卷，人民出版社 1979 年版，第 228 页。

的再分配调节框架初步形成，有力地推动了社会主义市场经济体制的建立，极大地促进了国民经济快速发展，城乡居民人均实际收入平均每10年翻一番，家庭财产稳定增加，人民生活水平显著提高。实践证明，我国收入分配制度是与基本国情、发展阶段总体相适应的。

马克思关于社会主义社会个人收入实行按劳分配的理论在中国社会主义建设中的探索与突破大致可以分为四个阶段：

第一个阶段是计划经济体制时期个人收入分配制度的探索与争论，突出表现在对按劳分配的偏离和平均主义的盛行。第二个阶段是从改革开放至中共十四大召开前的经济体制转型期，按劳分配理论随着改革中所有制结构的多元化、社会主义商品经济理论与实践的推进而发展，形成了"以按劳分配为主体，其他分配方式为补充"的新突破，开展了"先富与共富"的讨论。第三个阶段是从1992~2011年在社会主义市场经济确立与完善时期，收入分配理论探索的重点集中在深入探讨社会主义市场经济与按劳分配的关系、按劳分配与按要素分配如何相结合、收入分配中公平与效率的关系等。第四个阶段是2012年进入新时代以来社会主义收入分配理论的新突破，在坚持按劳分配原则基础上，突出了完善按要素分配体制机制，"两个同步、两个提高"，共享发展理念下对共同富裕的追求。

（一）计划经济体制时期的收入分配原则探讨

计划经济时期，我国探索和实践了马克思的按劳分配制度，但是在收入分配实践中存在平均主义等诸多问题。回顾改革开放前30年收入分配制度变革的历史，党的领导集体和理论界对按劳分配原则并非始终持肯定态度。

新中国成立至社会主义改造完成期，围绕收入分配理论的讨论主要集中在三个问题上：一是在工业化进程中，积累与消费的关系和比例问题，这确定了计划经济体制下属于个人收入的基本份额；二是如何改造小农经济，通过合作化提高农民收入的问题；三是初步探讨了实行按劳分配的必要性及其条件。

这一时期，社会主义改造的推进为按劳分配逐步建立起所有制基础。城市部门大多实施了与生产经验、职务等级相对应的等级工资制，并对职工的超额劳动进行奖励，对特殊条件下的工作提供津贴；在农业部门中以工分制和劳动日制为主的分配形式，也在体现按劳分配的原则。

社会主义改造完成后至改革开放前，我国的收入分配原则经历了曲折的探索。1958年《关于人民公社若干问题的决议》指出，按劳分配对发展社会主义具有重要的意义，"企图过早地否定按劳分配的原则而代之以按需分配的原则，也就是说，企图在条件不成熟的时候勉强进入共产主义无疑是一个不可能成功的空想。"[①] 理论界也对按劳分配的客观必然、具体形式等做出了诠释："按劳分配就是按照劳动者所提供的劳动的数量和质量来进行分配，多劳多得、少劳少得，复杂劳动比简单劳动多得一点报酬，有劳动能力而不劳动的不能参加分配。"[②]

但同时，"左"倾思潮的泛起也使得按劳分配原则的施行遭遇了曲折，收入分配愈加向着平均主义的方向异化。

面对"左"倾思想下极端平均主义分配造成的效率损失，1961年起的国民经济调整，在"工业十七条"、《农村人民公社工作条例（修正草案）》中对收入分配原则进行了调整，强调按照劳动投入的数量和质量确定收入水平，试图使城市和农村的分配制度重新回归按劳分配的道路。但是，20世纪60年代后期再次出现了否定按劳分配的高潮，将按劳分配等同于资本主义的分配制度，说成是产生资本主义的土壤，认为按劳分配将导致一部

[①] 中共中央文献研究室：《建国以来重要文献选编》，中央文献出版社1995年版，第598页。

[②] 上海市劳动局办公室资料组编：《建国以来按劳分配论文选》（上），上海人民出版社1978年版，第2页。

分社会成员"无偿地侵占另一部分社会成员的劳动""资本主义和资产阶级就会很快地产生出来。"① 可以说，按劳分配制度在"文革"期间遭到了全盘的否定。

总体上看，改革开放前，我国的收入分配原则伴随着社会主义经济建设道路的艰难探索，也经历了曲折的演变。当经济建设处在正轨时，按劳分配原则在工、农部门的实施，积累了丰富的操作经验，为马克思收入分配理论在中国社会主义中的践行提供了佐证、丰富了其理论内涵。而当经济建设遭遇过度"左"倾思想的冲击时，按劳分配原则的运行也受到破坏，马克思收入分配理论的演进甚至暂时停止。

（二）改革开放至今社会主义收入分配原则的突破与发展

改革开放后，社会主义收入分配原则在中国的发展进入了理论内涵和实践经验快速发展突破的新时期。党的十一届三中全会将党和国家的工作重心转移到经济建设上来。在收入分配领域，肃清了"文革"时期否定按劳分配的种种谬论，完成了理论上的拨乱反正，明确坚持按劳分配作为社会主义的收入分配原则。1978年5月《人民日报》刊文指出"按劳分配是社会主义公有制的产物，又是社会主义公有制的实现……计时工资、计件工资和奖金，都是承认劳动者之间在劳动报酬上的必要差别。"明确指出"平均主义是小生产的产物，是小资产阶级的空想社会主义思想。"②

邓小平同志进一步明确："我们一定要坚持按劳分配的社会主义原则。按劳分配就是按劳动的数量和质量进行分配。根据这个原则，评定职工工资级别时，主要是看他的劳动好坏、技术高

---

① 上海市劳动局办公室资料组编：《建国以来按劳分配论文选》，上海人民出版社1978年版，第676~691页。
② 《人民日报》特约评论员文章：《贯彻执行按劳分配的社会主义原则》，载于《人民日报》1978年5月8日。

低、贡献大小。"① 与此同时，改革开放后生产资料所有制结构的调整、商品经济的发展都对按劳分配理论的创新产生了重要作用。此后，伴随中国经济体制转型、经济发展水平提高、社会发展目标的演进，社会主义的收入分配原则也在三大历史阶段中获得了相应的发展。

1. 经济体制转型期社会主义收入分配原则的突破（1978~1991年）。

1981年6月党的十一届六中全会做出了"中国仍处于社会主义初级阶段"的论断，解放和发展生产力是中国特色社会主义的根本任务，需要在公有制为主体的条件下发展多种所有制经济，才能促进生产力的快速发展。与多种所有制结构相适应，1987年召开的中共十三大报告指出，我们必须坚持的原则是，以按劳分配为主体，其他分配方式为补充，在共同富裕的目标下，鼓励一部分人通过诚实劳动和合法经营先富起来。

这一阶段，收入分配理论的发展与经济体制的改革相并行。在坚持个人消费品按劳分配的主体方式前提下，还引入了其他的分配方式，包括：按个体劳动分配；按经营分配；按资金分配；按资本分配；按劳动力价值分配；等等。② 这一时期，收入分配原则中公平与效率的关系还未明确提出，但是已有"先富"促进"共富"的表述，暗含了效率先于公平的政策思路，意味着对计划经济体制阶段平均主义原则的彻底突破。

2. 社会主义市场经济确立与完善时期收入分配原则的演进（1992~2011年）。

1992年党的十四大提出，我国经济体制的改革目标是建立社会主义市场经济体制，要使市场在社会主义国家宏观调控下对

---

① 《邓小平文选》第2卷，人民出版社1993年版，第101页。
② 王珏：《社会主义政治经济学四十年》第4卷，中国经济出版社1991年版，第394~398页。

资源配置起基础性作用。随后，中共十四届三中全会对社会主义市场经济体制做出了全面的战略部署，中国的经济改革至此正式进入了市场经济的轨道。马克思收入分配理论中国化也推进到了"社会主义市场经济收入分配理论"研究的新阶段。

1997年党的十五大正式提出，公有制为主体、多种所有制经济共同发展，是我国社会主义初级阶段的一项基本经济制度；并做出了"把按劳分配和按要素分配结合起来"的新论断。进入21世纪，社会主义市场经济体制也进入了不断完善的阶段。关于市场经济和所有制的论断不断突破，从市场对资源配置起基础性作用到起决定作用；非公经济从"允许存在""有益补充"到"重要组成部分"。经济体制和所有制改革对收入分配制度变革提出了相应的要求，也为社会主义收入分配理论的发展提供了巨大的空间。2002年11月中共十六大报告正式指出："确立劳动、资本、技术和管理等生产要素按贡献参与分配的原则，完善按劳分配为主体、多种分配方式并存的分配制度。"

社会主义市场经济体制形成与完善期，在"按劳分配与按生产要素分配相结合"的收入分配原则确立的同时，"效率优先、兼顾公平"的分配原则也被建立了起来。党的十四大报告指出收入分配要"兼顾效率与公平"，党的十五大报告进一步明确了"坚持效率优先、兼顾公平"的原则。对"效率"的强调既与中国经济持续高速增长的奇迹相伴随，也逐渐显现出收入差距扩大对社会发展和经济持续增长的弊端。

3. 全面建设小康社会背景下新时代社会主义收入分配原则的新发展（2012年至今）。

党的十八大以来，我国收入分配制度的改革展开了新的篇章，马克思收入分配理论和社会主义收入分配原则都在中国实践中获得新的发展。伴随社会主义市场经济的发展与完善，我国综合国力、人民生活水平的日益提升，全面建设小康社会、实现共同富裕、共享发展成为新时代中国社会主义建设的重要目标。

2012年党的十八大对深化收入分配制度改革做出了全新的战略部署，提出了"两个同步"的要求——"努力实现居民收入增长和经济发展同步、劳动报酬增长和劳动生产率提高同步"；要提高"两个比重"，即居民收入在国民收入分配中的比重、劳动报酬在初次分配中的比重；并对效率与公平的关系进行了全新的表述——"初次分配和再分配都要兼顾效率和公平，再分配更加注重公平"；在初次分配中，要完善劳动、资本、技术、管理等要素按贡献参与分配的机制，在再次分配中，要加快健全以税收、社会保障、转移支付为主要手段的再分配调节机制。

党的十九大报告继续强调了"两个同步"的要求，明确"坚持按劳分配原则，完善按要素分配的体制机制""拓宽居民劳动收入和财产性收入渠道"，对于收入分配差距的调节，要求"鼓励勤劳守法致富，扩大中等收入群体，增加低收入者收入，调节过高收入，取缔非法收入"；对于再分配，要求"履行好政府再分配调节职能，加快推进基本公共服务均等化，缩小收入分配差距"。

进入新时代以来，我国的收入分配制度事实上深化并创新了按劳分配原则在社会主义市场经济中的实现方式；通过扩宽劳动收入和财产性收入渠道，形成了对按劳分配和按要素分配更好的结合；并且通过再分配体制的完善，向着共同富裕和共享发展目标坚实迈进。

四、马克思收入分配理论中国化取得的重大理论与实践突破

改革的推进同时意味着必须对社会主义收入分配理论进行创造性的突破。理论界和实践工作，迫切需要回答：中国现实的生产力水平尚处在社会主义初级阶段，且以市场经济为决定性的资

源配置方式，市场经济能否与马克思的按劳分配原则相容？在此基础上，市场经济中按劳分配原则的实现形式是什么？按要素分配如何不与劳动价值论相违背，如何与按劳分配相结合？按劳分配原则为何必须坚持以及如何坚持？与此同时，效率与公平优先性地位的演变、进入新时代深化收入分配改革的具体机制设计、作为改革最终目的的共富与共享的实现等，都是马克思收入分配理论中国化、社会主义收入分配理论研究取得的新的突破。

（一）社会主义市场经济体制与按劳分配原则的相容性

党的十五大前后，理论界对市场经济与按劳分配的关系曾有大量的讨论。如有学者认为，社会主义市场经济与按劳分配兼容的原因在于，市场经济作为一种资源配置手段是能为社会主义经济制度服务的；而按劳分配作为社会主义经济制度的有机组成部分，它必然要选择适合自己的实现形式。两者是互为条件、相互兼容的。① 也有学者提出了"按劳分配与市场经济的矛盾论"，认为马克思所设想的按劳分配，是在全社会统一实行的狭义按劳分配，即物质生产要素不参与产品分配的按劳分配。这一条件在市场经济条件下，显然暂时是不具备的。②

面对这一矛盾，应当注意把按劳分配的本质和按劳分配的实现形式区别开来。按劳分配的实质是要反对剥削，也反对平均主义，按劳分配的形势只是这一原则的实现方式问题。从马克思超越市场经济的按劳分配到市场经济条件下的按劳分配，不是对按劳分配本质的否定，而是在市场经济条件下更好地践行按劳分配原则。市场经济的运行找到了能体现按劳分配本质的劳动计量方式，使按劳分配与市场机制有机结合在一起，不仅有利于按劳分

---

① 张作云等：《社会主义市场经济中收入分配体制研究》，商务印书馆2004年版，第38~39页。
② 赵晓雷：《中华人民共和国经济思想史纲》，首都经济贸易大学出版社2009年版，第191~192页。

配的实现，而且有利于社会主义市场经济的形成和发展。① 当然，也因此按劳分配的实现模式需要做出适应市场经济的根本转换。

（二）社会主义市场经济体制中按劳分配原则的实现形式

当前，我国按劳分配的实现过程和实现形式，并不等同于马克思所设想的未来社会的按劳分配制度，体现出如下特点：

首先，按劳分配是我国收入分配的主体分配方式，而不是唯一的分配方式。现行社会主义公有制为主体、多种所有制经济共同发展的基本经济制度，决定了我国实行以按劳分配为主体、多种分配方式并存的分配制度，即整个社会除按劳分配这一主体分配方式外，还有按资本、技术等生产要素分配的非按劳分配方式的存在。

其次，按劳分配受市场机制的调节，通过三个阶段实现，而不是直接表现为社会劳动。在社会主义市场经济条件下，国家与劳动者之间存在企业层次，形成劳动者、企业、国家在劳动提供、价值实现以及收入分配和消费品购买的三阶段的转换过程，第一阶段劳动者的个别劳动构成的企业总劳动，经过商品交换的"惊险跳跃"转换为社会劳动实现其价值；第二阶段企业销售产品取得收入后，依据各劳动者的实际劳动贡献支付其劳动报酬，因而，劳动者的收入与所在企业的经营状况密切相关；第三阶段劳动者将其所得用于储蓄或消费，后者代表的就是在商品市场上购买消费品以实现个人消费。

最后，按劳分配主要采取货币工资形式实现，而不是通过劳动券直接进行实物分配。在社会主义市场经济条件下，按劳分配的基本实现形式是工资，此外，还有奖金和津贴两种补充形式。

---

① 张宇：《中国特色社会主义政治经济学》，中国人民大学出版社2016年版，第180页。

工资是劳动者自己的劳动所创造价值的货币表现，是按劳分配实现的主要形式；奖金是对劳动者提供的超额劳动的报酬，津贴则是对从事劳动强度大、工作条件差、工作任务中有损健康的劳动者提供的劳动补充报酬，后两者都是按劳分配实现的辅助形式。坚持和贯彻按劳分配原则，还要加快工资制度的改革，建立起适应社会主义市场经济体制要求的企业工资制度和正常的工资增长机制。

（三）按要素分配的含义、必要性及其与劳动价值论的关系

按要素分配是指生产要素所有者凭借要素所有权，按照生产要素在生产中的贡献参与收入分配的制度。按要素贡献分配是现代市场经济中基本的收入分配制度。在现代经济生活中，生产是指投入各种生产要素（主要包括劳动、资本、土地、技术、管理等生产要素）、产出商品和服务的过程。生产活动高度依赖于各种要素的投入，而投入要素的数量、质量和协作水平决定着产出的数量和质量。可以说，生产活动带有显著的多要素协作生产的特征，各种参与生产协作的要素都在一定程度上对产出做出了相应的贡献。

在劳动价值论的框架内，要素对生产的贡献是指对产出的物质财富的贡献，而不是对生产的商品价值的贡献。劳动是价值创造的唯一源泉，但是除了劳动以外的各种生产要素也对价值创造发挥了作用，是劳动创造价值不可缺少的物质条件。在社会主义市场经济条件下，生产要素所有者之所以参与分配，这是生产资料所有权在分配上的体现，是对生产要素在劳动创造价值过程中发挥协同作用的确认，换言之，没有生产要素的协作，劳动创造价值就不能实现。但这并不意味着生产要素创造了价值。各种收入的价值源泉归根结底都在于劳动者的抽象劳动所创造的价值。因此，按要素分配的依据不是要素价值论，而是在劳动价值论基础上对市场经济运行规律遵循。

伴随着多种所有制结构的并存，按占有要素的分配成为必然，企业发行债券筹集资金，就会出现凭债权得利。随着股份经济的产生，就会出现股份分红。企业经营者的收入中，包含部分风险补偿。私营企业雇用一定数量劳动力，会给企业主带来部分非劳动收入。因而，按要素贡献分配是符合社会主义初级阶段基本国情和所有制特征的一项收入分配制度。

按要素贡献分配的基本要求是：（1）参与分配的主体是要素所有者，依据是要素所有权。（2）分配的客体是各种生产要素协同劳动创造出来的物质财富。（3）分配的标准和实现机制，是由市场机制确定的生产要素在生产过程中的贡献，包括要素市场的供求状况、商品市场的价格波动等因素，对各种要素所获得的收入会产生显著的影响。按要素分配调动起了各种要素所有者参与生产的积极性，有利于生产要素的优化配置，有利于促进生产力和经济社会的发展。

（四）按劳分配与按生产要素分配结合的依据与意义

改革开放后，伴随所有制结构的调整，市场经济体制的逐步确立，收入分配制度中按劳分配与按生产要素分配的结合客观上成为必须。

第一，以公有制为主体、多种所有制经济共同发展的基本经济制度决定了我国必须实行按劳分配为主体、多种分配方式并存的分配制度。在生产关系中，生产资料所有制形式是生产关系的基础，它决定了生产关系的其他方面。分配关系是生产关系的一部分，生产资料的所有制形式决定了分配关系，分配关系和分配制度要与特定阶段的所有制形式相适应。分配方式是由生产方式决定的，一个社会的分配制度是由该社会的基本经济制度决定的。在社会主义初级阶段，我国实行以公有制为主体、多种所有制经济共同发展的基本经济制度，这就决定了在社会主义初级阶段要实行以按劳分配为主体、多种分配方式并存的分配制度。

第二，社会主义市场经济体制要求实行以按劳分配为主体、多种分配方式并存的分配制度。分配制度是经济体制的一部分，经济体制必将在一定程度上影响和决定着收入分配制度。改革开放以来，我国探索和建立了社会主义市场经济体制，需要发展劳动、资本、土地、技术、信息等要素市场，发挥市场对资源配置的决定性作用，以提高资源配置效率。在商品生产过程中，劳动创造价值，而且随着科学技术和"知识经济"的发展，掌握科学技术、拥有知识的劳动所创造价值越来越大，这就要求实行以按劳分配为主体的制度。同时，由于资本、土地、技术、管理、信息等要素是商品生产不可缺少的重要条件，这些要素在生产中也做出了贡献，这就需要各种要素按贡献参与收入分配，获取相应的要素报酬，以调动要素所有者的积极性，优化要素配置。总之，实行按劳分配为主体、多种分配方式并存的分配制度，把按劳分配与按生产要素贡献参与分配相结合，是社会主义市场经济体制的必然要求。

第三，社会主义初级阶段实行按劳分配为主体、多种分配方式并存的分配制度，归根到底是由生产力的发展状况决定的。生产力决定生产关系，分配关系是生产关系的一部分，因此，生产力发展水平决定了相应的分配关系和分配制度。当前，我国社会主义初级阶段的生产力发展具有不平衡、多层次和水平不高的特征，这是我国当前分配方式呈现多样化的最深层次原因。实行按劳分配为主体、多种分配方式并存的分配制度，适合我国社会主义初级阶段的生产力发展水平，有利于调动广大社会成员的积极性，合理利用各种生产要素，实现经济资源的优化配置和充分利用。

社会主义初级阶段的个人收入分配实行按劳分配为主体、多种分配方式并存的分配制度，把按劳分配与生产要素按贡献参与分配相结合，具有重要的意义。实行按劳分配为主体，保障了劳动者的权益，有利于维护广大劳动者的切身利益和调动他们的创造积极性，提高劳动生产率。同时，实行多种分配方式并存，各种生产要素按贡献参与收入分配，保障了各种要素所有者的权益，有利于调动各种要素所有者的积极性，有利于优化生产要素的配置，提高全社会的资源配置效率，从而让一切劳动、技术、管理和资本的活力竞相迸发，让一切创造社会财富的源泉充分涌流，推动经济发展与社会进步。

（五）社会主义市场经济中按劳分配原则为何必须坚持，以及如何坚持

实行按劳分配是对社会主义制度的巩固和完善。一方面，按劳分配用劳动主权代替了资本主权，使劳动成为占有社会产品和获得收入的基本根据，体现了生产资料公有制中人们在占有生产资料上的平等关系，为消灭剥削、消除两极分化、实行共同富裕奠定了制度基础。另一方面，承认个人劳动能力和与此相关的利益差别，承认社会主义经济中劳动者的"经济人"身份，要求企业实行自主经营、自负盈亏，这为公有制企业产权的明晰化和市场化奠定了基础，从而为经济的有效运行提供了有效的激励和约束机制。[①]

现阶段坚持按劳分配原则，意味着应该做到以下几个方面：第一，不断巩固公有制的主体地位，这是按劳分配的前提。因此要不断做大做强做优国有企业，纠正一些国企以逐利为目的采用的违背按劳分配原则的分配制度，让国有企业成为按劳分配的典范。[②] 第二，既要拓宽财产性收入渠道，又要限制来自金融、房地产市场的投机性收入增长。第三，要坚持就业优先战略和积极就业政策，通过更高质量和更充分就业，保障劳动者通过劳动参

[①] 张宇：《中国特色社会主义政治经济学》，中国人民大学出版社2016年版，第178页。

[②] 张宇：《中国特色社会主义政治经济学》，中国人民大学出版社2016年版，第183页。

与社会产品分配的权利。因为按劳分配要求劳动者有工作的机会,避免劳动者由于非个人原因而失业,是实现按劳分配的必要条件。第四,社会主义初级阶段,多种所有制结构的存在不能保证所有新价值由劳动者所有,那么以何种渠道保护劳动者权益,并且遏制按生产要素分配可能带来的两极分化,也需要通过集体谈判等制度协调劳资间的分配,并通过改进社会保障体系,为劳动者谈判能力上升提供重要的制度和物质保障。

(六) 从效率与公平谁为先,到二者结合互促进

社会主义市场经济体制建设完善期,不仅收入分配的平均主义思想被完全打破,从党的十四届三中全会到十五大,政策思想层面建立了效率优先、兼顾公平的原则,理论界也对其内在含义展开了广泛的讨论。有学者提出,所谓效率优先,是指要通过建立健全生产要素市场来提高资源配置效率,由市场决定要素价格从而决定分配;所谓兼顾公平,就是在初次分配后,政府通过税收、社会保障制度和转移支付来进行再分配,以解决社会公平问题。[1]

2002年党的十六大报告中提出了"初次分配注重效率,再分配注重公平"的新提法。在此背景下关于社会主义收入分配中公平与效率的关系进一步深化。有观点认为,效率是市场和企业的直接目标,公平是政府的首要目标;因此,初次分配必须注重效率,发挥市场的作用,鼓励一部分人通过诚实劳动和合法经营先富起来;再分配必须注重公平,加强政府对收入分配的调节职能,调节差距过大的收入。[2] 有观点也指出,初次分配注重效率,不是不要公平,在初次分配中也有一个公平问题,即初次分

---

[1] 徐茂魁等:《"马克思主义政治经济学原理"疑难解析》,中国人民大学出版社2002年版,第331页。

[2] 青连斌:《分配制度改革与共同富裕》,江苏人民出版社2004年版,第142页。

配中必须完善市场机制，创造公平竞争环境，实现机会均等，保证生产要素按贡献大小得到公平合理的回报和补偿。①

效率与公平原则的关系在2007年党的十七大报告中又发展为"初次分配和再次分配都要处理好效率和公平的关系，再分配更加注重公平"。党的十八大报告重申了这一思想。事实上，这里蕴含的"提高效率同促进社会公平结合起来"的思想是符合马克思主义政治经济学的观点的，即经济公平与经济效率本身就具有同向变动的交促互补关系，经济制度、权利、机会和结果等方面越是公平，效率就越高，反之则反是。按劳分配显示的经济公平，"表现为含有差别性的劳动的平等和产品分配的平等，只要不把这种公平曲解为收入和财富上的'平均'或'均等'，通过有效的市场竞争和国家政策调节，按劳分配不论从微观或宏观角度来看，都必然直接和间接地促进效率达到极大化。"②

（七）社会主义新时代收入分配机制健全与完善的长效机制

伴随社会主义市场经济发展，世纪之交我国收入分配格局中出现的劳动报酬占比低、居民收入差距较大等现象愈加突出，对共同富裕、全面建设小康社会目标的实现造成了突出的障碍，也为我国经济的运行效率、增长动力带来了负面的影响。对此，为贯彻落实党的十八大精神，实现发展成果由人民共享，2012年以来，我国的收入分配制度在结合按劳分配与按要素分配原则基础上，继续完善初次分配机制，加快健全再分配机制。在分配机制设计方面取得了实践层面的突破。

首先，健全初次分配制度，着重保护劳动所得，努力实现劳动报酬增长和劳动生产率提高同步，提高劳动报酬在初次分配中

---

① 青连斌：《分配制度改革与共同富裕》，江苏人民出版社2004年版，第142页。
② 程恩富：《现代马克思主义政治经济学的四大理论假设》，载于《中国社会科学》2007年第1期。

的比重。初次分配作为整个收入分配制度中最具基础性的组成部分，和再分配一样都要兼顾效率和公平，因而，在初次分配领域也需处理好政府和市场的关系。在一般情况下，政府不干预由市场形成的初次分配环节。然而，我国建立社会主义市场经济体制以来，分配制度面临许多新问题、新挑战，其中既有要素市场发育不足的原因，也有政府行为不够到位的问题。

鉴于此，在深入推进要素市场化改革进程中，政府尚需在保障公平竞争、加强市场监管、维护市场秩序、弥补市场失灵等方面负起责任。为此，与劳动力市场相关的一系列制度完善的举措，包括健全工资决定和正常增长机制，完善最低工资和工资支付保障制度，完善企业工资集体协商制度等，都应沿着市场机制调节、企业自主分配、平等协商确定、政府监督指导的原则向前推进。而改革机关事业单位工资和津贴补贴制度，完善艰苦边远地区津贴增长机制，原本就在政府宏观政策范畴之中。与此同时，还要进一步地健全资本、知识、技术、管理等由要素市场决定的报酬机制，明确和充分发挥由市场决定要素价格、按贡献参与分配机制的合理性及其重要作用。

除劳动以外的其他要素如何在初次分配中参与公平分配，完善增加居民财产性收入的体制机制，也是健全社会主义初级阶段多种分配方式并存制度创新性的重要问题。而扩展投资和租赁服务等途径，优化上市公司投资者回报机制，保护投资者尤其是中小投资者合法权益等举措，都会成为多渠道增加居民财产性收入的关键。

其次，健全再分配制度，完善以税收、社会保障、转移支付为主要手段的再分配调节机制。合理运用税收政策工具，减轻中低收入者税负，加大对高收入者税收调节力度；不断健全公共财政体系，提高公共服务支出在财政支出中的比重，建设和完善城乡人力资源社会保障公共服务体系，推进城乡公共服务均等化，大力增加转移性收入，完善一般性转移支付增长机制，重点增加对革命老区、民族地区、边疆地区、贫困地区的转移支付，并清理、整合、规范专项转移支付以发挥更好的效益。建立公共资源出让收益合理共享机制，包括国有土地、海域、森林、矿产、水等公共资源出让机制，出让收益也须主要用于公共服务支出。同时，创新慈善事业发展机制，既要重视不断加强和改进政府为主安排的慈善事业，尤其是救助帮扶困难群体的制度，也要与积极培育社会慈善组织更好地结合起来，广泛调动人民群众和社会各界参与公益事业的积极性，完善慈善捐助减免税制度，支持慈善事业发挥扶贫济困的积极作用。

最后，规范收入分配秩序，完善收入分配调控体制机制和政策体系，建立个人收入和财产信息系统，保护合法收入，调节过高收入，清理规范隐性收入，取缔非法收入，增加低收入者收入，扩大中等收入者比重，努力缩小城乡、区域、行业收入分配差距，逐步形成橄榄型分配格局。为此，要通过健全法律法规、强化政府监管、加大执法力度、重视信息监测等方式，在体制机制的进一步创新上保障公开透明、公正合理的收入分配秩序的形成和规范。

（八）社会主义收入分配制度改革的最终目的——以人民为中心，实现共富与共享

党的十八届五中全会提出了必须牢固树立并切实贯彻创新、协调、绿色、开放、共享的"五大发展理念"，用新的发展理念引领我国发展方式的转变。党的十一届三中全会后，一个重要的发展理念就是让一部分人先富起来。在坚持和完善社会主义基本经济制度、基本分配制度的基础上，我国不断促进生产力发展，创造了更多的物质财富和精神财富，保证了共同富裕的生产关系和生产力条件。历史发展到今天，开始进入通过先富带后富，让人民群众共享发展成果，实现共同富裕的历史新时代。

首先，共同富裕是社会主义生产的根本目的，社会主义的生产不是为了少数人的利益、不是为了资本家最大限度地追求剩余价值,而是为了满足人民群众日益增长的物质文化需要,实现人的全面发展。

其次,共同富裕是坚持生产资料公有制最终的分配要求。生产资料公有制的建立使劳动者成为生产资料的共同主人,生产资料由剥削劳动者的条件变成了劳动者实现自身利益的手段,从而为消灭阶级对立创造了条件。

最后,共同富裕是坚持按劳分配最终应取得的客观后果。按劳分配只承认劳动贡献的差别对收入分配的影响,排除了生产资料占有和资本积累差别对收入分配的影响,就避免了贫富差距过大的问题。[1]

共享发展理念是坚持以人民为中心的发展思想的集中体现,在马克思主义政治经济学中,人民是作为生产的目的,如果社会生产不以人民为目的,不仅是不正义的,更是违背社会发展规律的,是不可持续的;资本主义经济之所以不断陷入经济危机,一个重要原因就是把资本的增殖和扩张作为生产的根本目的,只见"物"不见"人",更不见广大的劳动者,把作为社会主体的人异化成了生产剩余价值的工具。因此,共同富裕、共享发展是社会主义收入分配制度改革最终的目的和最本质的要秉持的原则。

---

[1] 张宇:《中国特色社会主义政治经济学》,中国人民大学出版社2016年版,第198~199页。

第二章

中国收入分配体制改革：理论逻辑与基本演变轨迹

新中国成立以来，我国收入分配体制的变迁历经近70年、跨越前后两个世纪不同的经济体制的转换，其特殊历史背景及其阶段性发展战略、政策选择约束下的复杂性、变异性和多维性，需要一个能够涵盖全部问题的完整理论框架、综合的整体的理论把握才能予以揭示。

本书致力于政治经济学角度，从收入分配体制变迁既受到整体社会经济制度与体制变迁的制约，又深刻影响着社会经济制度与体制的转型发展、在生产力—生产关系—上层建筑间相互影响、作用的整体系统结构互动机制中，通过分配基础、分配原则、分配机制和分配形式四个维度来深刻揭示我国收入分配制度演变的四重内涵。易言之，本书构建了一个双向度逻辑关系的理论分析框架：一方面，通过分析分配制度内部分配基础、分配原则、分配机制和分配形式的逻辑互动关系，分析刻画了一个内在向度的理论进路；另一方面，将分配纳入社会经济系统的整体向度，通过分析生产力、生产资料所有制及其生产关系、上层建筑的发展演变如何引致分配制度的发展演变，分析刻画了一个外在向度的理论进路。

结合实践来看，纵观我国收入分配体制的变迁，走过了一个从新中国成立之初过渡时期"私转公"的混合型收入分配，很快转为传统社会主义计划经济体制下单一公有制的按劳分配体制,到改革开放后又转为公有制基础上按劳分配为主、其他分配形式为补充的"主与补"混合型收入分配体制,再到社会主义市场经济体制确立后进一步转为公有制基础上按劳分配为主体、多种分配方式并存、有中国特色的社会主义"主与并"混合型收入分配体制的转变过程。实践中呈现和演化出的我国主要以混合型收入分配体制的客观存在、变迁与转型的多种模式及其历史趋向,实际上是生产力、生产资料所有制及其生产关系、上层建筑系统的互动机制约束下分配制度内部四重内涵的不同状况及其不同组合的结果。

一、理论逻辑起点:基本概念界定

分配一般指社会产品分给国家、社会集团以及社会成员的过程和形式,分配是社会再生产的一个重要环节。从广义上讲,分配包括社会总产品的分配、国民收入的分配、个人消费品的分配等。社会总产品是社会在一定时期内(通常为1年)所生产的物质产品的总和,包括生产资料和生活资料。社会总产品的分配是指社会对社会总产品(包括生产资料和消费资料)的归属、去向和分割所做出的安排。个人消费品的分配是指社会对个人消费品的分割和归属所做出的安排。

本书研究的收入分配是指国民收入的分配,即国民收入分给国家、社会集团以及社会成员的过程和形式,其中包含了个人消费品的分配。国民收入的分配通常可以可划分为初次分配和再分配。

关于制度,国内外经济学界的定义及发散性解释可谓随处可见,不计其数。从一般意义上看,制度首先是在社会活动中由社会强制执行的正式的社会行为规则,以及同样规范着人们行为的习惯、道德、文化传统等非正式规则的总和。根据马克思主义的基本观点，经济制度就是生产关系的总和。从社会经济发展的实践来看，生产关系包括社会生产关系和生产关系的具体形式两个层次，因而，经济制度也同样包含有社会基本经济制度和具体经济制度两个层面。社会基本经济制度，实质上就是一定社会特定的生产关系，它是一定社会生产关系的本质规定，包括生产资料所有制性质和由此决定的生产、流通、分配、消费性质及其相互之间的关系等核心内容，反映着特定的社会经济条件下经济活动者之间的矛盾、利益关系及其格局，它是判断一个国家或地区是不是社会主义经济的最基本的标准，因而一切社会主义国家和社会主义社会的各个发展阶段，社会主义的基本生产关系即基本经济制度都是相同的。具体经济制度，则是一定社会经济活动中特定生产关系的具体实现形式，也就是说，是构成制度的各种要素的具体结合方式及其行为规则等，即通常所说的经济体制。在一定的社会经济条件下，最活跃的总是变化在前的生产力的发展，直接引起具体经济制度及经济体制的改革和变化。这种改革是基于旧体制的交易规则、内部结构已经不适应甚至严重阻碍了生产力的发展，同时也基于一定社会利益集团对新体制潜在的收益与制度变迁成本的比较会大于旧体制的预期。通过制度调整，重建新规则，改革原有体制的内部结构，目的是适应社会生产力的性质，以新的更高效率的制度安排取代旧的低效率的制度安排，提高制度绩效，从而促进经济增长和发展。随着体制的改革和创新，从长期发展来看，又必然作用于社会经济制度，使其不断趋于完善，但在该社会整个历史时期内，社会经济的本质关系不会改变。

如此看来，经济制度的这两个不同层面各具特点，一般说来，具体经济制度具有较大的灵活性和即时应变性，它要适应生产力发展和其他政治、经济因素变化的客观要求而不断调整、改革或创新；社会基本经济制度则具有相对的稳定性和长期的连续性。

由此不难看出：制度创新与体制创新，只是在具体经济制度意义上或范围内才是通用的。承认这种通用性，不应因此而回避、淡化甚至否定经济制度与经济体制在社会经济制度与经济体制之间深层与表层的不同层次关系的区别。尤其是在当前，看不到或者有意回避甚至否认这种区别，笼而统之地说制度创新或制度变迁，就有可能误导改革走向危险的歧途。苏联东欧式的实行以私有化、自由化为前提的体制改革，显然已经越出了具体经济制度创新的范围。这种以私有化为核心的公有制大规模私有化，以及收入分配两极分化的加剧，加大了改革中的矛盾和摩擦，从而大大增加了改革成本，最终使改革陷入低效的困境而不能自拔。

鉴于上述分析，我们提出，这里所指的制度因素、制度变迁和制度创新，应该是也只能是在坚持生产资料公有制为主体、多种所有制经济共同发展和共同富裕这一社会主义社会基本经济制度的前提下，对具体经济制度的创新，即从旧的计划经济体制向新的社会主义市场经济体制的转变，是经济体制改革不断深化、完善的过程；反过来，伴随着这一过程的推进，社会主义社会基本经济制度也相应地做出调整和完善。正是在这种意义上，并借鉴结合新制度经济学的制度创新、制度变迁相关理论，下面在收入分配制度与收入分配体制二者通用的意义上展开分析和研究[①]。

具体来看，收入分配制度或体制，简称分配制度，是指关于国民收入分配的一系列制度安排，其核心是关于国民收入分配的规则、程序、机制和形式。进一步说，分配制度可分为分配基础、分配原则、分配机制和分配形式等四个维度。

---

① 李萍：《经济增长方式转变的制度分析——从市场机制角度给出的一个基本理论框架》，西南财经大学出版社2001年版，第67~70页。

第二章 中国收入分配体制改革：理论逻辑与基本演变轨迹

（一）分配基础

按照经典的马克思主义政治经济学的基本原理，在社会生产关系中，生产资料所有制决定分配关系和分配制度，生产资料所有制构成分配关系和分配制度的基础。换言之，人对物质生产资料占有上体现出的人与人之间的社会经济关系，其核心是生产资料的归属问题，进一步地，所有制关系是通过社会生产及其产品的分配、交换、消费来体现，是生产、分配、交换、消费各方面关系的总和，且所有制是一个发展的概念和发展的过程，在一定的社会经济形态同时存在的不同所有制形式构成的所有制结构中，居于主体地位的所有制成分的性质，决定了该社会基本经济制度的性质。基于此，本书研究的分配基础指的是以生产资料所有制为核心的生产关系，占主体地位的生产资料所有制是一个社会的基本经济制度，是社会选择其分配制度的前提和基础。通常，生产资料的公有制安排决定了分配关系将采取按劳分配乃至按需分配的制度安排，而生产资料的私有制安排则决定了分配关系将采取按要素贡献分配的制度安排。我国社会主义初级阶段选择了以公有制为主体、多种所有制经济共同发展的基本经济制度，这就决定了我们社会主义初级阶段的分配制度将采取按劳分配为主体、多种分配方式并存的分配制度。

产权是所有制的核心，是经济所有制关系的法律表现形式。产权包括财产的所有权、占有权、支配权、使用权、收益权和处置权。一个社会的生产资料所有制安排决定了产权制度安排。因此，所有制安排和产权制度安排的构成是分配制度的前提和基础。当前，我国正在着力健全归属清晰、权责明确、保护严格、流转顺畅的现代产权制度，这将对我国的分配关系和分配制度变革产生深远的影响。

(二) 分配原则

分配原则是收入分配制度秉持的基本原理和准则，是分配制度的核心安排。在法学中，按照法律原则产生的基础不同，可以把法律原则分为公理性原则和政策性原则。公理性原则，是指从社会关系性质中产生并得到广泛认同的被奉为法律公理的法律原则，这是严格意义上的法律原则。例如，宪法中的分权原则和人权原则，选举法中的普遍、直接、秘密、平等原则，现代刑法中的罪刑法定原则，民法中的诚实信用原则，行政法中的合法性原则，诉讼法中的司法独立原则，刑事诉讼中的无罪推定原则，国际法中的国家平等原则，等等。由于公理性原则来自事物本身的性质，所以公理性原则较政策性原则有更大的普适性。政策性原则则是一个国家或民族出于一定的政策考量而制定的一些原则，如我国宪法中规定的"依法治国，建设社会主义法治国家"的原则，"国家实行社会主义市场经济"的原则，婚姻法中"实行计划生育"的原则，等等。政策性原则具有针对性、民族性和时代性。概言之，公理性原则是从社会关系的本质中产生出来的，得到广泛承认并被奉为法律的公理，在原则中属于一般的、公认的原则；而政策性原则属于特定时期为了适应特定政策的需要而制定的法律原则。

借鉴法学中关于法律原则的分类方法，我们尝试将分配制度的分配原则也划分为公理性分配原则和政策性分配原则。公理性分配原则是从社会关系的本质中产生出来的，得到广泛承认并被奉为分配的公理，如社会主义生产资料公有制本质关系中产生的人们之间公平分配、人人平等、按劳分配等原则。政策性分配原则是国家关于不同时期适应社会经济发展需要的具体分配决策和政策安排，其核心是效率与公平的权衡，比如效率优先、兼顾公平原则，或者是公平优先、兼顾效率原则等。

公理性分配原则和政策性分配原则之间具有互动关系。国家在制定政策性分配原则时，不可能不受公理性分配原则的影响；同时，政策性分配原则通过反作用来塑造、影响公理性分配原则。

(三) 分配机制

分配机制是指分配制度得以实施和运行的机制。通常，分配制度可以通过计划经济的运行机制来贯彻实施，也可以通过市场经济机制来贯彻实施。计划分配机制的实质是收入由计划分配，价格机制和供求竞争机制被弱化、扭曲甚至取消；市场分配机制的实质是收入由供求竞争决定，价值规律和价格机制起支配作用。两者的关键差别是：收入是在计划中确定，还是在供方与供方、需方与需方、供方与需方的相互竞争中决定。在计划经济年代，我国的按劳分配制度通过一套严格的计划机制来实施和运行。而当前在社会主义市场条件下，我国按劳分配为主、多种分配方式并存的分配制度则是通过市场机制来实施和运行。

(四) 分配形式

分配形式是社会收入分配所采取的具体形式。分配形式有不同的划分标准，从现象上看，可以划分为工资性收入、经营性收入、财产性收入等；从收入源泉上看，收入可以划分为劳动收入、资本收入、土地收入、技术收入等。分配形式是分配制度的产物和表现形式。在计划经济年代，分配形式表现为工资、工分、实物分配等形式。而在市场经济年代，分配形式通常表现为工资、奖金、股息、利息以及其他多种形式。

二、中国收入分配体制改革的理论分析框架

对中国收入分配体制改革的理论分析，本书立足于双向度的逻辑关系和框架来展开。向度指一种视角，是一个判断、评价和

确定一个事物的多方位、多角度、多层次的概念。由于收入分配制度的复杂性和多维性，因此需要从不同的向度对分配制度进行解剖和分析。本书尝试从分配制度的内在向度（分配基础、分配原则、分配机制、分配形式）和外在整体向度（生产力—生产关系—上层建筑）两个层面，搭建起一个研究分配制度变迁的理论分析框架。

如前所述，收入分配制度是社会生产关系的重要组成部分，要理解当代中国收入分配制度的变迁，必须深入当代中国生产力与生产关系、经济基础与上层建筑的互动作用机制中去理解和分析。基于此，本书构建的这一理论分析框架，运用马克思主义经济学关于"生产力—生产关系（经济基础）—上层建筑"的互动作用原理，通过分析当代中国社会生产力的发展如何引致生产关系（生产关系包括所有制、分配制度等）的改革和演变，同时分析上层建筑的改革发展又如何反作用于经济基础（包括对其中分配制度的作用），从而来解释和理解当代中国收入分配制度的演变机制、演变路径和改革发展的未来方向。

双向度逻辑关系的理论分析框架具体体现为：第一，通过分析分配制度内部分配基础、分配原则、分配机制和分配形式的逻辑互动关系，呈现出了一个内在向度的分析框架；第二，将分配纳入社会经济系统的整体向度，通过分析生产力、生产资料所有制、上层建筑的发展演变如何引致收入分配制度的发展演变，呈现出了一个外在向度的分析框架。这一双向度逻辑关系的理论分析框架可以通过图2-1来表达。

（一）理论分析框架的内在向度

如前所述，从内在向度来看，分配制度包含了分配基础、分配原则、分配机制和分配形式四个组成部分。在分配制度的内部机理中，分配基础、分配原则、分配机制和分配形式的关系如下。

第二章 中国收入分配体制改革：理论逻辑与基本演变轨迹

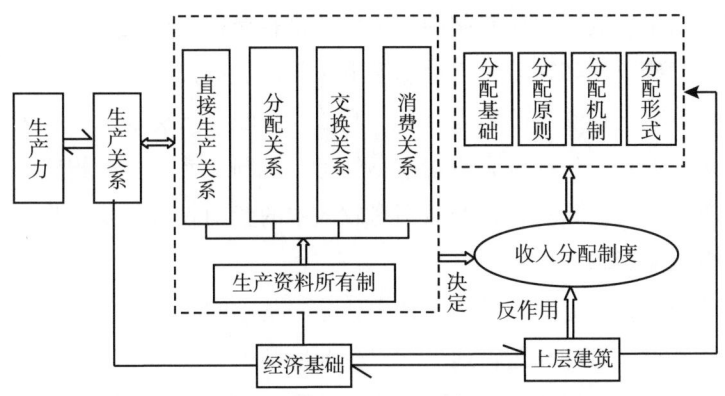

图2-1 收入分配制度的形成机理及结构分解

首先，分配基础决定分配原则，并在一定程度上影响分配机制和分配形式的选择。公有制为基础的分配原则和私有制为基础的分配原则具有重要的区别。通常，生产资料的公有制安排决定了分配关系将采取按劳分配原则，而生产资料的私有制安排决定了分配关系将采取按要素贡献分配的原则。

其次，分配基础和分配原则对分配机制的具体运行具有重要影响，分配机制是分配基础和分配原则的具体体现。另外，因为分配机制由社会总体经济运行机制来决定，无论分配基础、分配原则，都必须纳入这个运行机制之中，适应这个机制的内在逻辑和规律。因此，分配机制在一定程度上决定了分配基础的存在方式，也决定了分配原则发生作用的方式。

再次，政策性分配原则会反作用于分配机制和分配基础。公平和效率的权衡影响着市场机制的作用范围，比如出于公平考虑，医疗、卫生、教育等公共领域时常被认为不宜完全由市场支配；公平和效率的权衡影响着所有制结构，公平正义、共同富裕的分配原则构成生产资料公有制的意识形态基础，而个人主义、责任自负、推崇效率的分配原则则是私有制的思想土壤。

最后，分配形式则是分配基础、分配原则和分配机制综合作用的结果。其一，所有制结构决定了是否允许有私人要素收入的存在基础，比如在公有土地制度下，土地涨价归公；在私有土地制度下，土地涨价归私人所有。其二，分配机制决定了收入来源渠道和形式，如果没有要素市场的运行机制，就不会有相应的要素收入形式。其三，分配原则对收入中的劳动收入—要素收入结构有重要影响。

总之，在分配制度的变迁中，分配基础的改变作为变迁的历史性基点，影响和逻辑地生发出分配原则、分配机制和分配形式的相应变化，反过来，分配形式、分配机制、分配原则的调整又进一步作用于分配基础的改变，分配基础、分配原则、分配机制和分配形式正是在这种相互作用、相互影响的过程中，形成一个对立统一、矛盾运动的有机整体，并推动着一个社会的收入分配制度不断发展、演变、革新。这是我们解析分配制度变迁的内在向度。

（二）理论分析框架的外在向度

按照历史唯物主义的观点，生产力是一切社会发展的最终决定力量，生产力的发展决定生产关系[1]的发展演变，生产关系的发展演变既包括生产资料所有制及其具体实现形式的变化，又包括人们在生产、分配、交换、消费领域的广义生产关系的发展演变。因此，生产力的发展通过决定生产关系（包含分配关系）的发展来决定分配制度的发展变迁。

依循马克思主义经济学关于"生产力—生产关系（构成上层建筑的经济基础，其中包括分配制度）—上层建筑"的互动

---

[1] 按照马克思主义政治经济学的理解，生产关系是指人们在物质资料生产和再生产的过程中结成的相互关系，通常有狭义和广义的生产关系之说。狭义的生产关系是指人们在直接生产过程中发生的关系，广义的生产关系是指人们在社会生产总过程中发生的生产、分配、交换和消费的关系。本书使用的生产关系采用广义生产关系的内涵。

作用原理，生产力的发展决定生产关系的发展（包括分配制度的发展变迁），同时，上层建筑的发展变革通过反作用于生产关系来影响和推动分配制度的发展变迁。

首先，社会生产力的发展演变决定了分配制度的发展变迁。

分配制度是社会生产关系的一部分，由于生产力决定生产关系，因此生产力的发展变迁在很大程度上决定着分配制度的发展变迁。生产力发展决定生产关系的发展演变，并进而决定分配制度的发展演变，其具体作用机制是：生产力发展决定了一个社会生产资料所有制的结构与制度安排——生产资料所有制关系和结构与制度安排决定了分配关系和分配制度的安排——由此也决定着分配制度内部的分配基础、分配原则、分配机制和分配形式的发展变迁。

马克思分配理论的思想精髓和理论逻辑是：分配是生产的背面，一定的生产制度决定了分配的制度。分配的性质是由生产的性质决定的。归根到底是由生产资料所有制的性质决定的。这一点马克思在《政治经济学批判》中作了明确分析，分配包括产品的分配和生产条件的分配，狭义的分配关系，是指收入的分配，它"表示对产品中归个人消费部分的各种索取权"①。这种分配关系取决于生产关系。另一种是生产条件的分配，马克思指出："一定的分配形式是以生产条件的一定的社会关系为前提的。因此，一定的分配只是历史规定的生产关系的表现。"② 因而"是在生产关系本身范围内""它们决定着生产的全部性质和全部运动"。③我们称之为"马克思分配定理"。

其次，上层建筑的发展变迁在很大程度上影响着分配制度的发展变迁。

由于生产关系的总和构成一个社会的经济基础，所以分配制

---

①③ 《马克思恩格斯文集》第7卷，人民出版社2009年版，第995页。
② 《马克思恩格斯全集》第25卷，人民出版社1965年版，第997页。

度也属于社会经济基础的组成部分。根据马克思主义经济学基本原理，经济基础决定上层建筑，上层建筑反作用于经济基础，因此，社会上层建筑的发展变革在很大程度上影响着分配制度（经济基础）的发展变迁。可以说，收入分配制度的变迁受到经济基础和上层建筑两个层面因素的影响。在这两个层面中，经济基础决定了收入分配制度的基本安排，同时上层建筑对收入分配制度也会产生深远影响。上层建筑在决定于经济基础的同时，自身有一定的独立性，可反作用于经济基础，影响和规范着分配制度的具体安排。

总之，将分配制度纳入社会经济系统的整体向度加以分析，从生产力—生产关系（包括分配制度）—上层建筑三者的互动作用中去理解分配制度的变迁，为我们提供了一个更加宽广、宏大的分析视角。

三、中国收入分配体制的形成与演变："三个阶段"与基本变迁轨迹

收入分配制度作为中国社会主义经济发展和改革的基础性制度，有着很强的时代特征和历史逻辑联系。因此，按照历史时序检视社会主义实践在不同体制和阶段下收入分配制度的变迁，对当前和未来中国收入分配制度的进一步改革创新和完善有着重大的理论意义和实践价值。

新中国成立后迄今近70年间，社会主义收入分配制度的实践探索和历史逻辑，呈现出一条试错—改革—优化的鲜明主线：建基于总体低下生产力水平及其生产关系、上层建筑的动态适应性发展之上的"社会主义特殊形态"的"混合型"收入分配制度，在社会主义制度的形成、改革及其完善的反复摸索、波澜起伏过程中，表现为新中国成立之初过渡时期的"私转公"混合

第二章 中国收入分配体制改革:理论逻辑与基本演变轨迹

型收入分配制度、改革开放初期"主与补"的混合型收入分配制度、社会主义市场经济体制确立后"主与并"混合型收入分配制度,其中,也有传统计划经济时期仿效苏联模式、实现单一公有制的按劳分配制度,反映出新中国成立以来收入分配制度探索演变进程中的艰难曲折性。实践反复证明,当"社会主义特殊形态"的"混合型"收入分配制度的具体选择和形成适合现实社会生产力、生产关系及其上层建筑实际时,就会促进社会生产力发展和经济增长与发展,从而因改善民生、增进民生福利、提升民生水平而进一步优化和完善社会主义基本经济制度;相反,当出现违背现实生产力、生产关系客观要求及其上层建筑制约的超前或滞后的收入分配制度,则必然抑阻社会生产力发展和经济增长与发展,民生因此得不到应有的改善和提高,从而偏离社会主义制度探索的正确方向而使社会主义制度建设遭受挫折。

我们将运用历史分析方法,通过历史回顾与梳理比较,主要从以下几个大的时段来把握当代中国收入分配制度的发展变迁:(1)制度变革背景下传统社会主义按劳分配制度的形成与发展(1949~1978年);(2)体制改革进程中社会主义收入分配制度嬗变(1978~1992年);(3)社会主义市场经济体制下收入分配制度的完善(1992年至今)。具体分析中,运用双向度的理论分析框架,分别研究这几个时段中国居民收入分配制度的改革演变机制、演变路径和阶段性特征等内容,并对当代中国分配制度改革发展的未来方向做出分析和研判。

(一)制度变革背景下传统社会主义按劳分配制度的形成与发展(1949~1978年)

新中国成立后,我国的经济制度经历了深刻的历史变革。伴随着社会经济制度的变革,我国的收入分配制度也经历了深刻的演变和发展。这一阶段收入分配制度变迁的基本轨迹大致如下:

1. "私转公"混合型收入分配制度的形成和终结:1949~

1956年。

"私转公"混合型收入分配制度出现在新中国成立后至社会主义改造完成前，包含了按生产要素分配、供给制、按劳分配等多种分配方式的混合。在三年国民经济恢复期及其之后的社会主义改造期，个体经济、资本主义经济、公私合营经济、国营经济、合作社经济等不同层次私有制经济与新生公有制经济以多种经济形式混合杂存，客观上成为混合型多种收入分配方式存在的特殊的所有制基础，实践中，伴随着"一化三改造"①的过渡时期的总路线总方针的提出和实施，个体农户、个体手工业者及其商户、民族资本主义工商业等不同层次的私有制经济逐步向公有制经济转变。这一时期，特别是在社会主义改造的后期，尽管存在着要求过急、工作过粗、改变过快、形式过于单一的问题，但是，整体来说，在有限的生产力基础上，在一个几亿人口的大国要比较顺利地实现快速推进工业化的基本发展目标和深刻的社会变革，也要求决策者调动一切可使用的资源，最有效地推动生产力快速发展，同时保证不同行业、不同所有制部门劳动者的基本生存所需。与此相应，"私转公"混合型收入分配制度的形成及其作用的灵活性特征，一定意义上起到了提升生产劳动者积极性、保证分配与消费环节乃至社会经济运行基本稳定、促进工农业和整个国民经济的发展的重要作用。

2. "单一型"按劳分配制度的确立和演变：1957~1978年。

1956年社会主义改造的完成意味着社会主义基本经济制度的确立，自此直到1978年末实行改革开放前，全面的生产资料公有制取缔了私人资本等其他要素取得要素报酬的基础，劳动者

---

① "一化三改造"，是指中国共产党在1953年提出的过渡时期的总路线，强调在一个相当长的时间内，一是逐步实现社会主义工业化，这是总路线的主体；二是逐步实现对农业、手工业和资本主义工商业的社会主义改造，这是总路线的两翼。这两个方面互相联系、互相促进、互相制约，体现了发展生产力和改革生产关系的有机统一，是一条社会主义建设和社会主义改造同时并举的路线。

只能凭借劳动贡献参与收入分配,劳动者个人不具备非劳动要素,也就不可能凭借非劳动要素参与分配。因此,全面公有制的所有制结构和要素产权制度,决定了这一阶段传统计划经济体制下"单一型"按劳分配成为唯一可行的个人收入分配方案。生产资料所有制向单一化的社会主义公有制经济转变的重大变革,既构成重塑新的社会主义经济制度的逻辑起点,也构成新的社会主义收入分配制度形成的现实起点。从理论上说,社会主义公有制经济的建立,要求打破原有的以资本和土地私有制为基础的分配制度,确立一种以体现人民当家做主、以劳动为分配的基本依据、追求人人平等的公平分配制度,从而改变人们在经济生活中的地位与相互关系,也改变了产品的分配与归属;从实践上看,具体体现在所有制与分配制度的内在关联上,全面的生产资料公有制要求实行单一的按劳分配制度,并进一步逻辑地生发出新的按劳分配原则、按劳分配的计划机制和分配形式。

(二)体制改革进程中社会主义收入分配制度嬗变(1978~1992年)

从1978年末党的十一届三中全会开启改革到1992年党的十四大召开之前,我国收入分配制度的改革演变经历了一个从传统计划化的、单一的按劳分配制度逐渐向市场化的、坚持按劳分配基础上新的按生产要素分配渐进性渗入的新的混合型收入分配制度演进,其单一公有制的裂变、多元产权一定程度的回归等分配基础的率先改革和变化,引致了分配原则、分配机制及其分配形式的相应变化,构成了分配制度渐进性改革的内在逻辑。

1. 改革开放初期"主与补"混合型收入分配制度改革与转向的突破:1978~1986年。

在这一阶段,随着个体、私营、"三资"企业等非公有经济形式的出现和快速发展,原有劳动关系的变化和新的劳资关系的产生,引起整体国民经济和国民收入分配格局的一定变化:一方面，公有制经济为基础的外围区域相应出现市场作用下的资本性收入、经营性收入、技术性收入等要素性收入的多种收入分配方式；另一方面，要素性收入分配方式又通过生产、交换等多种形式、多个渠道的外溢效应，渗入到公有制经济的内部，影响到包括国有企业、集体企业等公有制经济市场化改革作用下的收入分配的变化。我们把这种因改革的市场作用而产生的资本性收入、经营性收入、技术性收入等要素性收入的多种收入分配方式，向公有制经济及其分配的渗入影响，从而混入整体国民经济和国民收入分配中形成的分配制度及其政策，视为社会主义公有制经济占主体、其他经济形式为补充，从而形成按劳分配为主、其他分配形式为补充的"主与补"混合型收入分配制度。

2. 改革开放背景下"主与补"混合型收入分配体制改革与转向的深入：1987~1992年。

随着改革开放新的解放思想、解放生产力及其带来的非公有制经济等市场经济因素的不断壮大和发展，需要我国生产关系和上层建筑做出必要的调整。1987年中国共产党第十三次全国代表大会提出按劳分配为主，其他分配形式为补充，并明确资本等非劳动要素参与收益分配的合法性，由此开始并深入推进了我国社会主义公有制基础上按劳分配为主，其他分配形式为补充的新的混合型收入分配制度改革。

总体上看，从1978年到1992年，我国收入分配制度的演变轨迹是从传统计划化的、单一的按劳分配制度逐渐向市场化的、按生产要素分配渐进性渗入的"主与补"混合型收入分配制度演进，这种演变轨迹可以通过分配基础、分配原则、分配机制和分配形式等四个方面来体现。其中，分配基础经历了要素产权从单一化到多元化的演变，分配原则经历了公理性原则和政策性原则的优化，分配机制经历了从政府单一分配机制到引入市场机制的变革，分配形式则经历了从简单化到多样化的演变。

（三）社会主义市场经济体制下收入分配制度的完善（1992年至今）

1992年，党的十四大确立了我国经济体制改革的目标是建立社会主义市场经济体制。随着我国社会主义市场经济体制的逐步建立和完善，各种生产要素对经济发展的贡献越来越大，传统的劳动分配占绝对地位、新的生产要素分配有所渗入的混合型收入分配制度也随之逐步转变为按劳分配为主体、多种分配方式并存的"主与并"混合型收入分配制度。

1. 社会主义市场经济体制确立时期"主与并"混合型收入分配体制创新：1992~2001年。

社会主义市场经济体制确立时期"主与并"混合型收入分配制度，即按劳分配为主体，多种分配方式并存作用的基本收入分配制度，它是伴随体制改革进入到中国特色社会主义市场经济体制确立、建设、发展过程中逐渐形成的，是坚持社会主义公有制为主体、多种所有制经济并存发展和共同富裕这一社会主义社会基本经济制度的客观产物。这是1992年党的十四大对社会主义市场经济体制改革目标确立新的历史背景下、我国收入分配制度的又一次适应性调整和创新，是生产要素转向以市场配置为基础、多种所有制和经济形式由体制外的"边际增量"改革，转入打破体制外与体制内泾渭分明界限，向相互渗透融合、谋求合作共生的同一社会主义市场经济体制转变历史逻辑的必然。在社会主义市场经济体制背景下"主与并"混合型收入分配体制的创新中，按劳分配重视公平，按生产要素分配促进效率提升，二者相辅相成，形成混生优势，以在促进生产力新的发展过程中实现公平与效率的有机融合。比如，公有制企业中有按生产要素分配，非公有制企业特别是合资企业、合作经营中也受到按劳分配的影响与制约，存在一定的准按劳分配因素，而混合所有制的推进更是为它们的融合生长提供了良好的机遇。

由于实践中社会主义市场经济体制下基本收入分配制度的确立并不是一蹴而就的,而是一个渐进的演进过程,其中分配基础、分配原则、分配机制和分配形式四个维度的演变也经历了一个从逐步改革到初步确立的过程。

2. 社会主义市场经济体制确立时期"主与并"混合型收入分配体制优化:2002~2011年。

在分配制度或体制转型过程中,由于新的分配制度和分配规则还不配套、不健全,居民收入差距迅速扩大,我国从一个收入差距相对较小的国家,迅速变成了一个收入差距较大的国家。收入差距的迅速扩大使得社会公平问题日益突出,倒逼进一步改革完善社会主义市场经济体制下的收入分配制度。2002年,中国共产党第十六次全国代表大会确定了"全面建设小康社会"的目标,要求"理顺收入分配关系",明确强调"确立劳动、资本、技术和管理等生产要素按贡献参与分配的原则""初次分配注重效率,再次分配注重公平。"收入分配制度方面的延续与调整既是对过去改革成果的肯定,同时也为解决改革过程中分配领域出现的新问题提供指导。

之后,2007年,中国共产党第十七次全国代表大会进一步强调了"2020年建成小康社会"的目标之后,明确指出"合理的收入分配制度是社会公平的重要体现。"在不断完善社会主义经济体制的过程中,"要坚持和完善按劳分配为主体、多种分配方式并存的分配制度,健全劳动、资本、技术、管理等生产要素按贡献参与分配的制度,初次分配和再分配都要处理好效率和公平的关系,再分配更加注重公平。逐步提高居民收入在国民收入分配中的比重,提高劳动报酬在初次分配中的比重。"

在21世纪初期的头10年,我国社会主义市场经济体制背景下"主与并"混合型收入分配体制得到进一步优化。在分配基础上,侧重以建立现代产权制度为着力点,推进国有企业改革,完善所有制结构;在分配原则上,确立生产要素参与分配的标准是按贡献大小，且收入分配逐渐向公平端倾斜，效率与公平并重；在分配机制上，着力构建市场、政府和社会三重机制，扭转日益扩大化的收入差距；在分配形式上，居民收入多样化的趋势越来越显著。

3. 社会主义市场经济体制完善时期"主与并"混合型收入分配体制改革深化（2012年至今）。

我国在2011年便跃居世界第二大经济体，但同年国家统计局公布的基尼系数为0.477，说明国家重视效率的制度设计在促进经济增长的同时，也带来了较大的收入差距，极不利于全面建成小康社会与共同富裕目标的实现。实际上，可以发现，"让一部分人先富起来"的政策已经完成任务，应逐步转向"实现共同富裕"的政策①，这也意味着社会主义市场经济体制下的基本收入分配制度应继续调整深化以适应新时期、新阶段的经济社会发展要求。

2012年召开的中国共产党第十八次全国代表大会指出，"要加快完善社会主义市场经济体制"，与之相适应，"要完善按劳分配为主体，多种分配方式并存的分配制度。"相较于以往，此次会议更加关注基本收入分配制度的改革深化，创新之处较为显著：一是，将完善收入分配制度的根本目标具体化为"实现发展成果人民共享"。二是，实现该目标"必须深化收入分配制度改革"，具体来说要做到"两个同步、两个提高"，即"努力实现居民收入增长和经济发展同步、劳动报酬增长和劳动生产率提高同步，提高居民收入在国民收入分配中的比重，提高劳动报酬在初次分配中的比重"。三是，"初次分配和再分配都要兼顾效率和公平，再分配更加注重公平"，表明国家在对待效率与公平的关系上更加侧重公平。四是，首次明确"完善劳动、资本、技

---

① 刘国光：《是"国富优先"转向"民富优先"还是"一部分人先富起来"转向"共同富裕"》，载于《浙江社会科学》2011年第4期。

术、管理等要素按贡献参与分配的初次分配机制，加快健全以税收、社会保障、转移支付为主要手段的再分配调节机制。"五是，进一步鼓励居民收入多样化，强调要"多渠道增加居民财产性收入。"

总的来说，社会主义市场经济体制完善过程中"主与并"混合型收入分配体制改革深化这一阶段，混合型收入分配制度改革深化重点是加快缩小居民收入差距，最终迈向共同富裕。在分配基础方面，加速推进混合所有制经济，完善产权保护制度；在分配原则方面，以共享发展理念为指导，更加侧重公平；在分配机制方面，坚持三重机制协调的同时，强化政府与社会机制的调节作用；在分配形式方面，多渠道丰富群众收入来源，进一步推动居民收入的多样化。

第三章

中国计划经济时期收入分配体制的形成与发展（1949~1978年）

纵观中国历史上的每一次重大社会变革，我们不难发现，其几乎都与人们的利益关系和收入分配制度的变化有关。因此，一定意义上可以说中国收入分配制度的变迁历史就是中国社会变革的历史。1949年10月1日中华人民共和国的成立，为一个从私有到公有、从剥削到平等的新时代的开启提供了现实可能。

作为一场具有跨时代意义的制度巨变，新中国通过所有制关系的全面改造和调整，切断了生产资料私人所有对社会生产总过程的控制，代之以生产资料公有制为基础的社会主义生产关系，并迅速覆盖生产、交换、分配及消费的全过程。伴之形成的新中国社会主义经济制度及其分配制度，扎根于当时特定历史时期生产资料所有制关系的调整：新中国成立后至1956年这一过渡时期①，国营经济、个体经济、合作社经济、民族资本主义经济、

---

① 新中国成立前7年（即1949~1956年底），我们处于由新民主主义社会向社会主义社会过渡的时期，所以简称为过渡时期。在社会形态上，它不是独立的社会形态，而是属于社会主义体系的形成和逐步过渡到社会主义的过渡性质的社会；在政治上实行以工人阶级为领导的各革命阶级联合专政的人民民主专政，民族资产阶级作为一个阶级还存在，并在国家政权中占有一定地位；在经济上实行国营经济为主导的包括合作社经济、个体经济、私人资本主义和国家资本主义五种经济成分并存的新民主主义经济制度；在文化上实行发展以马克思主义为指导的民族的、科学的、大众的文化。1956年社会主义改造完成，中国第一部社会主义宪法颁布，才标志着我国社会主义制度的最终确立。

官僚资本主义经济五种主要的经济成分共存，收入分配制度也表现出尚无所有制主体统领的典型意义上的混合型特征与各种独立的分配形式混杂存在，在国民经济的恢复期一定意义上适应了当时低下的社会生产力状态而调动起各方生产恢复发展的积极因素，推动了生产力发展。伴随社会主义改造的实施与完成，中国逐步建立起全面的生产资料公有制结构，取缔了私人凭借对生产要素的所有权获取报酬的可能，按劳分配也成为"唯一可行的"分配制度。进一步地，分配制度中的基本原则、具体机制与形式设计，反映了党的第一代领导集体在对马克思主义经济学关于社会主义所有制与分配理论认识基础上，仿照苏联式社会主义经济建设和分配制度，同时受制于国家工业化赶超发展战略和计划经济体制的基本要求。

一、初步探索社会主义社会必须实行按劳分配原则

1949年新中国成立至1952年底，针对长期战争带来的满目疮痍和百废待兴的复杂局面，党和政府采取了诸多恢复经济的举措，社会生产力得到了迅速恢复与发展，遭到严重破坏的国民经济得到了全面的恢复，史称"国民经济恢复时期"。在这一时期，新中国开始着手构建多种经济成分并存、市场与计划并存的新民主主义社会经济体制。总体来看，在新中国成立的伊始，我国的收入分配机制还处于比较混乱的局面，在不同的组织中对收入分配的主体还有不同依据以及标准等规定都不相同，但从1949~1952年，我国政府通过没收官僚资本，建立全民所有制经济；通过土地改革，消灭了封建的地主土地所有制，使广大农民获得土地；并恢复和保护民族工业；在新型的全民所有制经济中工人成为企业主人，提高了工人阶级的生产劳动积极性，工人

第三章　中国计划经济时期收入分配体制的形成与发展（1949～1978年）

收入大幅度增加，农民则主要围绕土地改革来展开收入分配改革，获得重要财产——土地及其收入，乃至民族资本的利益也能得到适当的兼顾，形成了一个各方利益有所兼顾、比较适应生产力发展的收入分配格局。

在这一时期，随着社会主义公有制经济的建立，如何建立与此相适应的分配关系，是现实经济生活中遇到的一个迫切需要认识和解决的问题，这样按劳分配作为一个新生事物进入理论界关注的视野，学界初步探讨了社会主义社会必须实行按劳分配原则，但对实行按劳分配与反对平均主义还远未达成共识。1955年以前，很少有人在报刊上谈论按劳分配。1956年春，刘毅、李敬实等人发表了反对平均主义，实行按劳分配的文章，开始比较多地讲这个问题，但是，基本上没有交锋。直到1957年初，仲津的《对按劳分配的一些看法》一文发表后，[①] 由此引起了比较热烈的讨论。在这个阶段讨论的基调，是肯定在社会主义社会必须实行按劳分配原则，按劳分配是个人消费基金分配的规律。讨论的焦点，是社会主义工资如何体现按劳分配原则。在讨论中许多人提出，贯彻按劳分配必须反对平均主义。但是，占统治地位的观点，却是反对在劳动报酬中高低悬殊，主张大体平均。因此，在这个阶段，到底是实行按劳分配还是实行平均主义的争论，还处于势均力敌的状态。[②]

总之，从新民主主义经济向社会主义经济过渡的这一阶段的收入分配理论探索反映了所有制关系改造对分配关系变革的理论认识，讨论触及了在处理社会主义物质利益关系时，如何对待农民的利益问题；现实经济生活中，对实行按劳分配与推行平均主义之间的争论产生了持续的影响，这个影响一直延伸到中国高度

[①] 仲津：《对按劳分配的一些看法》，载于《学习》1957年第2期。
[②] 经济研究编辑部：《中国社会主义经济理论的回顾与展望》，经济日报出版社1986年版，第375～376页。

集中计划经济体制下收入分配理论的争论。

1957年，随着社会主义改造的完成，在实现经济赶超战略的推动下，中国按照苏联的经验模式仍然以单一的社会主义公有制经济为基础建立了高度集中的计划经济体制。这个经济体制是一个以国民经济为范围的庞大的等级组织系统，是按照对经济活动"归口"管理的需要来组建政府机构，政企（政社）是高度的合一。① 与这种经济体制相适应的唯一分配模式，是"产品经济型"直接按劳动时间分配的按劳分配模式，它的实现形式在全民所有制企事业单位和城镇集体企业是工资、津贴制度，在农村集体经济则是工分制；实施的结果是分配上的"大锅饭"和平均主义的流行。针对这样的"按劳分配制度模式"，理论界展开了反复的讨论和若干争论，实际上反映了马克思收入分配理论在中国计划经济时代的曲折探索。

当时阐述按劳分配的主流思想，强调了与社会主义公有制经济相一致的按劳分配是社会主义收入分配中的基本原则，反对平均主义，必须坚持贯彻按劳分配。但其主要论述囿于高度集中的计划经济体制，按劳分配受计划经济规律的制约，实际上论证的是"产品经济型"的按劳分配，在对中国社会主义条件下实行按劳分配阐述的基础上，形成了"产品经济型"按劳分配的主流观点。在当时的理论界仅有个别的学者，比较锐敏地捕捉到了按劳分配与商品经济之间的内在联系，在研究者中走得比较远，他们作为后来改革开放时代"社会主义市场经济收入分配理论"的先声而出现，但是在当时却被看成修正主义的异端思想被批判。例如，顾准发表在《经济研究》1957年第2期上的《试论社会主义制度下商品生产和价值规律》一文中提出并论证了计划体制根本不可能完全消灭商品货币关系和价值规律的论断，主张

---

① 谷书堂：《社会主义经济学通论——中国转型经济问题研究》，高等教育出版社2005年版，第109页。

社会主义条件下依靠商品经济的力量参与收入分配，并且对收入分配中利用货币、价格、经济核算等进行了全面的分析。①② 这一期间理论界虽有将按劳分配与商品生产联系起来的观点和看法，但还没有进行深入系统的研究，也不可能上升为国家政策层面加以实施。至于超前认识到几十年后建立社会主义市场经济体制下按劳分配与市场经济关系的思想萌芽，在当时缺乏此思想成长的社会经济土壤，但却留给后人对此继续研究的深刻启发。

二、过渡时期"私转公"混合型收入分配的产生和终结：1949~1956年

新中国成立后至社会主义改造完成前的过渡时期，包含了按劳分配、按生产要素分配、供给制等多种分配方式的混合掺杂。在这一社会主义改造期和国民经济调整恢复期，国营经济、个体经济、合作社经济、资本主义经济共同存在，提供了无所有制主体统领的混合型多种分配方式杂存的所有制基础。与此同时，在有限的生产力基础上，快速推进工业化的基本发展目标，也要求决策者调动一切可使用的资源，最有效地推动生产力快速发展，同时保证不同行业、不同所有制部门劳动者的基本生存所需。这一时期无所有制主体统领的混合型收入分配制度具有一定的灵活性特征，起到了调动和提升生产者积极性，保证分配与消费环节基本稳定的重要作用。

自鸦片战争至新中国成立，跨越百年的历史战火纷飞，对生产力基础造成了严重的破坏。1949年新中国成立时，人均国民收入只有66.1元；1952年中国人均收入仅为世界平均水平的1/4。

---

① 顾准：《顾准文集》，贵州人民出版社1994年版，第15、16页。
② 顾准：《顾准文集》，贵州人民出版社1994年版，第17页。

工农业基础非常薄弱，生产技术尚以手工生产为主。据许涤新、吴承明测算，1949年新式产业和传统产业在工农业总产值中的比重分别为17%和83%。农业总产值在工农业总产值中占比84.5%，轻工业占比11%，重工业占比4.5%。工业企业职工仅占全国总人口数的5.6%。[①] 主要工业品和工业原料生产极为不足，基础设施严重落后。面对这样一个生产力基础，毛泽东同志曾在中共中央政治局会议上的讲话中指出，党在过渡时期的总路线和总任务，是要在十年到十五年或者更多一些时间内，基本上完成国家工业化和对农业、手工业、资本主义工商业的社会主义改造。

过渡时期"一化三改造"总路线总方针的实施和推进，一方面赋予了这一时期混合型收入分配制度四重内涵的独有特征；另一方面又体现出"私转公"的总体取向及其新格局。

首先，多种所有制经济的存在意味着按劳分配和按生产要素分配等不同的分配基础并存；与此同时，在不同的经济成分中，分配形式也呈现出多样化、灵活化、临时性的特征。在城镇公有制企业中，"按劳分配"已经率先建立起来。中央在1950~1951年期间发布的关于工业生产和企业管理的重要文件中，制定了城市企业中的按劳分配实施方案，以"工资分"为工资计算单位，按劳动熟练程度划分八级工资制，并在有条件的企业实行计件工资制。在国家机关和事业单位中则保留新民主主义的供给制，直至1955~1956年城市企事业单位全面实施以职务等级为基础的货币工资制和一定的奖励工资制度，供给制才暂时退出。[②] 在城市私营部门，则采取了工资决定的劳资间协商制度，争议部分由政府仲裁的决策。在农村中，1950年土改明确了建立"农民土

---

① 萧国亮、隋福民编著：《中华人民共和国经济史（1949~2010）》，北京大学出版社2011年版，第30~34页。

② 高志仁：《新中国个人收入分配制度变迁研究》，湖南师范大学2008年学位论文，第40~50页。

第三章　中国计划经济时期收入分配体制的形成与发展（1949～1978年）

地所有制"，农民获得土地后，以土地入股建立互助组或初级合作社，获得土地分红，与此同时，还根据按劳付酬原则，依据劳动强弱和技术高低，以"死分活评"的方法计算"劳动日"以获得劳动报酬。①

其次，从分配原则来看，由于社会主义改造还在进行当中，与社会主义生产资料公有制相适应的"按劳分配""公平分配""人人平等"，尚未成为公理性原则引导这一时期分配制度的设计，但是对于分配的公平性强调已经开始凸显。特别是新中国成立后，要在全国范围内形成对社会主义意识形态的强有力认同，打破资本主义、封建主义和殖民主义思想的残留，就要求分配原则强化劳动者之间在分配方式和消费资源占有上的平等性。特别是大量小生产者尚处在自给自足的自然经济模式中，对社会主义分配模式的畅想，也倾向于高度平均化的社会。这一客观条件，使得全民对"公平"分配原则的认同愈加强烈。

最后，从分配机制来看，这一时期计划机制与市场机制并存，公有制经济成分已经开始与计划经济体制相对接，直接目标是要保持高额资本积累率，这就使得按劳分配能落实在个体身上的消费金额极为有限，一些主要消费品分配不得不采取定量供给的方案，几乎不存在对"超额"劳动进入附加物质激励的空间。在公有制部门建立起的按劳分配总体上是对分配方案预设的劳动投入进行补偿，对于实际劳动投入的监督和激励存在不足。而在私有经济部门中，还是由市场机制引导生产者决策，影响其在消费、积累间的分配比例。随着社会主义改造的深入，私有经济成分与市场机制作用占比逐渐减少。

总体来看，随着社会主义改造速度的加快和力度的强劲推

---

① 魏众、王琼：《按劳分配原则中国化的探索历程——经济思想史视角的分析》，载于《经济研究》2016年第11期。

进，私有经济成分退出的同时是公有经济比例迅速增加，按劳分配政策的适用范围也在不断扩大。而在以国营经济和集体经济为主、尚存其他经济成分混合的所有制形态下，与其基本适应的多种分配方式的混合型收入分配格局，也在当时起到了激发劳动者积极性、改善人民生活水平、保证社会主义工业生产的重要作用。伴随第一个五年计划以及社会主义改造事业的完成，生产力水平和人民的基本物质生活条件都比新中国成立之初有了明显的提升。1952～1956年间，人均国内生产总值年均实际增长速度为8%，1956年工业总产值实际值是1949年的4倍，是1952年的2倍。表3-1显示，1952～1956年伴随社会主义改造的进行，公有制部门的职工人数不断上升，职工收入和居民消费也有了明显增长。

表3-1 社会主义改造时期的就业、工资与消费状况

年份	国有单位职工数（万人）	城镇集体单位职工数（万人）	国有单位职工工资（元）	城镇集体单位职工工资（元）	居民消费增长（1952年为100）	
					农村	城市
1952	1580	23	446	348	100.0	100.0
1953	1826	30	496	415	102.8	115.1
1954	1881	121	519	464	104.0	115.9
1955	1908	254	534	453	113.1	120.2
1956	2423	554	610	547	114.6	128.6

资料来源：国家统计局国民经济综合统计司编：《新中国60年统计资料汇编》，中国统计出版社2010年版。

历史地看，新中国成立后，通过生产资料所有制"私转公"的社会主义改造的逐步推进、工业化赶超战略的实施，初步建立起的工业生产乃至国民经济体系与就业的基本稳定和人民生活状况的改善，稳固了新生的社会主义政权。随着社会主义改造的完

第三章　中国计划经济时期收入分配体制的形成与发展（1949～1978年）

成、全面公有制经济制度的确立，标示着无所有制主体统领的混合型收入分配作为过渡时期与多种经济成分相对应的分配制度，退出了历史舞台。

三、传统计划经济时期公有制单一型按劳分配体制的确立和演变：1957～1978年

1956年社会主义改造的完成意味着社会主义社会基本经济制度的确立，自此直到1978年末实行改革开放前，全面的生产资料公有制取缔了私人资本等其他要素取得要素报酬的基础，劳动者只能凭借劳动贡献参与收入分配，劳动者个人不具备非劳动要素，也就不可能凭借非劳动要素参与分配。因此，全面公有制的所有制结构和要素产权制度，决定了这一阶段传统计划经济体制下"单一型"按劳分配成为唯一可行的个人收入分配方案。

这表明，生产资料所有制向单一化的社会主义公有制经济转变的重大变革，既构成重塑新的社会主义经济制度的逻辑起点，也构成新的社会主义收入分配制度形成的现实起点。理论上说，社会主义公有制经济的建立，要求打破原有的以资本和土地私有制为基础的分配制度，确立一种可以体现人民当家作主、以劳动为基本依据、基本实现经济利益较公平分配的分配制度，从而改变人们在经济生活中的地位与相互关系，也改变了产品的分配与归属；实践上看，具体体现在所有制与分配制度的内在关联上，全面的生产资料公有制要求实行单一的按劳分配制度，并进一步逻辑地生发出新的按劳分配原则、按劳分配的计划机制和分配形式，反过来，新的按劳分配原则、分配机制、分配形式的调整又进一步作用于生产资料公有制分配基础的巩固。除分配之外，生产、交换、消费的具体形式也都从属于生产资料全面公有制这个基本制度前提。下面，我们从分配基础、分配原则、分配机制、

分配形式四个方面简单地勾勒出传统社会主义"单一型"按劳分配制度本身及其运行的理论逻辑。

(一) 分配基础：全面公有制下的按劳分配

相比较马克思、恩格斯对资本主义经济运行规律的系统阐释，他们对社会主义生产组织方式与收入分配目标的论述则是散见于《哥达纲领批判》《资本论》等多篇著作之中的。但是，建立在生产资料公有制基础上的按劳分配原则是明确的。在《哥达纲领批判》中，马克思指出"劳动的解放要求把劳动资料提高为社会的公共财产，要求集体调节总劳动并公平分配劳动所得"[①]，从而确定了生产资料公有制下的基本分配制度。列宁在《无产阶级在我国革命中的任务》一文中也指出"人类从资本主义只能直接过渡到社会主义，即过渡到生产资料公有和按劳分配"[②]。因而，新中国成立以后，尽快确立起生产资料公有的基本经济制度和按劳分配的基本分配制度，是中国共产党面临的逻辑上具有完全的一致性的重要任务。

1956年社会主义改造完成后，我国的所有制结构已从过渡时期的多种经济成分并存，转变为几乎单一的公有制经济，社会上几乎不存在生产资料私有制，居民除了自身的劳动力以外，几乎没有任何非劳动要素的私人产权，因此居民也没有可能凭借非劳动要素的私人产权取得收益。由于当时只存在全民所有制和集体所有制两种经济形式，全国也就只存在两种基本分配形式：在全民所有制企业、机关和事业单位，以及城镇集体企业实行工资制，在农村集体经济实行工分制。

在所有制经历的"多元——一元"的变化过程中，公有制作为社会主义国家和社会唯一的经济基础或分配基础，对实践中的

---

① 《马克思恩格斯选集》第3卷，人民出版社1995年版，第301页。
② 《列宁选集》第3卷，人民出版社1995年版，第62页。

第三章　中国计划经济时期收入分配体制的形成与发展（1949~1978 年）

分配机制、分配原则及其分配形式产生了直接影响。

（二）分配原则："平均主义"的按劳分配

新中国成立初期，以毛泽东同志为首的中国共产党第一代领导集体从兼顾国家、集体、个人利益的角度出发，认为社会主义建设应在按劳分配原则下保证分配的公平，促进生产力发展，同时避免两极分化。① 伴随社会主义改造的进行与完成，与生产资料公有制关系相适应的按劳分配、人人平等成为与社会主义基本经济制度相适应的公理性原则：依照劳动贡献，即唯一地按劳动者提供的劳动数量和质量进行分配。这样的分配原则可以保证所有人仅凭个人贡献获取收入，避免凭借对资本的私有所有权获取收益、占有他人剩余的空间。

与强调按劳分配、人人平等的公理性分配原则相伴随的是，在毛泽东、刘少奇等国家领导人对按劳分配制度的具体探讨中，政策性分配原则也体现出一定意义上公平与效率结合的取向，避免绝对的平均主义，即只要能依照劳动者的实际贡献给予报酬，也可以对劳动投入产生必需的激励。例如，毛泽东曾明确反对过"绝对平均主义"的分配思想，他在起草郑州会议纪要时，提出纠正公社化失误的 14 条原则，其中之一是"按劳分配，承认差别"②；刘少奇也曾提及"如果按劳取酬贯彻得比较好，分配得公平合理，大家满意，就会促进生产力的发展"③。

为此，我国也曾在苏联模式中吸取经验。苏联模式中，如何在按劳分配原则下通过工资形式的设计，促进劳动者个人利益与社会利益的组合曾经是工作的重点。例如，M. 亚姆波尔斯基在

---

① 陈慧女：《中国共产党领导社会主义经济建设过程中收入分配改革领域的实践与基本经验》，载于《经济纵横》2012 年第 2 期。
② 谷红欣：《中国当代收入分配思想研究》，复旦大学 2006 年学位论文，第 40 页。
③ 谷红欣：《中国当代收入分配思想研究》，复旦大学 2006 年学位论文，第 44 页。

1931年明确提出按劳分配要以劳动数量和质量为依据的观点，他在一篇文章中写道："按劳付酬要整个社会主义的物质财富、生产力的增长决定，并决定于每个工人劳动的数量和质量。"① 这一观点发展了按劳分配理论中按"劳动量"分配产品的原则，明确了按劳分配的依据不仅包含劳动的数量，还包含劳动的质量。此外，苏联的经济学家们也曾强调，按劳分配的标准只能是劳动，而不是简单的平均分配。但是，总体而言，在国家工业化和国防安全的总目标约束下，苏联按劳分配的基本目标是实现社会公正与和平，如何刺激劳动者积极性仅仅处于相对次要的位置。②

然而，在我国计划经济体制的实际运行中，由于微观部门缺乏生产与分配决策的自主权，生产过程中，难以准确测度劳动的真实贡献，以及计划分配所面临的信息约束，计划当局很难真正做到按照劳动贡献分配。这一阶段的按劳分配更多的是采取一种职务等级工资和工分制，依照计划当局的意图进行统一的"计划分配"。例如，企业职工的工资同本企业经营状况无直接关系，无论盈亏，工人都拿同样的级别工资。从而使得政策性分配原则被异化为简单的平均主义。计划分配制度的效率损失表现在既不能给予劳动者有效的激励（调动劳动者的劳动积极性）以促进生产力发展，也不能给劳动者以普遍的公平感（即真正做到按劳动者的实际劳动贡献进行分配），结果是计划分配体制既不能提高经济效率，也难以保证普遍的社会公平。在平均主义分配原则的背后，事实上的不公平现象大量存在，例如，为了降低城镇部门职工的劳动力再生产成本，加速工业资本积累而采取的抑制农

---

① M. 亚姆波尔斯基：《现阶段的工资问题》，载于《经济问题》（苏联）1931年第6期，转引自林榜：《马克思按劳分配释读与中小企业薪酬管理实践》，载于《改革与战略》2010年第1期。

② 魏众、王琼：《按劳分配原则中国化的探索历程——经济思想史视角的分析》，载于《经济研究》2016年第11期。

业收入价格的做法,使农民获得了与劳动不相符的报酬。政府提供的福利补贴仅面向城市人口,强化了城乡居民间事实上的不平等。当然,在消费基金极为有限且分配方案完全集中的情况下,相对平均主义的分配方案也是稳定生产者情绪、保证基本效率不得已的一个选择,图3-1显示,在1952~1957年以及1963~1978年两个时段中,相比农村居民消费增长在70年代后基本停滞,城镇居民的消费水平还是取得了相对较为稳定的长期增长。

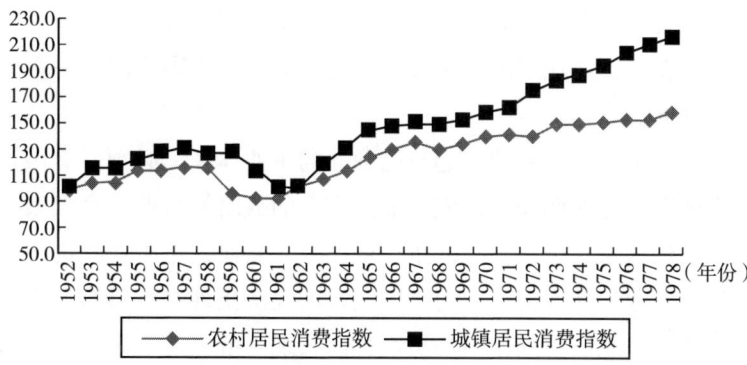

图3-1 传统社会主义阶段城乡居民的消费水平指数(1952年为100)

资料来源:国家统计局国民经济综合统计司编:《新中国60年统计资料汇编》,中国统计出版社2010年版。

面对社会主义改造和国民经济建设取得的突出成就,党的领导人对社会主义向共产主义的跃进过度乐观。随着经济建设的"大跃进"和农村集体化程度的提高,极"左"翼思想的盛行让"按劳分配"制度本身成为资本阶级法权的表现和被批判的对象。20世纪50年代末,理论界对按劳分配是否是一种资产阶级法权、是否有必要坚持展开了集中争论,并且从1958年起在人民公社中引入供给制与工资制的结合。① 收入分配的政策性原则

---

① 魏众、王琼:《按劳分配原则中国化的探索历程——经济思想史视角的分析》,载于《经济研究》2016年第11期。

开始背离了"按劳分配"这个公理性原则,愈加走向了"平均主义"。这样的分配方式严重脱离了现实的经济基础,随着"平均主义"政策性分配原则的普遍化,致使劳动效率损失明显,社会主义的生产力发展遭遇重大障碍。

(三) 分配机制:计划经济体制下的按劳分配

伴随着社会主义改造的完成和社会主义基本经济制度的建立,按劳分配制度的具体机制设计与计划经济体制对资源的行政强制配置直接关联。究其原因,不仅在于计划经济体制自身的性质,也在于工业化赶超战略要求分配方案服务于国家的这一重大经济目标。

新中国成立后要建立起自己独立的工业体系,必须对有限资源实现强有力的调配,优先发展最重要的战略性行业,突出表现为关系到国家安全与独立的重工业行业。然而,重工业作为资本密集型产业的基本特征,与中国当时的经济条件并不符合,重工业优先增长无法借助于市场机制得以实现。解决这一困难的办法是做出适当的制度安排——实行中央集权的计划经济体制,人为降低重工业发展的成本,即降低资本、外汇、能源、原材料、农产品和劳动力的价格,从而降低重工业资本形成的门槛,形成有利于重工业发展的宏观环境。同时,在微观层面抑制企业和农户的自主经营决策权,限制个人可获得的消费品数量与范围,最大程度保证资源向重工业部门集中。

在传统社会主义计划经济体制中,中央部门集宏观经济和微观经济的决策权于一身,通过部门管理直接支配企业的人力、财力、物力和产、供、销。同时,在经济运行机制上,实行排斥价值规律的指令性计划经济,主要的计划指标由国家自上而下地集中制定,它囊括了经济生活的各个领域、各个部门,一旦制定出来,就成为具有高度强制效力的文件。在高度集中统一的计划经济体制中,指令性计划和强有力的行政任务下达是管理经济的主

第三章　中国计划经济时期收入分配体制的形成与发展（1949～1978年）

要手段。国家的各个地区、各个行业、各个部门这些微观经济主体间分割清晰，缺乏市场经济中联动的经济关系，某一方要跨入另一方时存在重重壁垒，这样的生产方式必然要求劳动上实行统包统配、财政上实行统收统支、物质资源上实行统购统销、分配上实行工资制和供给制相结合的计划配置。

因而，计划经济制度下的按劳分配制度本身就是计划经济体制的重要部分，完全服从并服务于计划经济体制。这就使得分配机制具有很强的计划化、行政化的色彩。从"计划化的按劳分配制度"的分配机制层面来看，计划当局决定分配规则、分配形式、积累和消费的比例、可供分配的消费基金总量、分配等级，等等，通过行政强制来贯彻实施，一切分配事项都必须遵循计划原则而不允许任何生产主体各自的分配决策行为。这是因为在计划经济体制中，可被分配的物质基础已经被限定，而生产—分配—交换—消费的链条上各个环节也是在给定的运行程序中，变通的空间极为有限，限制了微观生产组织利用额外资源激励劳动投入的可能性。在这种分配机制中，参与收入分配的主体包含中央政府（中央计划当局）、地方政府、部（委）、企业、人民公社、劳动者等。其中，中央政府掌握了绝大部分的分配决策权，并通过行政强制来推行。地方政府、部（委）、企业、人民公社的自行决策空间有限，而劳动者（工人或农民）个人只是分配规则的接收者。在1956～1978年的20多年中，国家只统一进行了4次工资调级，平均每个劳动者工资增长不足1级，平均增长数为7～8元，而同期物价上涨指数为14%。[①]

进一步由表3-2可知，城镇职工收入水平在1957～1978年几乎处于平稳状态，收入水平几乎没有变化，这也表明了这一时期相关收入分配制度的固化。

---

① 李楠：《马克思按劳分配理论及其在当代中国的发展》，高等教育出版社2003年版，第84页。

表 3-2　　　　1957~1978 年城镇职工收入与存款状况

年份	职工平均货币工资（元）		居民人均储蓄存款余额（元）
	国有	城镇集体	
1957	637	571	5.4
1958	550	470	8.4
1959	524	430	10.2
1960	528	409	10.0
1961	537	380	8.4
1962	592	405	6.1
1963	641	371	6.6
1964	661	358	7.9
1965	652	398	9.0
1966	636	423	9.7
1967	630	455	9.7
1968	621	441	10.0
1969	618	439	9.4
1970	609	405	9.6
1971	597	429	11.0
1972	622	465	12.1
1973	614	489	13.6
1974	622	441	15.0
1975	613	453	16.2
1976	605	464	17.0
1977	602	478	19.1
1978	644	506	21.9

资料来源：国家统计局国民经济综合统计司编：《新中国60年统计资料汇编》，中国统计出版社2010年版。

总之，计划经济体制下的"单一型"按劳分配是为适应工业化赶超战略需要而实行的分配制度，完全基于政府在给定积累

第三章　中国计划经济时期收入分配体制的形成与发展（1949~1978年）

与消费比例下，人为划定的"劳动力价格"[①]确定劳动报酬。在工业化赶超战略背景下，个人收入分配的主要目的是维持劳动力的基本再生产，从而配合重工业部门的资本积累。由于宏观层面必须抑制劳动力要素成本，就使得个人可以获得的分配数额相对有限；且微观层面个别企业生产、分配的自主决策空间有限，限制了分配方案调整带动劳动激励的可能。

（四）分配形式：定级工资、工分与供给制的结合

在"单一型"按劳分配制度中，居民获取收入的形式比较简单。城市居民主要以工资，同时还以一些社会福利和保障等隐性形式取得收入。农村居民主要是获得粮食等实物性分配，同时从集体经济组织中获得很少的现金收入。

在城市企业中，1956年的全国工资改革形成了干部的职务等级制，企业职工的八级工资制。国家以各产业在国民经济的重要性、技术复杂程度和劳动条件的优劣为依据，安排产业顺序，重工业企业工人的工资高于轻工业企业工人的工资。同时，国家根据各地区物价和生活水平的差异，把全国划分为若干个工资区，由国家统一制定工资标准、等级、数量；工资等级和工资标准只在不同部门、不同行业和不同地区之间稍有差别，同一部门、同一行业的基本上一样。[②] 在这样一种工资制度下，企业职工的工资收入，同所在企业经济效益基本无关联，职业晋升与工资增长主要取决于工龄增长。僵化的分配形式导致了企业中劳动激励不足的长期存在。

农村居民则获得按人头平均分配的口粮，以及在合作社劳动中

---

① 传统社会主义计划经济体制排斥商品和市场机制，否认劳动力市场及其劳动力的价值和价格的存在。因此，这里以政府规定的工资标准和层级指代按劳分配具有的工资"劳动力价格"外壳的属性。

② 胡爽平：《马克思主义分配理论及其在当代中国的发展》，武汉大学博士学位论文，2010年，第71页。

获得工分。工分的确定标准,是根据一个最强的劳动力一天劳动可以完成的劳动量设定基准分,同时依据年龄、性别来调整,难以观测实际劳动支出;与此同时,工分值的确定取决于本生产队的纯收入,而生产队的收入是由当年国家所规定的农副产品价格决定的。因而,工分值和农民的现金收入都间接地取决于国家计划调节。①

值得注意的是,20世纪50年代末对"按劳分配"的"资产阶级法权"性质的探讨,也使得城市单位的分配形式进一步单一化,农村中"供给制"大行其道。1958年9月20日,上海《解放日报》发表了名为"社会主义的光芒"的社论,对取消计件工资予以大力支持;1958年11月,劳动部起草了《关于企业实行部分供给部分工资制的初步意见(草案)》,在全国一些地方试行了半供给制半工资制。国营企业和机关开始推行供给制与工资制的结合分配,并对计件工资和奖励制度加速围剿。② 1958年10月底,全国参加人民公社的农户总数占总农户数的99.1%,全国农村基本实现了人民公社化。③ 在"人民公社"里普遍实行的供给制,被人们认为已经包含了共产主义因素。实际上,供给制在具体实施过程中,就是对粮食等基本生活资料实行免费供应和平均分配,这一制度的确立对当时仍在温饱线挣扎的中国广大农民来说,无疑具有极大的诱惑力和感召力。使得以供给制为主要形式的分配制度在全国农村得以普遍推广。④

(五)"单一型"按劳分配制度的曲折演变

在社会主义计划经济体制的探索历程中,"单一型"按劳分

---

① 林霞:《中国特色社会主义个人收入分配制度研究》,南京师范大学2012年学位论文,第31页。
② 高志仁:《新中国个人收入分配制度变迁研究》,湖南师范大学2008年学位论文,第65页。
③ 王友成:《1958~1959年党的领导集体对所有制问题的认识轨迹》,载于《河南师范大学学报(哲学社会科学版)》2010年第4期。
④ 中央财政领导小组办公室:《中国经济发展五十年大事记》,人民出版社2002年版。

第三章 中国计划经济时期收入分配体制的形成与发展（1949~1978年）

配制度自身也经历了复杂的历史演变，与社会主义建设共同经历了相对繁荣和曲折挑战。一方面，当实行与生产力条件和所有制结构基本适应的按劳分配时，就起到了改善劳动力再生产条件，特别是推动重工业化建设的作用，也有助于政治环境的稳定；另一方面，当背离生产力基础、脱离"按劳分配"试图恢复非常时期的"供给制"甚或跨越演进到"按需分配"的分配方案时，则对国民经济和人民生活造成了严重的负面影响。因而，收入分配制度不可能脱离现实的生产力条件和生产资料所有制及其生产关系基础，成为一个独立运行的体系，而是适应并作用于基本经济制度的运行。表3-3提供了传统社会主义阶段有关收入分配制度改革的代表性事件。

表3-3 传统社会主义阶段有关收入分配制度变革的代表性事件

	时间	事件	中心任务
城镇	1952	全国第一次工资制度改革	以"工资分"作为统一的工资计算单位 初步建立工人和职员工资等级制度 实行计件工资和奖励工资制
	1956	全国第二次工资制度改革《关于工资改革的决定》	取消全民所有制企业"工资分"制度，实行货币工资制 继续推广计件工资制，实行与经济效益挂钩的奖励制度
	1958.11	《关于企业实行部分供给部分工资制的初步意见草案》	在全国一些地方试行半供给制半工资制
	1958.12	《关于人民公社若干问题的决议》	按劳分配的工资部分，在长时间内，必须占有重要地位，在一段时间内，将占有主要地位
	1964	"一条龙"工资标准方案	全国各类人员包括企业、事业、国家机关工作人员统一的工资标准方案

续表

	时间	事件	中心任务
农村	1950	《中华人民共和国土地改革法（草案）》	农民的土地所有制建立；以家庭为经营单位的个体经济；产品扣除税收后归个人所有
	1953	《关于发展农业生产合作社的决议》	建立具有社会主义性质的初级农业生产合作社
	1955	《关于农业合作社问题的决议》	劳动报酬要高于土地报酬，在计算时要采用计件报酬或评工计分的方法
	1958	《中共中央关于在农村建立人民公社问题的决议》	批评以"按劳分配"为基础的工资制，赞赏供给制
	1959	《关于人民公社管理体制的若干规定（草案）》	实行"三级所有，队为基础"的三级经济核算体制
	1960	要求普通推广农村公共食堂	全国农村有80%的人到公共食堂吃饭，力争达到90%，供给制增加
	1961	《农村人民公社工作条例草案》	重新确立"三级所有，队为基础"的核算体系，取消供给制，严格实行评工记分和按工分分配，恢复社员自留地

注：根据相关政府文件整理所得。

20世纪50年代后期"大跃进"与"人民公社"运动使"平均主义"原则过度兴起，分配制度已经脱离了按劳分配的一般原则，表现为严重缺乏生产力基础的"供给制"，加上对"资产阶级权利"的误解，劳动过程中的物质刺激被否定，"大锅饭"现象越来越深入，从全国范围来看，这样的分配制度给我国的经济发展带来了巨大的损失。经济体制日趋僵化，农业严重减产，整个国民经济陷入了严重的比例失调状态。

为了应对严重的经济衰退，1960~1962年我国一度恢复了全面的"供给制"，通过平均分配必需粮食供给，建立票证供应

第三章　中国计划经济时期收入分配体制的形成与发展（1949~1978年）

制度，尽可能保证人民的基本口粮供应。1960年9月7日，中共中央发出《关于压低农村和城市的口粮标准的指示》，要求"农村的口粮标准必须降低。淮河以南直到珠江流域的地区，应当维持平均每人全年原粮三百六十斤，遭灾的地方应当更低些""淮河以北地区的口粮标准，应当压低到平均每人全年原粮三百斤左右，东北等一部分严寒地区可以稍高一点而各省的重灾区，则应当压低到平均每人三百斤以下。各地社办企业的职工和事业单位的人员口粮应当同本社一般农民的标准完全一样，不能提高"[①]。这一过渡时期"供给制"的主要功能在于保证人民的基本生存。生产力发展遭遇的困境也在提示收入分配制度改革适时调整，避免先前过度平均主义造成的严重效率陷阱。

人民基本生活遭遇的严重困境使中央毅然决定，对国民经济进行调整。伴随《中共中央关于改变农村人民公社基本核算单位问题的指示》和《农村人民公社工作条例修正草案》（六十条）等重要文献的出台，"一大二公"的人民公社被改为"以队为基础"的村落经济，至此国民经济转入调整阶段。在农村，以生产大队为基础的三级所有制得到进一步的巩固，并强调其是现阶段农村人民公社的根本制度。同时，生产队实行独立核算，自负盈亏，直接组织生产，组织收益分配，成为基本的所有和核算单位，并重新确立"三级所有，对生产队为基础的核算体系取消过去的供给制，实行'工分制'，严格实行评工记分和按工分分配的方法。"在城市，随着调整工作的顺利进行，也进一步明确了贯彻按劳分配的必要性。在实际工作中取消供给制、半供给制。1963~1966年间政府明确了五项工资政策原则，包括：思想政治工作与物质鼓励相结合的原则；在发展生产和提高劳动生产率的基础上，逐步改善职工的物质文化生活，即工资不可不长，也

[①]　中共中央文献研究室：《建国以来重要文献选编》第13卷，中央文献出版社1996年版，第567~569页。

不可多长的原则；从六亿人口出发，统筹兼顾，适当安排的原则；坚持按劳分配原则，既要反对平均主义，又要反对高低过分悬殊的原则；表现按劳分配原则的工资形式应当有利于生产和职工团结，并重新肯定了计件工资和奖励制度。[①]

然而，进入20世纪60年代中后期，伴随过度"左"倾思想的再度兴起，按劳分配制度被当作资产阶级法权并与资产阶级、资本主义相联系而被全盘否定，国民经济进入严重衰退期。如图3-2所示，进入60年代后期，劳动者收入增长几乎完全停滞，甚至出现收入水平倒退。

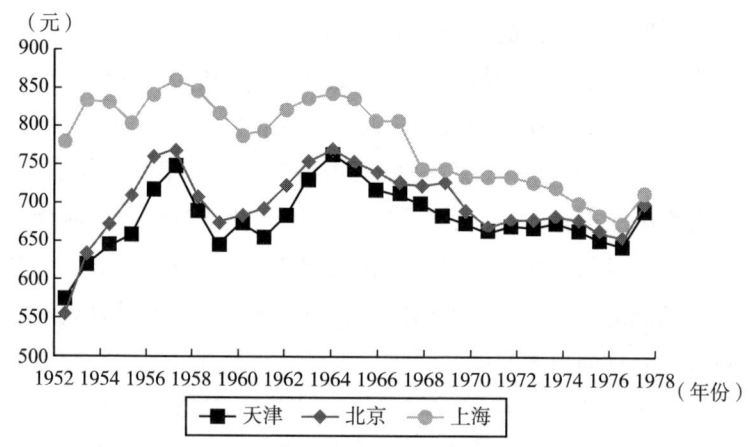

图3-2 传统社会主义阶段城镇职工的平均货币工资
（京、津、沪三地名义值）

资料来源：国家统计局国民经济综合统计司编，《新中国60年统计资料汇编》，中国统计出版社2010年版。

综上，传统社会主义阶段收入分配制度的形成与演变，是在生产力、生产资料所有制及其生产关系、上层建筑关联系统的互

[①] 高志仁：《新中国个人收入分配制度变迁研究》，湖南师范大学2008年学位论文，第67~68页。

第三章 中国计划经济时期收入分配体制的形成与发展（1949~1978年）

动中发展变化的，分配制度内部的分配基础、原则、机制与形式四重内涵受制于上述三大基本约束条件。落后生产力条件下大推进的工业化战略限定了消费基金的数量与个人所能获得的分配的一般水平；社会主义改造完成后全面的公有制结构与高度集中的计划经济体制限定了分配的基础与机制，只能是全面的计划化的按劳分配，而分配的单一形式也与国家整体的经济控制体系相适应；党的领导人对社会主义国家性质的认识，和公平至上的意识形态限定了收入分配的基本原则要以"公平"为主要追求，分配形式要以不扩大收入差距为重要任务。收入分配制度四重内涵的调整、组合更多地体现为服务于国家工业化任务以及政治建设目标的强制性制度变迁。作为生产关系中的核心制度安排之一，这一时期的收入分配制度也对生产力发展和经济运行起到了重要的作用：首先，此时的收入分配更多的只是保证劳动力完成基本的再生产，从而配合生产的正常运行，并不存在市场经济体制中分配对个人消费的影响和对投资与生产的刺激作用；其次，分配原则和形式的变化对劳动过程产生影响，从而对生产效率发挥作用，特定历史阶段适当的劳动激励带来了效率提升，而过度平均主义的分配原则和过度僵化的分配形式则造成了整个国民经济体系的效率损失。

四、传统按劳分配体制及其实践：反思与启示

对传统社会主义计划经济体制下的收入分配制度及其绩效的公允评判，要基于特定历史时期的经济与社会背景来展开，充分考察生产力、生产关系、上层建筑关联系统间的相互牵制与影响。改革开放前，收入分配状况总体处于人均低收入和相对平均化的状态，这不仅与传统社会主义时期的所有制结构直接相关，也是在落后的生产力条件、有限的资源储备和庞大的人口规模这

一基础上追求快速工业化并完成经济赶超的结果①。收入分配政策在这一时期的局部调整既从属于国家经济战略的推进和意识形态转变，根本上说也受制于低下的生产力水平的制约。

尽管学界的研究普遍认为，社会主义改造完成之后按劳分配制度的实施与薄弱的生产力基础是不相称的，背离了马克思在《哥达纲领批评》中设计的按劳分配制度需要具备的前提条件，然而值得关注的是，在快速工业化这个基本目标下，如何在高积累率和低消费增长率的状态下保障劳动者的基本生存和社会稳定，平均化的分配格局和单一的分配形式也是对当时生产力基础做出的妥协，它既在一定的历史时期起到了减轻人民群众贫困、使得劳动效率和生产力有所提高的积极作用，也在社会主义经济建设实践的挫折中显露出了过度平均主义的效率损失，与全面公有制下的计划经济体制一同面临着彻底改革的压力。在改革开放40年后的今天，客观评析传统社会主义阶段收入分配制度演变留给我们的历史经验，可在按劳分配制度本身、分配绩效以及政策启示几个方面形成总结，并为当下深化收入分配制度改革提供有益借鉴。

（一）传统社会主义计划经济体制阶段是否建立起真正的"按劳分配"制度

在传统社会主义计划经济体制阶段的生产力条件和经济运行特征下，是否真正建立起了"按劳分配"制度？改革开放后大量的研究者提出，传统计划经济体制中，"按劳分配"原则事实上极少运行，"平均主义"才是这一时期收入分配的指导思想。② 对此，我们需要从历史现实和理论逻辑两个层次尝试对此作出回应。

---

① Wen Rui and Wu Li, "New China's Income Distribution System: Its Evolution, Performance and Lessons for the Future", Social Science in China, Winter, 2007.

② 胡爽平：《马克思主义分配理论及其在当代中国的发展》，武汉大学学位论文，2010年。

第三章　中国计划经济时期收入分配体制的形成与发展（1949~1978年）

1. 从历史实践来看，传统社会主义计划经济体制阶段是否确实地把按劳分配作为基本分配制度？

回顾改革开放前30年收入分配制度变革的历史，党的领导集体对按劳分配原则并非始终持肯定的态度。20世纪50年代前期，中国共产党领导下的社会主义改造为按劳分配制度的确定逐步设置了所有制基础。城市部门大多实施了与生产经验、职务等级相对应的等级工资制，并且对职工的超额劳动进行奖励，对特殊条件下的工作提供津贴；在农业部门中以工分制和劳动日制为主的分配形式，也试图体现按劳分配的社会主义原则。20世纪50年代后期"左"倾思想的加剧、"大跃进""人民公社"运动都给社会主义改造尝试确立的按劳分配制度造成了冲击。面对极端平均主义的分配造成的生产效率损失，1961年9月出台的"工业十七条"和1962年《农村人民公社工作条例（修正草案）》均做出调整，都强调按照劳动投入的数量与质量确定收入水平，试图将城市和农村的分配制度引回按劳分配的正道。但是在随后的"文化大革命"中，按劳分配却被当作"资产阶级法权"和产生"资本主义"的经济基础而被全盘否定[①]。因此，改革开放前按劳分配制度伴随着社会主义经济建设道路的艰难探索也在经历着曲折的演变。当经济建设作为主要任务处在正轨时，按劳分配制度也在一定程度上得以发挥其积极的推动作用，保证生产和积累的加速运行，以及人民生活水平的相对稳定；而当经济建设遭遇过度"左"倾思想的冲击时，按劳分配制度也在同时受到重创，并被异化为简单的"平均主义"。

2. 理论视角来看，传统社会主义计划经济体制阶段的按劳分配是否符合马恩经典文本中社会主义生产方式的按劳分配？

在《哥达纲领批判》中，马克思设置的按劳分配的前提条

[①] 陈慧女：《中国共产党领导社会主义经济建设过程中收入分配改革领域的实践与基本经验》，载于《经济纵横》2012年第9期。

件包括：全社会范围内的生产资料公有；经济、社会条件保证劳动者各尽所能；商品经济已经消亡；社会可以统一对社会总产品做各项扣除等。他也强调了按劳分配"默认了不同等的个人天赋，因而也就默认了不同等的工作能力是天然特权"，按劳分配所体现的"平等"只是形式上的"平等"，而非事实"平等"，"平等的权利按照原则仍然是资产阶级权利"①。

今天看来，尽管马克思在《哥达纲领批判》中阐明了未来社会"总产品"扣除与补偿的要义，以及收入分配的基本原则，但是对于相应的社会主义总的经济机制和实施细则并未具体阐述。这就使得中国的社会主义建设实践更多的是在苏联模式中寻找经验，并且受传统"大同社会"中"无处不均匀，无人不饱暖"的思想的影响，易于走向过度平均主义的陷阱；尽早打破"按劳分配"背后的资产阶级权力的期望也使得党的第一代领导集体过早尝试进入"按需分配"，加剧了生产中的效率损失。与此同时，我国按劳分配制度要直接适应于中国大推进战略的发展要求和计划经济体制的运行，相应的分配基础、机制、原则与形式受制于上述基本的思想史与经济史背景。

同时回顾传统社会主义阶段的历史生产力条件，人们也会发现，尽管社会主义改造建立起了国有和集体所有的所有制结构，但是有限的生产力条件，表现为生产资料匮乏、技术水平落后、工人平均受教育水平低，甚至不能保证劳动者充分就业，更无法保证劳动力各尽其能；个人消费品的获取大多也是通过市场交易关系、通过货币支付来获得，也就是说经典文本中按劳分配的前提条件在传统社会主义阶段并没有充分形成。而马克思早就说过，"人们创造自己的历史，但是他们不是随心所欲地创造，并不是在他们自己造定的条件下创造，而是在自己直接碰到的、既

---

① 《马克思恩格斯选集》第3卷，人民出版社1995年版，第304页。

第三章　中国计划经济时期收入分配体制的形成与发展（1949~1978年）

定的、从过去继承下来的条件下创造"①。这表明，社会经济发展有其自身的规律性，如生产关系必须适合生产力发展要求的规律。因此，传统社会主义计划经济体制阶段个人消费资料的分配也无法僭越这一时期基本的生产条件，无法完全依照经典文本中按劳分配的制度设计来运行，超越生产力基础对理想状态下社会主义甚至共产主义的一些分配形式的教条模仿，甚至成为破坏生产、分配、交换、消费关系正常运行的原因。

（二）传统社会主义阶段收入分配制度对经济体制运行效率的作用反思

首先，就微观效率而言，传统计划经济体制内、全面公有制基础上、单一化的分配形式和较为平均化的分配结果，尽管在一定程度上保障了全体劳动者的基本生存和生产过程的运行，但远未充分调动起不同类型劳动者的积极创造性。这一时期，城市和农村盛行的分配形式大多是将劳动能力等同于劳动贡献，城市部门以学历、工龄、职务设定工资级别，农村部门则基本上简单地以年龄、性别、体力确定工分，然而由于很少直接考察生产部门的实际绩效并与生产者的收入相挂钩，就使得劳动者的实际劳动投入不能完全得到有效监督与激励。社会主义条件下，生产效率的提升还是依托于劳动者在生产过程中主动性与创造性的发挥，个人消费品的获得也与个人的收入水平直接相关，如果分配制度的设计不能对劳动者形成合理的奖励，就可能抑制工作热情，限制了微观层面生产效率的提升。

值得注意的是，近年来学者们也注意到，在传统社会主义计划经济体制阶段，僵化的工分制下的出工不出力并非是铁板一块的，在一些生产合作社中也会有同伴压力和集体制裁，也采取过计时工分和计件工分的结合，并有效地推动了基层生产组织的效

---

① 《马克思恩格斯全集》第4卷，人民出版社1985年版，第109页。

率提升。① 可见，社会主义制度下按劳分配的具体分配形式如果能符合生产力发展的需要，避免单一的、僵化的、平均化的分配形式，调动起劳动者的生产积极性，就可以推动微观生产效率的提升。因此，这一时期收入分配制度的效率损失并不是按劳分配造成的，而是违背了按劳分配的原则，所谓公平的分配不能是平均主义，而是应当赋予不同劳动合理的报酬，并由此形成合理分配对效率的推进。

其次，就宏观效率而言，传统社会主义计划经济体制时期，经济发展的核心战略目标是要为巩固社会主义经济制度建立物质基础，形成独立的工业体系，收入分配的权限和资源都掌控在国家手中，只有通过高积累、低消费的模式才能推动工业化的快速进行，而这一时期的分配制度也的确起到了预期作用，显著地提升了总的积累率，帮助中国摆脱了贫困陷阱，建成了较为独立的初步的工业体系。从这个意义上讲，社会主义新中国成立后分配制度的形成对于工业化进程这个总的宏观效率目标是有正面意义的。而在总的消费资源极为有限的背景下，较为平均化的分配方式尽管缺乏足够的激励效应，但是却保障了人们的基本生活所需和劳动者的生存权，克服了旧中国私有制（外国资本主义经济、官僚资本主义经济、民族资本主义经济、封建地主经济和劳动者个体经济的混合体）剥削与被剥削基础上极大的收入分配差距造成的社会与政治不稳定。为了达到这一目标，这一时期的公共服务体系建设相比新中国成立前有了明显的进步，在城市和农村，人们可以相对较为平等地获取教育、医疗等关键性的集体消费品。收入分配制度中，社会保障制度的职能发挥也值得关注（特别是在城市"单位"体制内）。尽管在总体的低生产力条件和有限的消费基金这一基本前提下，尚难以提供高水平的充沛的集体

---

① 李怀印等：《制度、环境与劳动积极性：重新认识集体制时期的中国农民》，载于《开放时代》2016年第6期。

第三章 中国计划经济时期收入分配体制的形成与发展（1949~1978年）

消费品供给，但是相比较旧中国，无疑促进了教育、医疗等公共服务一定程度的均等化，保证了这一时期的社会稳定，并且加速了人力资本的积累。

因此，从宏观层面讲，20世纪60年代中期之前，当传统社会主义建设处在稳步资本积累和较快经济增速的时期，收入分配制度事实上取得了较为显著的宏观效率，并通过较为普遍化的公共服务供给，改善了居民的一般福利状况。然而，需要指出的是，从经济结构的视角来看，由于个人收入分配只是满足于劳动力基本再生产，没有对消费与生产的反作用，也就使得计划经济时期轻工业、零售服务业的增长缓慢，居民基本消费品的短缺程度极高，人均消费增长缓慢，就业增长停滞不前。收入分配尽管巩固了工业生产资料的积累，但是对于经济结构合理化并未起到积极的作用。

（三）政策经验启示

首先，从社会经济系统的整体向度来看，生产力、生产关系、上层建筑关联系统相互影响并制约，收入分配作为生产关系重要的方面之一，无法突破生产力所提供的基础的物质条件，因而传统社会主义计划经济体制阶段，落后生产力基础上的按劳分配尚无法帮助劳动力实现各尽其能的发展，而只是在高积累、低消费模式下推动劳动者生活资料获取的尽可能平均化；与之呼应，收入分配关系的特征也对这一时期的生产力变化起到了明显的作用，当按劳分配的适当形式可以调动起劳动积极性时，生产力有所进步，而简单的平均化模式甚至阻碍了生产过程的正常进行。因此，当下收入分配制度的改革也无法突破社会主义初级阶段的生产力基础，而是应在按劳分配为主体、多种所有制分配方式并存的制度基础上，不断调整与生产力进步相适应的分配形式，逐步将改革红利惠及全民共享。

其次，从分配基础、机制、原则与形式的逻辑互动来看。传统社会主义全面公有制结构下的计划经济体制阶段，一定程度上存在个人收入与生产组织绩效相脱节的情况，平等化的分配原则和单一的分配形式保持了经济赶超时期社会总的稳定性，但对于微观生产组织的效率刺激确有不足。值得关注的是，在马克思主义经济学的研究中，效率与公平之间绝非此消彼长的关系而是相互促进的①，公平的收入分配是与劳动的实际付出相符合的，也将刺激效率的提升。在经济发展过程中，不忘追求"共同富裕"的目标，以适当的分配方式保证劳动者取得符合自身贡献的报酬，对于社会主义长期生产潜能的发挥也是至关重要的。现阶段主动推动收入分配改革，不仅要利用居民收入增长后的需要效应，也要调动工人生产积极性增长后的供给效应。

总之，传统社会主义阶段，与收入分配相关的制度安排是全面公有制结构和计划经济体制下必然选择的分配制度，从属于社会主义建设过程中资本积累的需要，是以劳动者获取消费品数量的有限性与形式的单一化，保证了稳定且有限的消费基金数额，以确保积累过程的快速进行。然而，伴随着社会主义建设自身遭遇过度"左"倾思想的曲折，按劳分配制度的运行也"突破了"生产力的自然基础，尝试跃进到完全的"按需分配"，从而陷入了极端平均主义的效率陷阱。正如社会主义初级阶段生产力发展的迫切要求，召唤着基本经济制度改革调动公有制之外其他所有制形式的协同生产，与之适应的收入分配制度改革也要在分配机制上对应以市场为基础的资源配置方式，在分配基础上与多元化的要素产权结构相匹配，在分配原则上保障不同要素的所有制获取与其贡献相符的报酬，同时依法保证分配形式的多元化和灵活化。促成合理的收入分配制度同时是在生产力与生产关系之间、在经济增长与居民消费之间，以及在公平与效率之间取得良性的互动。

---

① 程恩富：《现代马克思主义政治经济学的四大理论假设》，载于《中国社会科学》2007年第1期。

第四章

中国体制转轨与收入分配体制改革启动（1978~1992年）

20世纪70年代末，中国的经济体制改革，无论是农村联产承包责任制改革还是其后的城市国有企业改革，都是以"扩权让利"经营和分配体制改革、利益调整打开缺口拉开改革的大幕，以此为切入口启动了改革开放这一重大制度变迁。其间，伴随流通体制改革，再深入进行所有制、产权制度改革的方方面面，走出了一条渐进式为主、先易后难、先试点后推广、先体制外后体制内、以增量改革促动存量改革的边际推进式路径，与个体经济、私营经济和外资经济等非公经济相对应的非按劳分配的出现，对体制内的按劳分配产生深刻影响，使体制内的按劳分配也发生着与市场取向改革相适应的改革。由此，体制外非按劳分配改革和体制内按劳分配的改革及其相互影响和碰撞，内在地生成了一个不同于改革前单一型按劳分配制度的社会主义公有制为基础的、"主与补"混合型收入分配制度。

基于1978~1992年的改革事实，以社会主义公有制为基础的、"主与补"混合型收入分配制度变迁可以分为改革与转向的突破点、改革与转向的深入两个阶段，从这两个阶段的动因、特征、问题和内在逻辑等四个方面看，改革开放初期形成的"主与补"混合型收入分配制度具有承上启下的特定的历史意义及其深远的现实价值。

一、中国收入分配制度的理论进展和思想讨论：1978～1992年

收入分配理论在中国的发展以1978年党的十一届三中全会的召开为标志，进入了一个前所未有的新阶段。这次会议彻底否定了"以阶级斗争为纲"的政治路线，结束了"文化大革命"运动，作出把党和国家的工作重心转移到经济建设上来的路线方针和战略部署，重新确立解放思想、实事求是的思想路线，纠正了"两个凡是"的错误方针，确立实行改革开放的伟大决策。这一阶段开始的生产资料所有制结构改革、农村经济体制改革、城市经济体制改革以及商品经济的发展，都对按劳分配理论的创新探索产生了重要影响。

从改革开放到党的十四大召开之前，这一时期中国特色社会主义经济理论的重大构建主要融汇体现在两个方面：一是"社会主义有计划商品经济"的经济体制改革目标模式理论；二是社会主义初级阶段理论，这是深入进行收入分配体制改革的理论依据；同时，也促使我国按劳分配的学术讨论呈现出新中国成立以来少有的生机勃勃、百花齐放的状态。在1977～1978年间，国家计委经济研究所、社科院经济研究所等几个单位在经济学界发起了关于按劳分配理论的四次全国性研讨会，冲破了"四人帮"造成的"万马齐喑"的沉闷局面。这一阶段按劳分配的理论进展主要表现在两个方面：一方面批判"四人帮"否定按劳分配的种种谬论，拨乱反正，为马克思收入分配理论正本清源；另一方面继续深入探讨按劳分配的社会主义本质特征，肯定按劳分配的作用，根据改革中所有制结构的调整研究分配形式的变化，并且将收入分配理论研究与经济政策紧密联系，从收入分配的宏观政策调整与改革的角度对"先富与后富"的关系进行了探讨，

第四章　中国体制转轨与收入分配体制改革启动（1978～1992年）

特别重要的是把社会主义商品经济与按劳分配结合起来研究了劳动报酬与企业经营成果的相互关系，为社会主义市场经济收入分配理论的研究做出了铺垫。

（一）理论上拨乱反正，对否定按劳分配的种种谬论进行批判

改革开放初期，理论界必须肃清"四人帮"否定歪曲按劳分配的种种奇谈怪论。第二代党和国家领导人、改革开放总设计师邓小平同志明确指出："我们一定要坚持按劳分配的社会主义原则。按劳分配就是按劳动的数量和质量进行分配。根据这个原则，评定职工工资级别时，主要是看他的劳动好坏、技术高低、贡献大小。"① 国内学者也发表了大量批判"四人帮"在按劳分配方面散布谬论的文章。有学者撰文论证，按劳分配不但不产生资本主义和资产阶级，而且是最终消灭资本主义和资产阶级的必由之路；驳斥"四人帮"鼓吹的"按劳分配是产生新生资产阶级分子的经济基础或条件"的谬论。② 也有研究者提到，在讨论按劳分配是不是产生资产阶级分子的问题之前，首先要把被"四人帮"颠倒的理论是非还原过来。③ 还有学者谈道："'四人帮'根本否定一切物质利益，表现了旧中国大地主和官僚资产阶级经济理论的特色。"④ 并且在工资问题上还批判在"四人帮"错误思潮横行时，宣扬"贯彻按劳分配原则就是搞所谓物质刺激，搞所谓物质刺激就是搞修正主义的荒谬公式，成了劳动工资工作者头上的紧箍咒"，极大地伤害了人民群众进行劳动、学习的积极

---

① 《邓小平文选》第2卷，人民出版社1993年版，第101页。
② 于光远：《政治经济学社会主义部分探索》（二），人民出版社1981年版，第108～121页。
③ 黄黎：《为"按劳分配"正名——1977～1978年的按劳分配理论讨论会始末》，载于《党史博采：纪实版》2008年第5期，第19～22页。
④ 吴敬琏：《论"四人帮"经济思想的封建性》，引自《吴敬琏选集》，山西经济出版社1989年版，第77、78页，转引自钟祥财：《中国收入分配思想史》，上海社会科学院出版社2005年版，第288页。

性,严重阻碍了生产力的发展。[①] 其他一些研究者也对姚文元等人所说的按劳分配是资产阶级法权的理论进行了驳斥,并且明确指出按劳分配是社会主义的分配原则。[②] 通过国内经济学界对"四人帮"强加给按劳分配的种种错误言论的批驳和澄清,"文革"十年期间按劳分配理论研究上的迷失和混乱终于得到基本的纠正,按劳分配理论研究开始进入一个前所未有的理论创新时期。

(二)按劳分配理论研究出现了初步的创新与突破

1. 提出"以按劳分配为主体,其他分配方式为补充"的论断,开展"先富与共富"的讨论。

这一时期,适应改革发展的需要,我国所有制理论取得重大进展。突破了单一公有制经济特别是单一国有化的观念,提出了社会主义公有制为主体,全民所有制经济占主导的前提下发展多种经济成分的论断,与此相应,社会主义分配方式多元化、收入分配"先富与后富"的讨论热烈起来。

1987年召开的中共十三大报告中指出,社会主义初级阶段的分配方式不可能是单一的。我们必须坚持的原则是,以按劳分配为主体,其他分配方式为补充,在共同富裕的目标下,鼓励一部分人通过诚实劳动和合法经营先富起来。这是首次突破了"产品经济型"的按劳分配理论认为按劳分配是社会主义唯一分配方式的观念。经济理论界为之进行了深入的讨论,达成了一定的共识,认为"在社会主义初级阶段存在着生产资料公有制为主体的多种所有制并存,按劳分配只能是公有制经济内部分配个人消费

[①] 吴敬琏、周叔莲、汪海波:《驳"四人帮"对社会主义工资制度的污蔑》,广东人民出版社1978年版,第6页;钟祥财:《中国收入分配思想史》,上海社会科学院出版社2005年版,第289页。
[②] 黄黎:《为"按劳分配"正名——1977~1978年的按劳分配理论讨论会始末》,载于《党史博采:纪实版》2008年第5期,第19~22页。

第四章 中国体制转轨与收入分配体制改革启动（1978～1992年）

品的原则，而不是全社会个人收入的唯一原则。"① 并且普遍认为，社会主义初级阶段的分配领域实行按劳分配为主体，其他分配方式为补充，这是由现阶段生产力发展水平、公有制为主体多种经济成分并存、商品经济的内在要求等共同决定的。这就是说，在坚持个人消费品按劳分配的主体方式前提下，个人收入还有必要采取其他分配方式，这些方式包括：一是按个体劳动分配；二是按经营分配；三是按资金分配；四是按资本分配；五是按劳动力价值分配；等等。② 后来，"实践证明，坚持按劳分配为主体，多种分配方式并存的分配制度，有利于让一切劳动、知识、技术、管理和资本的活力竞相迸发，有利于让一切创造社会财富的源泉充分涌流，有利于维护广大群众的切身利益和调动他们的创造积极性。"③ 通过这样的学术探讨，最终形成了国家的收入分配政策的基本思路和指导方针，尤其是"让一部分人、一部分地区先富起来，带动共同富裕"的基本政策。对于这个基本政策邓小平的论述奠定了理论基础，他深刻指出："我的一贯主张是，让一部分人、一部分地区先富起来，大原则是共同富裕。一部分地区发展快一点，带动大部分地区，这是加速发展，达到共同富裕的捷径。""社会主义的本质，是解放生产力，发展生产力，消除剥削，消除两极分化，最终达到共同富裕。"④ 这是第一次将共同富裕与解放、发展生产力，消除剥削，消除两极分化联系起来完整地概括了社会主义本质，并明确了实现共同富裕的途径。随之，理论界对先富与共富的相互关系，先富的衡量标准，共富的内涵、原则与目标以及既要反对平均主义，又要防止两极分化展开

---

① 王启荣、王广礼、方涛：《中国社会主义经济学理论》，华中师范大学出版社1987年版，第207、208页。
② 王珏：《中国社会主义政治经济学四十年》第4卷，中国经济出版社1991年版，第394～398页。
③ 马克思主义政治经济学概论编写组：《马克思主义政治经济学概论》，人民出版社2011年版，第314页。
④ 《邓小平文选》第3卷，人民出版社1993年版，第166、373页。

了深入的讨论，推动着收入分配体制的改革向纵深发展。

2. 关于按劳分配与物质利益关系、工资改革的讨论和家庭联产承包计酬收益的争论。

在这一时期，理论界还对打破平均主义，正确看待按劳分配与物质利益关系，以及对企业劳动报酬形式的工资制度改革、农业劳动计酬形式的农村家庭联产计酬制改革进行了探讨。有经济学家认为，按劳分配与物质刺激是既有联系、交叉而又有区别的两个概念，把一切有关物质利益的东西都加到按劳分配上是错误的，对物质利益问题讲都不准讲也是错误的。① 并且还论述了社会主义工资的具体形式，肯定了计件工资和计时工资都是社会主义劳动报酬的一种。有研究者在《贯彻执行按劳分配的社会主义原则》一文中指出，"按劳分配是社会主义公有制的产物，又是社会主义公有制的实现。"并且说明了"计时工资、计件工资和奖金，都是承认劳动者之间在劳动报酬上的必要差别。"明确指出"平均主义是小生产的产物，是小资产阶级的空想社会主义思想。"② 邓小平对该文章给予了高度评价和充分肯定，并对文章的修改提出了重要的指导性意见。这使得按劳分配的名誉得到了正式的恢复。③ 在工资改革问题上，有论者提到，邓小平曾指出："我们一定要坚持按劳分配的社会主义原则。按劳分配就是按劳动的数量和质量进行分配。"这就是我们工资改革的总方向。④ 由于在计划经济时期，包产到户被看作是复辟资本主义的一个重要组成部分，因此农村改革后，包产到户的重新提出引起了大

---

① 《1977～1978年按劳分配理论讨论会四次会议纪要汇编》，中国财政经济出版社1979年版，第2页。

② 《人民日报》特约评论员：《贯彻执行按劳分配的社会主义原则》，载于《人民日报》1978年5月8日。

③ 黄黎：《为"按劳分配"正名——1977～1978年的按劳分配理论讨论会始末》，载于《党史博采：纪实版》2008年第5期，第19～22页。

④ 谢明干、丁家祧：《学习〈中共中央关于经济体制改革的决定〉百题问答》，吉林人民出版社1985年版，转引自清华大学社科系政治经济学教研室：《社会主义经济十四题》，清华大学出版社1987年版，第481页。

第四章　中国体制转轨与收入分配体制改革启动（1978～1992年）

家热烈的讨论，尤其对于家庭承包经营中产品分配性质的质疑，争论主要集中在是否坚持按劳分配这个问题上。主要形成了三种不同观点：一是由于承包户可以实现多劳多得，因此这完全是按劳分配；二是承包户的收入中既有劳动收入，也有个体经营的非劳动收入，因此是不完全的按劳分配；三是由于家庭承包强调了它的个体经营的特性，不存在统一的"劳"的尺度，因此是不带按劳分配因素的。

3. 将按劳分配与社会主义商品经济结合起来的相关问题研究。

1984年10月，党的十二届三中全会通过了《中共中央关于经济体制改革的决定》，首次提出了中国要实行"有计划的商品经济"的论断，改变了原来"计划经济为主、市场调节为辅"的提法，突破了把计划经济同商品经济对立起来的传统观念。这对当时把社会主义商品经济与按劳分配结合起来的讨论具有深入推动的作用，产生了一些影响较大的学术观点。关于按劳分配与商品经济结合的讨论主要集中在四个方面：一是探讨按劳分配与商品经济的兼容性；二是对"按劳分配为主体的多种分配方式"的论断进行了深入讨论；三是提出"两级按劳分配"理论；四是社会主义条件下劳动力是否是商品及与按劳分配的关系。

（1）关于按劳分配与商品经济兼容性的讨论。这一讨论既涉及对马克思按劳分配理论的正确理解，又涉及对社会主义商品经济条件下按劳分配的认识。经济理论界有三种代表性观点：第一种观点认为，在商品经济条件下，按劳分配规律不复存在。这种观点实际上是把产品经济看成了按劳分配的根本条件。第二种观点认为，只有在商品经济条件下，才能真正实现按劳分配。这种观点实际上是把商品经济看成按劳分配的根本条件。第三种观点认为，在商品经济条件下，按劳分配实现范围、方式与马克思主义创始人的设想相比发生了变化，形成了按劳分配的新特点。[1]

---

[1] 陆立军、王祖强：《新社会主义政治经济学论纲》，中国经济出版社2000年版，第226～227页。

(2) 关于如何体现按劳分配为主体以及多种分配方式的分类。有论者谈到，从整个社会层面来看，公有制实现的按劳分配占主体，从社会主义公有制经济自身看，按劳分配是主要的实现方式。① 而对于多种分配方式的分类主要有三种观点，但差别在于对非按劳分配的界定，例如，有学者将其分为按资分配和按经营成果分配②，并有研究者在此基础上扩展了直接的劳动收入和按劳动力价值分配的收入。③

(3) 关于"两级按劳分配"理论的讨论。"两级按劳分配"理论主要是指第一级为国家对企业实行的按劳分配，第二级是企业对职工进行按劳分配。前者是按劳分配的基础、前提，后者是按劳分配的结果、归宿。并且这一理论启发了工效挂钩这种国有企业工资制度改革的过渡模式。可以看出，这一时期最明显的特点即是将劳动报酬与企业经营成果联系起来分析，这也是收入分配理论的一个新突破。这个理论成果也很快反映到国家对经济体制改革的决策之中，提出了企业职工奖金由企业根据经营状况自行决定……同企业经济效益的提高更好地挂起钩来。④

(4) 对社会主义制度下劳动力是否是商品以及与按劳分配关系的争论。这一阶段随着"有计划的商品经济"论断的提出，经济理论界对社会主义制度下劳动力是否是商品以及与按劳分配的关系发生了争辩，主要有两种针锋相对的观点：一种观点认为，社会主义条件下劳动力商品是与社会主义商品生产密切联系的，主要承认全民所有制企业是商品生产者，作为全民企业劳动

---

① 王珏：《中国社会主义政治经济学四十年》，中国经济出版社1991年版，转引自杨辉：《马克思主义个人收入分配理论中国化研究》，世界图书出版公司2011年版，第65页。

② 郭元晞：《有计划商品经济条件下的个人消费品分配》，载于《中国社会科学》1986年第5期，第35~46页。

③ 晓亮：《论经营及按经营成果分配》，载于《中国社会科学》1986年第5期，第47~56页。

④ 《关于经济体制改革的决定（中国共产党第十二届三中全会通过）》，人民出版社1984年版，第28~29页。

第四章 中国体制转轨与收入分配体制改革启动（1978～1992年）

过程的主观因素的劳动力就是商品。① 在这种情况下按劳分配就是按劳动力价值分配，这是社会主义劳动者实现其劳动力个人所有权的形式。② 另一种观点认为，社会主义公有制和劳动力商品互不相容，劳动力商品反映的是资本主义生产关系本质的特征范畴，社会主义公有制经济不存在劳动力成为商品的条件。③因而不同意按劳动力价值分配就是按劳分配的提法，指出如果按劳动力价值分配，劳动者就不能获得劳动力价值以外的一部分剩余产品价值；如果劳动者收入超过劳动力价值，那么其收入就不是劳动力价值或价格，劳动力就不是以等价交换原则出卖商品；如果劳动力是商品，那么劳动力价值会随着劳动生产率的提高而降低，从而必要产品部分所占比例会不断相对降低，按劳分配不存在这种经济机制。④

总的来讲，改革开放初期这一阶段的收入分配理论进展，除了在思想上清除"四人帮"散布的各种谬论之外，就是与经济体制改革的推进相向而行，对高度集中计划经济体制下形成的"产品经济型"按劳分配理论的突破正在蓄势待发，但真正的突破还未出现。因为，在1989年前后，经济学界在改革目标模式应当选择计划取向还是市场取向这个问题上发生了激烈的论争，乃至提出了姓"资"还是姓"社"的问题，将计划和市场的关系问题与社会主义基本制度联系在一起，一些人认为：社会主义经济只能是计划经济为主体，而把改革的目标定位在市场取向上，把市场经济作为我们社会主义的目标模式，就是把资本主义

---

①③ 陆立军、王祖强：《新社会主义政治经济学论纲》，中国经济出版社2000年版，第222页。

② 赵晓雷：《中华人民共和国经济思想史纲》，首都经济贸易大学出版社2009年版，第22页。

④ 赵晓雷：《中华人民共和国经济思想史纲》，首都经济贸易大学出版社2009年版，第22、23页。

生产方式的经济范畴同社会主义生产方式的经济范畴混淆①。一直到 1990 年 12 月 24 日，邓小平同江泽民、杨尚昆、李鹏谈话时，说到"我们必须从理论上搞懂，资本主义与社会主义的区分不在于是计划还是市场这样的问题。社会主义也有市场经济，资本主义也有计划控制。"②"有计划的商品经济"的争论才得以停息，经济体制改革目标模式才回归"市场经济"之门；③ 社会主义市场经济收入分配理论的研究呼之欲出。

二、改革开放初期"主与补"混合型收入分配体制改革与转向的动因

20 世纪 70 年代末 80 年代初的经济体制的改革和开放，成为中国走出发展困境的重大转折。其中，构成经济体制改革不可分割的重要组成部分的收入分配制度嬗变，源自"三大动力"。

（一）体制缺陷的动力：传统收入分配制度嬗变的制度需求

新中国成立初期"国家工业化"赶超战略下重工业优先发展、农轻重产业结构失调的扭曲的宏观经济环境，促成了传统计划经济体制与以国有化和人民公社化为特征的微观经济机制，及其不患寡而患不均、不患贫而患不安，从而对劳动激励不足的传统计划经济体制下单一型按劳分配的收入分配制度，愈益显现出其抑阻生产力发展的诸多弊端。

---

① 郭熙保、张平：《对我国经济体制改革论争的回顾与思考》，载于《江海学刊》2009 年第 4 期，第 87~93 页。
② 《邓小平文选》第 3 卷，人民出版社 1993 年版，第 364 页。
③ 中国网：《有计划的商品经济》，http://www.china.com.cn/news/txt/2008-12/09/content_ 16919417.htm，2008 年 12 月 9 日。

第四章 中国体制转轨与收入分配体制改革启动（1978~1992年）

1. 传统体制制约下劳动者劳动积极性不足及其后果

在传统计划和分配体制下，其产权—分配的内在机制是，一方面，国家既是国有资产法律和实际占有及其控制权意义上的产权拥有者和分配主体，也是资产收入或剩余的处置和唯一的占有者，因而，国家通过计划调拨、计划价格、统购统销等计划机制把农业自然资源，特别是农民所创造的一部分农产品价值或农业剩余强制性转移到其他地区或转化为城市居民的收入；另一方面，公有制的内在逻辑实际上否定了任何个人意义上的要素产权与收入关系，劳动者的劳动就成为其获得收入形式上的唯一来源，事实上，在市场缺位的体制下，劳动者的收入并非市场上所实现的价值，而是按照计划评价由政府配给的部分，因此，个人收入与其主观努力程度和客观工作成绩并无直接关系。这种产权制度下的收入分配结果，无论是在微观企业还是在宏观国民经济中，都必然是事实上的平均主义格局。

虽然当时人们追求的理想的分配方式是按劳分配，但产权—分配的内在逻辑在实践中的体现却是"劳"与"酬"的脱节，甚至出现了严重的背离现象，按劳分配原则没有在社会主义实践中得到真正地贯彻和实施，这严重地挫伤和消解了新中国成立初期因社会制度变更激发出来的人们普遍的政治热情和劳动积极性，出现了消极怠工、出勤不出力和劳动生产率、要素生产率下降的现象，严重阻碍了社会生产力的发展、抑制了经济的增长。迄至20世纪70年代末，整个经济情况实际上是处于缓慢发展和停滞状态，国民经济到了崩溃的边缘，迫切需要调整和改革不适应生产力发展的旧的生产关系、彻底改革传统的计划经济体制，以解放生产力、发展生产力。在这一重大的历史关头，我们党作出了实行改革开放的重大决策，拉开了市场取向的经济体制改革序幕。

2. 传统体制制约下效率损失和对消费的限制及其后果。

在高度集中的计划经济体制下，违背资源比较优势，人为地推行重工业优先增长的发展战略，使经济结构遭到严重扭曲，由此丧失了可以达到的更快的增长速度；过密的资本构成抑制了劳动力资源丰富这一比较优势的发挥，加剧了传统部门和现代部门的二元结构现象，由此丧失了本来可以达到的劳动就业和城市化水平；依靠高积累维持的经济增长扭曲了国民收入的分配，致使人民生活水平提高缓慢；扭曲的产业结构还导致经济的封闭性，造成不能利用国际贸易发挥自身的比较优势，又不能借助国际贸易弥补本身的比较优势的局面。由于实际生产所需的要素统一划拨、生产出的产品全部上调、生产的成本统一核算、创造的利润全部上缴的企业制度，企业发展与其经济效益没有联系，劳动者的收入与其做出的共享没有联系，严重束缚了劳动者的生产积极性，造成微观经济效率低下的问题，以致生产只能在生产可能性边界之内进行。

从国民经济增长的角度看，传统的收入分配制度造成城乡居民的收入水平较低，居民消费水平增长极度缓慢，消费需求结构长期不变，难以拉动国民经济持续、协调、稳定的增长，经济增长只能依靠重工业、军事工业的封闭循环拉动。尽管这种优先发展重工业的赶超发展战略也有其具体的原因，如当时国际竞争的需要、国际政治和经济环境的制约、工业化积累方式的约束。[①]但是，这种封闭循环难以实现经济的可持续增长和人民生活水平的正常提高，因而迫切需要革新已有的收入分配制度。

（二）思想解放的动力：传统收入分配制度嬗变的政策供给

1976年10月"四人帮"被粉碎，标志着十年"文革"在政治上的结束。随后的1977~1978年的两年间，我国兴起了一场声势浩大的思想解放运动，在批判"文革"极"左"思想的过

---

① 林毅夫等：《中国的奇迹：发展战略与经济改革》（增订版），上海三联书店1999年版，第30~33页。

第四章 中国体制转轨与收入分配体制改革启动（1978～1992年）

程中，展开了关于真理标准问题的大讨论，以及在政治经济学领域前后召开的四次有关按劳分配问题的大讨论。其中，1978年5月11日《光明日报》"实践是检验真理的唯一标准"的关于真理标准问题的大讨论，冲破了"两个凡是"的严重束缚，推动了全国性的马克思主义思想解放运动，"发展是硬道理"逐渐成为中国社会的共识，实现经济的快速增长和发展也成为执政党和政府重新获得政治合法性重要途径的共识，从而成为党的十一届三中全会发起改革开放这一具有深远历史意义的伟大转折的思想先导，也为新的经济体制，包括收入分配体制的革新，做了重要的理论与思想上的准备。而四次按劳分配问题的大讨论，批判了单一型按劳分配实践中的平均主义倾向和极"左"思潮，明确了按劳分配的社会主义性质；否认了资产阶级法权与产生资产阶级、资本主义之间的联系，肯定了资产阶级法权的作用和地位，对"文革"的终结与改革的开启都产生了重要影响。真理标准问题和按劳分配问题的两大讨论，实际上产生了相互促进、叠加作用的历史性影响，共同构成思想解放运动的先导同时又是思想解放运动的重要组成部分。

在这样的背景下，党的十一届三中全会的召开，总结了历史教训，实事求是，在农业问题上明确提出了"公社各级经济组织必须认真执行按劳分配的社会主义原则，按照劳动的数量和质量计算报酬，克服平均主义……"，并且提出"交够国家的，留够集体的，剩下都是自己的"具体改革实施方案；事实上这不仅限于农村，包括城市的各级经济组织都须如此。这是我国收入分配制度的重大改革，表明我国从理论上对按劳分配原则和实质的重新认识，在分配领域批判和反对平均主义，这为后来分配理论的不断探索与改革中新的制度供给和政策出台，例如，强调引入市场竞争机制，打破平均主义，合理拉开收入差距，鼓励一部分地区、一部分人先富起来带动后富、实现共同富裕等政策创新，奠定了良好的基础，标示着改革收入分配制度，包括体制、政策的重大调整和深刻变化。

(三) 实践创新的动力：收入分配制度嬗变的外溢效应

1. 对外开放边际增量改革的推进及其收入分配制度嬗变的外溢效应。

改革开放的实质，是解放和大力发展社会生产力，加快经济增长和发展，提高综合国力，以不断满足人民群众日益增长的物质文化生活的需要和幸福感。为此，打开国门之初对外开放的经济发展中，1979年颁布的《中华人民共和国中外合资经营企业法》，在制度和政策上允许外商在中国直接投资，建立外商独资企业或中外合资经营企业、中外合作经营企业（俗称"三资企业"），遂成为我国吸引国外资金、技术和先进的管理经验，兴办外资经济，发展外向型经济的一个重要方面。

外资的合理引进和外资经济的发展，最初是通过设在沿海的深圳、珠海、厦门和汕头四个经济特区而后转向内地的方式推进的，这不仅弥补了我国经济发展资金长期匮乏的"短板"，打通了我国对外贸易的通道，增加了外汇收入，更重要的是，也弥补了我国在先进技术、企业管理，特别是市场取向改革方面制度建设的不足，加快了我国经济的快速发展。同时，外资经济的出现，还意味着原有劳动关系的变化和新的劳资关系的产生，中外合资合营企业中体现外资外营与劳动者关系的市场机制的收入分配，或非按劳分配的引入，必然通过生产、交换等多种形式、多个渠道的外溢效应影响到其他经济形式的收入分配，包括国有企业的收入分配方式的变化。

2. 所有制结构及实现形式的变化推动收入分配制度的创新。

改革之初，"八二宪法"[①] 将社会主义基本经济制度规定为

[①] 1982年12月4日，"八二宪法"诞生。"八二宪法"由第五届全国人民代表大会第五次会议通过，全国人民代表大会公告公布施行。

第四章 中国体制转轨与收入分配体制改革启动（1978～1992年）

"生产资料的社会主义公有制，即全民所有制和劳动群众集体所有制"，因此，改革开放以来我国基本经济制度的核心，即公有制的主体地位没有根本改变，而与当时生产力水平相适应，调整和改变的一是公有制的实现形式，一方面，农村家庭联产承包责任制改革背景下农村集体经济"统分结合"的双层经营体制与劳动和利益直接挂钩的变化推动了分配理论和制度的创新；另一方面，城市以"扩权让利"为突破口的国有制实现形式的创新也推动着分配理论和制度的创新；二是个体、私营、"三资"企业等非公有制经济的出现，在经济增长、就业等方面做出贡献的同时，客观上要求我国收入分配理论和制度应有更大的创新。

虽然分配体制转换尚处于"摸着石头过河"的探索和过渡时期，但所有制关系及其所有制形式、所有制结构巨大变化的实践仍遵循着"所有制关系决定分配关系和分配方式的原理"[1]，公有制为主体决定了按劳分配为主体。正是因为生产资料的社会主义公有制和坚持公有制的主体地位保证了我国的收入分配制度改革内生公平因素的基础，分配公平是我国社会主义收入分配制度的基本要求。但是随着非公有制经济成分的增加，需要肯定要素参与分配的权益，以此来提高收入分配的效率，这就必然会要求我国收入分配制度不断地得到创新发展。

3. 市场机制的引入要求收入分配制度的创新。

在市场化改革过程中，国家、集体与个人的利益关系通过价格机制、竞争机制、供求机制、风险机制得到有效的调整，分配格局和分配结构反映了资源与收入的重新分布，同时，积累与消费、投资与消费之间的关系也随着市场机制的运行进行了深度改革。在市场化改革条件下，分配原则、分配机制、分配秩序、分配形式等都需考虑和立足于我国是社会主义国家这个基本的价值

---

[1] 杨承训：《正确认识"深化收入分配制度改革"中的矛盾》，载于《思想理论教育导刊》2008年第4期。

取向，因而收入分配制度的改革也需要在公平与效率间不断地寻找最优平衡点。

1992年党的十四大报告正式提出我国经济体制改革的目标是建立社会主义市场经济体制。但是，此前的改革开放过程，事实上是市场经济成分不断增加、各类生产要素市场逐渐发育、市场机制对资源配置的作用日益显现的过程，这一市场化改革、市场机制引入的过程也提出了收入分配制度适时改革和嬗变以适应经济机制变化的需求。

上述来自体制缺陷、思想解放、实践创新形成的动力汇聚成一股巨大的时代洪流，推动着我国收入分配制度的适时改革和嬗变。

三、改革开放初期"主与补"混合型收入分配体制改革与转向的突破：1978~1986年

自1978年末党的十一届三中全会改革以来到1992年党的十四大召开之前，我国收入分配制度的改革，经历了一个从传统计划化、单一型按劳分配制度向市场化、坚持按劳分配基础上新的按生产要素分配渗入为补充的混合型收入分配制度演进的历程，其单一公有制的裂变、产权一定程度的回归[①]等分配基础的率先改革和变化引致的分配机制、分配原则及其分配形式的相应变化构成分配制度渐进性改革的内在逻辑。本节和下一节主要考察改革开放初期"主与补"混合型收入分配制度改革与转向的基本事实。

1978~1986年，随着个体、私营、"三资"企业等非公有经

---

① 伴随着改革的进行，个体、私营、"三资"企业等非公有制经济相继出现，农民承包权的赋予和国企一定程度生产经营权的让渡开启的长期有限程度的改革，等等。

第四章 中国体制转轨与收入分配体制改革启动（1978~1992年）

济形式的出现和快速发展，原有劳动关系的变化和新的劳资关系的产生，引起整体国民经济和国民收入分配格局一定变化：一方面，公有制经济的外围区域相应出现市场作用下的资本性收入、经营性收入、技术性收入等要素性收入的多种收入分配方式；另一方面，要素性收入分配方式又通过生产、交换等多种形式、多个渠道的外溢效应，渗入公有制经济的内部，影响到包括国有企业、集体企业等公有制经济市场化改革作用下的收入分配的变化。我们把这种因改革的市场作用而产生的资本性收入、经营性收入、技术性收入等要素性收入的多种收入分配方式，向公有制经济及其分配的渗入影响，从而进入进整体国民经济和国民收入分配中形成的按劳分配为主、其他多种分配形式为补充的分配制度及其政策，视为社会主义公有制基础上"主与补"混合型收入分配制度。

（一）分配基础的突破

经济体制改革是一个复杂的系统工程，从何处入手和寻找突破，成为改革初期理论与实践探索的焦点。1981年6月，党的十一届六中全会通过的《关于建国以来党的若干历史问题的决议》中指出："社会主义生产关系的发展并不存在一套固定的模式，我们的任务是根据我国生产力发展的要求，在每一个阶段上创造出与之相适应和便于继续前进的生产关系的具体形式"。这一新的认识，深刻地阐明了马克思主义政治经济学的一个极为重要的基本原理，即作为社会主义生产关系基础的生产资料所有制及其形式，并不存在一套固定不变的模式。进一步说，这是对传统所有制理论"一大二公"极"左"教条的重大突破，确立了所有制改革以中国的具体国情为基础、由生产力水平及其发展状况决定、以公有制经济为基本经济形式、允许多种所有制经济存在和发展的指导思想。

在此指导思想形成的前后，所有制改革更多地强调了"主导—补充"的实践探索。1980年8月,中共中央转发《进一步做好城镇劳动就业工作》的文件指出,个体经济是"从事法律许可范围内的,不剥削他人的个体劳动。这种个体经济是社会主义公有制的不可缺少的补充,在今后一个相当长的历史时期内都将发挥积极作用。"实际上,之前的1981年6月党的十一届六中全会《关于建国以来党的若干历史问题的决议》就第一次明确提出:"国营经济和集体经济是我国的基本经济形式,一定范围的劳动者个体经济是公有制经济的必要补充",以及1982年4月《中华人民共和国宪法修正草案》在肯定公有制是社会主义经济制度的基础,全民所有制是国民经济中的主导力量的同时,确认"……城乡劳动者个体经济,是社会主义公有制经济的补充"。再到1982年党的十二大报告提出:"关于坚持国营经济的主导地位和发展多种经济形式的问题""社会主义国营经济在整个经济中居于主导地位""……在很长时间内还需要多种经济形式同时并存"。1982年12月全国人民代表大会五届五次会议通过的《中华人民共和国宪法》第11条规定:在法律规定范围内的城乡劳动者个体经济是社会主义公有制经济的补充。1984年《中共中央关于经济体制改革的决定》第一次系统阐述了党在现阶段对发展个体经济的基本指导方针,指出"坚持多种经济形式和经营方式的共同发展,是我们长期的方针,是社会主义前进的需要"。随着个体经济在中国迅速发展,个体、私营、外资经济等多种经济形式雨后春笋般的出现,我国所有制发展的新变化,突出地表现在从过去公有制"一统天下"逐渐演变为在公有制经济的外围部分非公有制经济的出现和发展的新格局(见表4-1)。

第四章 中国体制转轨与收入分配体制改革启动（1978~1992年）

表4-1　1978~1986年我国促进非公经济发展的相关政策

时间	文件	具体内容
1980年8月	《进一步做好城镇劳动就业工作》	个体经济是"从事法律许可范围内的，不剥削他人的个体劳动。这种个体经济是社会主义公有制的不可缺少的补充，在今后一个相当长的历史时期内都将发挥积极作用。"
1981年6月	《关于建国以来党的若干历史问题的决议》	"国营经济和集体经济是我国的基本经济形式，一定范围的劳动者个体经济是公有制经济的必要补充"
1982年4月	《中华人民共和国宪法修正草案》	城乡劳动者个体经济，是社会主义公有制经济的补充
1982年	党的十二大报告	"关于坚持国营经济的主导地位和发展多种经济形式的问题"，"社会主义国营经济在整个经济中居于主导地位""……在很长时间内还需要多种经济形式同时并存"
1982年12月	《中华人民共和国宪法》	在法律规定范围内的城乡劳动者个体经济是社会主义公有制经济的补充
1984年	《中共中央关于经济体制改革的决定》	"坚持多种经济形式和经营方式的共同发展，是我们长期的方针，是社会主义前进的需要"

注：根据相关政府文件整理所得。

具体表现在：一是非公有制经济在公有制经济的外围得到了一定程度的发展，在我国GDP结构中，我国非公有制经济由1978年末的0.9%增加到了1986年末的2.1%；二是国有成分在国民经济产值中的比重不断增加，但集体经济占比有所下降，在我国GDP结构中，1978年国有经济占56.2%，集体经济占42.9%；1986年末全民所有制经济占68.7%，集体经济占29.2%[1]。

---

[1] 根据相关年份的《中国统计年鉴》和中国经济与社会发展统计数据库整理所得。

如图 4-1 所示。

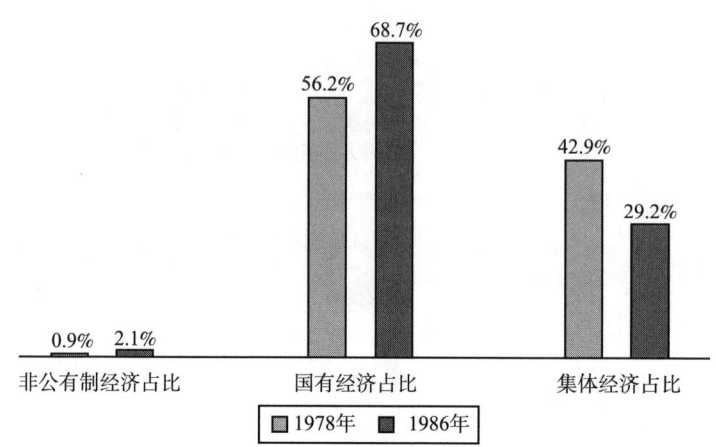

图 4-1 1978 年和 1986 年我国所有制结构变动情况

所有制结构的初步形成消除了传统体制下单一的所有制形式对生产力的羁绊，非公有制经济的出现与公有制经济的竞争，既促进了经济发展，扩大了国民经济的综合实力，增加了社会产品供给，活跃了市场，有利于满足长期短缺经济下人们受到限制的必要生活品的基本需要；又在一定程度上促使了公有制企业改革经营机制，讲究经济效益，不断提高劳动生产率和经济效益。

（二）分配原则的突破

在社会主义公有制基础上"主与补"混合型收入分配制度的突破期，我国政府主要强调的是按劳分配原则的恢复，按生产要素分配还处于起步阶段，其核心内容是"认真执行按劳分配的社会主义原则"。在原有的计划经济体制下，收入分配原则名义上是要实行按劳分配，实际上却搞成了"平均主义"，严重损害

第四章　中国体制转轨与收入分配体制改革启动（1978~1992年）

了广大人民群众的劳动积极性①。为此，改革开放初期，重新认识什么是社会主义、社会主义的本质是什么，成为收入分配体制改革中公理性分配原则正本清源、探索创新的重要内容。而毋庸置疑的是，收入分配制度的改革，并非是要否定社会主义制度，否定的只是传统体制下对社会主义本质的错误认识及其实践，即全面的公有制、平均主义式的按劳分配、计划经济等教条化的社会主义及其分配制度，要厘清和寻找的则是能够解放和发展社会生产力，促进整个社会经济效率的提高；同时消灭剥削和消除两极分化，实现公平正义最终达成共同富裕这一符合现实的社会主义本质的公理性分配原则。

改革最初的实践，是一个"摸着石头过河"的"试错"过程。同样，探索和确立符合新的社会主义本质观的公理性分配原则，也是一个边干边总结，通过试错摸索社会主义生产关系改革与演变规律，寻找与改革中所有制结构、劳动与劳资关系等社会经济关系新变化相符的分配原则，并逐渐上升到法律层面的过程。因而，新的公理性分配原则的探寻过程在实践中又表现出其与政策性分配原则的调整、改革和创新相互关联、交织互动的过程。为了激发劳动者的积极性和激发经济活力，党和国家对我国的传统收入分配原则的弊端进行了必要的突破。1978年，党的十一届三中全会明确提出："按劳分配、多劳多得是社会主义，绝不允许把它当作资本主义原则来反对""人民公社、各级经济组织必须认真执行按劳分配的原则，多劳多得，少劳少得"。并以农村为突破口，针对以前的平均主义分配方式，提出了"不允许无偿调用和占用生产队的劳力、资金、产品和物资；公社各级经济组织认真执行按劳分配的社会主义原则，按照劳动的数量和质量计算报酬，克服平均主义。"党的十一届三中全会以后，我

---

① 高玉伟：《关于收入分配原则问题的讨论》，载于《中国城市经济》2010年第11期。

国对农村经营体制以家庭为基本经营单位进行了改革，实行了以家庭联产承包责任制为基础的统分结合的双层经营体制，农村分配制度在家庭联产承包责任制全面铺开的情况下也发生了重大的转变，分配方式转变为"缴够国家的、留足集体、剩下的都是自己的"。这一分配方式的变化，既明确了国家、集体、个人的权利、责任和利益关系，又使农民收入开始同劳动成果挂钩，多劳多得，少劳少得。

在城市，国有企业改革开始的第一阶段即"放权放利"。1978年5月，国务院发布《关于实行奖励和计件工资制的通知》，正式恢复了已经停止实行十多年之久的奖励制度和计件工资制度，并通过试点逐步扩大。在企业分配制度方面，下放了企业决定职工工资的自主权，扩大企业内部的工资差距，拉开档次。1984年，党的十二届三中全会借鉴农村的改革经验开始对城市企业深化分配制度改革，在《中共中央关于经济体制改革的决定》中对贯彻按劳分配原则作出了具体规定："企业可以根据自身具体经营状况自行决定职工奖金，国家只对企业适当征收超限额奖金税；职工工资和奖金要同企业经济效益的提高挂钩；企业内部要扩大工资差距，充分体现多劳多得、少劳少得以及不同劳动之间的差别。"党的十二届三中全会以后，党实施了一系列重大措施改革收入分配制度：在国有企业改革工资管理体制，实行企业工资总额同经济效益挂钩；在机关事业单位实行结构工资制，开征个人收入调节税。

虽然这一时期政策性收入分配原则的公平和效率原则还未明确提出，但是在按劳分配原则重新确立的过程中，政策性收入原则已经有所体现，并呈现与公理性收入分配原则交织互动的过程，其主要是通过重新确立按劳分配收入原则来解决计划条件下过于平均化的分配制度弊端，并开始逐渐重视效率的作用。此外，国家已经存在了效率与公平分配原则的指导思想。1984年党的十二届三中全会通过的《中共中央关于经济体制改革的决

第四章　中国体制转轨与收入分配体制改革启动（1978～1992年）

定》提倡以"先富"产生的示范效应来促进"共富"的思想表现出了对公平本质的重新认识，但由于"共富"的前提是"先富"，因而这里暗含着效率先于公平的政策思路。在分配决策中，效率优先于公平确实解决了短期发展问题，但对经济社会的长期持续发展却埋下了隐患。① 这就是对原有过度强调平均的分配原则的突破。事实上，公平与效率的政策性收入分配原则是在1987年党的十三大提出的，即社会主义公有制基础上"主与补"混合型收入分配制度深入发展的第二阶段。

（三）分配机制的突破

改革开放以前，我国实行的分配制度是一种与当时计划经济体制相适应的计划化的按劳分配制度，分配活动通过计划机制和行政强制来实施。而这种计划机制在改革开放后，更多地转化为政府在收入分配领域的宏观调控机制。随着所有制结构的初步形成，在居民收入的初次分配领域，市场机制开始引入。在公有制经济内部表现为市场的影响渗入到分配当中，国家下放了部分的分配权限给公有经济的不同组织（国有经济组织和集体经济组织），企业也下放了部分分配权限给劳动者个人，企业、集体经济组织和劳动者个人都成为收入分配的主体。从公有制经济外围的非公有制经济来看，由于个体经济、私营经济和"三资"企业的出现，市场不仅作为一个新的资源配置的手段出现了，同时它也成为个体经济、私营经济和"三资"企业收入分配的基本工具。这都体现了分配组织和主体的多元化，由原来单一化的收入主体向着多元化的收入分配主体的深刻变革，分配主体的多元化本质上体现的是市场机制的形成和对传统收入分配机制的突破。

具体来看，肇始于统分结合、双层经营的家庭联产承包责任

---

① 刘承礼：《30年来中国收入分配原则改革的回顾与前瞻——一项基于公平与效率双重标准的历史研究》，载于《经济理论与经济管理》2008年第9期。

制取代人民公社体制的农村改革标志着突破单一公有制、探索公有制新的实现形式的第一步创新，既坚持了农业基本生产资料土地的集体所有制，又实行了所有权与经营权的"两权分离"，促成了农户向经营主体和市场主体的重要转变；同时，其分配方式转变为"缴够国家的、留足集体、剩下的都是自己的"，意味着国家开始把部分分配权力下放给农村集体经济组织，集体又把部分分配权力下放给了农民个体，农民事实上拥有了部分剩余索取权，家庭开始有了一定的积累功能和积累资产，从而突破了过去长期形成的关于社会主义的某些传统观念，如个人只能占有生活资料、消费资料而不能占有生产资料的思想束缚，极大地促进了农民商品生产经营的自主性、积极性和农村商品经济的发展。在城市，始于1978年国有企业的扩大企业自主权、调整国家与企业之间利益分配关系的"扩权让利"、实行经济责任制的体制改革，与之前中央和地方间行政权力集权与放权政府系统内行政权力调整、改变的只是隶属关系不同，允许企业在完成国家计划之外，在生产计划、产品销售、劳动人事、技术改造、收入分配等方面有一定的机动权力，例如，企业在完成国家计划的前提下，可以增产市场需要的产品；可以自销国家商业和物资部门不收购的产品；超计划完成的利润可以分成，职工个人可以得到一定数额的奖金，包括计分计奖、计件工资、超产奖、浮动工资等，这既在一定程度上下放了企业决定职工工资的自主权，使企业成为分配的一个不可或缺主体；又对规范国家与企业间的分配关系、调动企业和职工的生产经营积极性起到了一定的积极作用。

由上可见，无论是从公有制经济还是非公有制经济来看，这一时期，我国收入分配机制的突破体现在政府管理机制外市场机制的出现。市场化分配机制的形成产生了两方面的显著影响：一方面是激活了要素，提高了要素特别是劳动要素的使用效率，促进了生产力的发展，但是其对社会收入分配发挥的调节作用有

第四章 中国体制转轨与收入分配体制改革启动（1978～1992年）

限。另一方面由于市场因素的影响，收入与经营好坏的联系，收入分配出现了一定的差距；特别是改革初期相应的制度规范、体制和政策创新的滞后缺位，因改革的"双轨制"带来的非均衡分配的出现，带来了一定的负面影响，表现为个体、私营等部分经营者偷税漏税以及一部分人在"双轨制"的寻租中先富带来的收入差距、社会不公等问题。

由表4-2我们可以发现，1978～1986年，我国的居民收入差距有所扩大，且农村内部收入差距扩大的速度显著地快于城市地区。这是因为市场经济因素的引入打破了计划经济时期收入的过度均等化，而农村地区的收入差距扩大是由于在改革开放初期，农村地区的改革显著地快于城市地区。然而，总体来看，这一时期的全国、城市地区和农村地区的收入差距还处于比较平均的基尼系数区间，① 说明这一时期收入分配机制的改革不仅打破了计划经济时期绝对公平的收入分配制度，利于调动劳动者的积极性，并且收入差距依旧处于比较公平的范围内。

表4-2   1978～1986年我国基尼系数

年份	中国	城市	农村
1978	0.245	0.17	0.2124
1979	0.249	0.17	0.2266
1980	0.291	0.16	0.2407
1981	0.288	0.15	0.2406
1982	0.249	0.15	0.2317
1983	0.246	0.15	0.2461

---

① 国际上一般用基尼系数来综合考察一个国家的居民收入分配差异情况，基尼系数在0.2以下、0.2~0.3、0.3~0.4、0.4~0.5和0.5以上分别表示收入分配绝对平均、比较平均、相对合理、差距较大和差距悬殊。

续表

年份	中国	城市	农村
1984	0.297	0.16	0.2439
1985	0.265	0.19	0.2267
1986	0.296	0.19	0.3042

资料来源：张东生：《中国居民收入分配年度报告（2011）》，经济科学出版社2012年版，第228页。

进一步，从我国城乡居民人均收入水平和恩格尔系数来看，这一时期城乡的居民人均收入水平都得到了显著的提高，城乡居民之间收入的绝对差距虽然有所上升，但是相对差距却出现了一定程度的下降，且城乡居民家庭的恩格尔系数处于同一较高水平。这也说明了改革开放初期，虽然城乡居民生活水平还不够高，但是在提升的同时，也在某种程度保留了城乡收入分配的公平性。一个值得注意的现象就是，农村的恩格尔系数低于0.6，实现了从贫困到温饱的跨越性过渡（见表4－3）。

表4－3　　1978～1986年我国城乡居民人均收入水平和恩格尔系数

年份	城镇 人均可支配收入 （元）	农村 人均纯收入 （元）	城镇居民家庭 恩格尔系数 （%）	农村居民家庭 恩格尔系数 （%）
1978	343.4	133.6	57.5	67.7
1979	405	160.2	—	64
1980	477.6	191.3	56.9	61.8
1981	500.4	223.4	56.7	59.9
1982	535.3	270.1	58.6	60.7
1983	564.6	309.8	59.2	59.4
1984	652.1	355.3	58	59.2

第四章 中国体制转轨与收入分配体制改革启动（1978~1992年）

续表

年份	城镇 人均可支配收入 （元）	农村 人均纯收入 （元）	城镇居民家庭 恩格尔系数 （%）	农村居民家庭 恩格尔系数 （%）
1985	739.1	397.6	53.3	57.8
1986	900.9	423.8	52.4	56.4

资料来源：国家统计局，年度数据库，http://data.stats.gov.cn/easyquery.htm?cn=C01。

此外，这一时期，我国再分配的调节方式也在不断地调整和完善。首先是在个人所得税制度方面做出了切实的突破。1980年，我国正式开征个人所得税，起征额为800元，但是这一起征点远高于当时大部分居民的收入水平，因此，其更多地体现在其蕴含的象征意义。1986年，《个人收入调节税暂行条例》和《城乡个体工商户所得税暂行条例》开始实施，由此形成了个人所得税、个人收入调节税和城乡个体工商业户所得税三税共存的局面。由图4-2可知，个人所得税的规模较小，调节作用微弱。

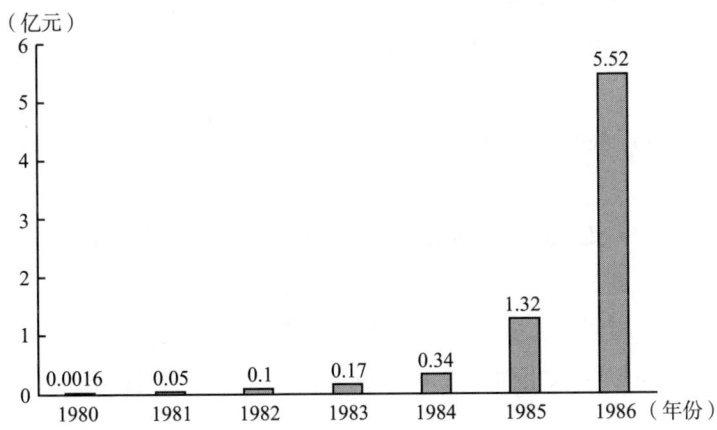

图4-2 1980~1986年我国个人所得税收入

资料来源：历年《中国统计年鉴》。

在社会保障方面，1978 年以前我国社会保障制度的典型特征是"企业保险"，而 1978～1986 年这一阶段主要是巩固和完善这种模式。因此，这一阶段的主要目的还是为了解决历史遗留问题和恢复被"文化大革命"破坏的养老保障制度。① 与此同时，这一阶段的一些改革措施实现了由"企业保险"向"社会保险"的突破。从 1984 年开始，中国开始尝试养老保险费用的社会统筹，其目的是还原社会养老保险的基本职能，并在湖北省江门市、江苏省泰州市、辽宁省黑山县和广东省东莞市等地开始试行退休人员的退休费社会统筹。1986 年国务院颁布了《国营企业实行劳动合同制暂行规定》和《国营企业职工待业保险暂行规定》，以解决国营企业新招收职工的养老和失业保险问题，养老基金由企业和合同工共同缴纳，不足部分由国家补上。总体来看，这一时期政府的收入再分配作用相对较弱，没有对收入分配起到很好的调节与再分配作用。

从第三次分配出发，这一时期，伴随中国受抑制生产力的释放和经济的快速发展，对于社会慈善事业，政府由取缔、抵触到支持的态度逐步转变。但是，由于第三次分配当时在国内才刚刚起步，发展较为缓慢，民间慈善组织还非常少见，且是政府而不是社会力量成为第三次分配的主体。

（四）分配形式的突破

在过去传统的分配制度中，居民获取收入的形式较为简单，城市居民主要是在公有制经济内部获得按劳分配名义上的工资性收入，农村居民主要是在农村集体经济组织内部获得的工分和粮食等实物性收入。而在改革开放后"主与补"混合型收入分配

---

① 郑秉文、孙守纪：《我国社会保障制度改革 30 年》，人民网－理论频道，http://theory.people.com.cn/GB/49154/49156/8130369.html，2008 年 10 月 6 日。

第四章　中国体制转轨与收入分配体制改革启动（1978~1992年）

制度的突破期，我国居民获取收入的分配形式相对说来有了较大的变化。

首先，由于非公有制经济的发展、市场分配机制和按要素分配原则的突破，在公有制经济的外围出现了一定的资本等其他收入形式，从而突破了原本单一的按劳分配形式。

其次，在公有制经济内部，农村家庭联产承包责任制下农民除农业生产中的实物性收入外，家庭经营销售的农产品获得了市场上"商品实现惊险跳跃"后的货币性收入等形式，还有从乡镇企业和城市务工活动中获得的工资性收入。在城市，国企"扩权让利"的改革，使职工除基本工资外还获得了企业留利部分发放的奖金等收入形式。

总之，市场化改革使分配形式从过去比较单一的劳动收入、工资性收入形式，逐渐向多样化的收入分配形式演变，这一点在这一时期的农村体现得尤为明显，农村居民人均纯收入构成的多样化特征逐步显现。如表4-4所示，1978年，我国农村居民年人均纯收入为133.57元，其中，工资性收入占66.3%、家庭经营净收入占26.8%、财产性收入为0、转移性收入占6.6%。随着家庭联产责任制的推广，农民的总收入和经营性收入得到了显著的提高，经营性收入所占比重超过工资性收入跃居到第一位。1986年，农村居民年人均纯收入上升到了391.60元，工资性收入占比为8.5%，较1978年降低了47.8%；家庭经营净收入则增加到了81.5%，比1978年增加了54.7%；转移性收入占比分别上升至10.3%，财产性收入依旧为0。①

---

① 根据相关年份的《中国统计年鉴》和中国经济与社会发展统计数据库整理所得。

表4-4　1978年和1986年农村居民家庭人均收入情况

类别	农村居民家庭			
	1978年		1986年	
	绝对数（元）	比重（%）	绝对数（元）	比重（%）
纯收入	133.57	100	391.60	100
工资纯收入	88.56	66.3	33.29	8.5
经营纯收入	35.80	26.8	319.15	81.5
财产纯收入	0	0	0	0
转移纯收入	8.82	6.6	40.33	10.3

资料来源：1979年和1987年《中国统计年鉴》。

一言认蔽之，1978~1987年，我国收入分配制度的变化建立在公有制经济之外兴起和发展起了大量的非公有制经济的所有制新格局的分配基础之上，进一步地，分配机制的变化主要体现在改革和否定了过去单一政府行政分配机制及其低水平平均主义的分配方式，重新界定了社会主义按劳分配原则，逐步将利益机制引入和体现在收入分配领域，这一阶段强调恢复按劳分配原则，反对平均主义。因此，我国改革开放后"主与补"混合型收入分配制度的改革及其突破，一定意义上正是制度体制创新和政策适时调整的逻辑产物。

四、改革开放背景下"主与补"混合型收入分配体制改革与转向的深入：1987~1992年

随着生产力的发展和非公有制经济等市场经济因素的不断壮大，需要我国生产关系和上层建筑做出必要的调整。1987年党的十三大提出按劳分配为主，其他分配形式为补充，并明确资本等非劳要素参与收益分配的合法性，由此开始并深入推进我国"主与补"混合型收入分配制度变革。

第四章　中国体制转轨与收入分配体制改革启动（1978~1992年）

(一) 分配基础的深入

改革是对旧有的生产关系、上层建筑作局部或根本性的调整，是社会发展的强大动力，其需要根据实践的发展来进行不断地深化和完善。在前一时期改革的基础上，我国非公有制经济得到了进一步地提升，我国的所有制结构逐渐演变为多种所有制经济并存的格局。1987年，党的十三大报告阐述了社会主义初级阶段理论，提出了党在社会主义初级阶段的基本路线，需要以经济建设为中心，坚持四项基本原则和改革开放。这不仅指出了我国社会经济发展的方向和进一步深化经济体制改革的重要性，也为"主与补"混合型收入分配制度的深入指明了道路。

在此历史背景下，1987年11月，党的十三大明确提出："必须以公有制为主体，大力发展有计划的商品经济""在所有制和分配上，社会主义社会并不要求……绝对平均。在初级阶段，尤其要在以公有制为主体的前提下发展多种经济成分，在以按劳分配为主体的前提下实行多种分配方式"，由此，我国所有制改革开始由前期突出国营经济主导地位和个体经济是公有制经济必要补充的"主导—补充"的实践探索，转向公有制为主体，个体经济、私营经济等非公有制经济都是补充的"主体—补充"的实践探索。

具体来看，随着非公有制经济的快速发展，我国私营经济在个体经济的基础上得到了进一步的发展壮大。1987年11月，党的十三大明确提出鼓励发展个体经济、私营经济的方针。1988年4月全国第七届人民代表大会通过的《中华人民共和国宪法（修正案）》的第11条增加规定："国家允许私营经济在法律规定的范围内存在和发展。私营经济是社会主义公有制经济的补充。国家保护私营经济的合法的权利和利益，对私营经济实行引导、监督和管理。"[1] 这是

---

[1] 中国人大：《中华人民共和国宪法修正案（1988年）》，中国人大网，http://www.npc.gov.cn/wxzl/wxzl/2000-12/05/content_4498.htm，2000年12月5日。

首次确定私营经济的法律地位和经济地位,是上层建筑对生产关系的强化与维护。1992年,党的十四大报告进一步指出,"在所有制结构上,以公有制包括全民所有制和集体所有制经济为主体,个体经济、私营经济、外资经济为补充,多种经济成分长期共同发展,不同经济成分还可以自愿实行多种形式的联合经营。"进言之,这种分配基础的深化体现在两个方面:一是将前期国有经济的主导进一步扩展到公有制经济(包括国有经济和集体经济)在国民经济和收入分配领域占主体地位;二是在原有劳动者个体经济为补充的基础上,进一步把私营经济和外资经济作为国有经济的有益补充,并在制度上进行了明确。

由此,所有制结构进一步出现了较大的调整,公有制经济比重出现明显的下降。在我国GDP结构中,1987年初公有制经济占97.9%,1992年末公有制经济占86.4%。国有经济比重进一步下降,但受益于乡镇经济的快速发展,集体经济成分有所提升。在我国GDP结构中,国有经济占比由1987年初的68.7%下降到1992年末的51.4%,集体经济占比由1987年初的29.2%增加到1992年末的35%(见图4-3)。① 所有制结构改革的进一步

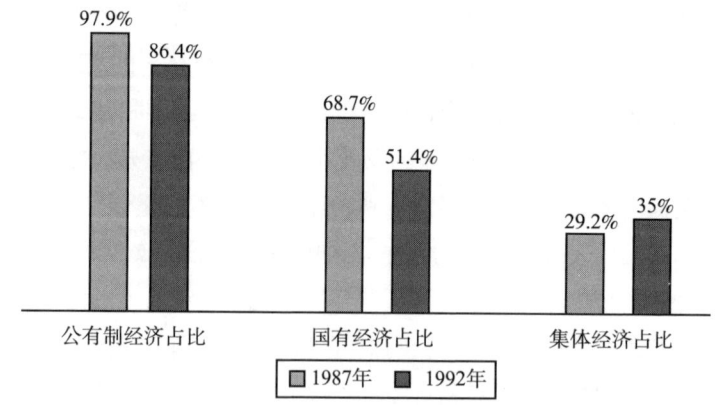

图4-3 1987年和1992年我国所有制结构变动情况

---

① 根据相关年份的《中国统计年鉴》和中国经济与社会发展统计数据库整理所得。

第四章 中国体制转轨与收入分配体制改革启动（1978～1992年）

深化，非公有制经济的不断壮大，进一步激发了市场的活力，促进了资源配置效率和生产效率的提升。

（二）分配原则的深入

毛泽东在《增强党的团结继承党的传统》中指出，理论与实践的统一，是马克思主义的一个最基本的原则。放入我国收入分配制度的改革实践来看，其必然要求我们不断地根据实践的需要来调整和深化我们的收入分配原则，进而形成对实践的理论指导。因而，在突破原有绝对平均分配原则的基础上，结合我国的实践来进一步深化我国的公理性收入分配原则，是我国经济社会发展的现实考量。随着我国经济结构中所有制的多元化和分配形式的多样化，政府部门在强调按劳分配的同时，也承认了其他分配方式的存在。从公理性原则的含义来看，由于法理上还没有确立新的收入分配制度，我国这一时期的收入分配制度坚持的依旧是按劳分配原则，是在传统计划经济时期绝对平均的分配原则上调整和优化形成的。此外，新的公理性分配原则的探寻过程在实践中又表现出其与政策性分配原则的调整、改革和创新相互关联、交织互动的过程。这一时期随着公理性收入分配原则的进一步深入，按劳分配以外的按要素分配原则在政策上的逐步确立，我国政策性收入分配原则中的公平与效率原则的重视程度有所变化，效率分配原则得到了进一步的强化，公平分配原则也在实践的基础上得到了一定的重视。

具体来看，我国根据经济实践的需要，围绕具体的收入分配原则进行了必要的调整和优化，以此来激发劳动者的活力和促进生产力的发展。在1987年党的十三大明确提出："我们必须坚持的原则是，以按劳分配为主体，其他分配形式为补充"。其允许企业发行债券筹集资金时凭债权取得的利息、股份制经济中的股份分红、企业经营者收入中的风险补偿、私营企业雇用劳动力的非劳动收入等通过合法手段获得的非劳动收入的存在，并指出"以上这些收入，只要是合法的，就应当允许"。这样就肯定了除按劳分配以外的其他分配形式的合法性，并要求在思想上和实际工作中加以克服平均主义，"凡是有条件的，都要在严格质量管理和定额管理的前提下，积极推行计件工资制和定额工资制。"1992年党的十四大沿用了党的十三大关于分配原则问题的提法。与此同时，《中共中央关于制定国民经济和社会发展十年规划和"八五"计划的建议》等党和国家的重要文件也都沿袭了这一说法，提出"在分配方面，实行按劳分配为主体的多种分配方式"，国有企业开始实行工资的"工效挂钩"制度，机关事业单位实行结构工资制等。按要素分配的内容由原本产品等要素进一步拓展为利息、股份分红和风险补偿等要素，分配的领域由原本的国有经济开始向机关事业单位推进。对于收入分配中公平和效率的关系问题，中共中央于1987年党的十三大上提出，"我们的分配政策……合理拉开收入差距，又要防止贫富悬殊，坚持共同富裕的方向，在促进效率提高的前提下体现社会公平"，这首次明确提出了公平与效率的收入分配原则。随后，在1992年的党的十四大上提出，在收入分配中要"兼顾效率与公平"，并提出在分配制度上，要"加快工资制度改革，逐步建立起符合企业、事业单位和机关各自特点的工资制度与正常的工资增长机制。"这是首次在党的代表大会上提出公平与效率的政策性收入分配原则，这意味着我国开始从改革开放初期一味地追求效率，开始根据经济实践的现实情况，逐步重视公平的分配原则，这是这一时期政策性收入分配原则深入的一个具体体现。

（三）分配机制的深入

随着我国市场经济成分的不断增加，私营经济和外资企业法律地位的确立，政府宏观调控机制配置资源中的比重逐渐下降，

第四章 中国体制转轨与收入分配体制改革启动（1978~1992年）

市场机制配置资源的比重不断上升。尤其是在居民收入的初次分配领域，市场机制得到了进一步的成长，要素市场的供求状况和要素价格等因素逐渐对社会初次分配领域产生了重要的影响，并开始对社会收入分配发挥越来越大的调节作用。1987年11月，党的十三大明确提出"加快建立和培育社会主义市场体系"，不仅包括消费品和生产资料等商品市场，而且包括资金、劳务、技术、信息和房地产等生产要素市场，必须积极而稳步地推进价格改革，"逐步健全以间接管理为主的宏观经济调节体系"。1989年6月，党的十三届四中全会又提出，"建立适应有计划商品经济发展的计划经济与市场调节相结合的经济体制和运行机制"。直至1992年，党的十四大把建立社会主义市场经济体制确立为经济体制改革目标，我国收入分配制度改革开始进入建立与社会主义市场经济体制相适应的分配制度阶段，市场机制开始逐步成为收入分配机制内在的一部分，并由此进入社会主义市场经济体制确立时期"主与并"混合型收入分配制度阶段。

概言之，这一时期收入分配机制上伴随着市场取向改革和市场化程度的提高、市场机制的植入和内嵌化，政府与市场在收入分配中的职能日益清晰，这一方面带来了我国经济增长速度的腾飞；另一方面也使我国的收入差距扩大问题日益凸显。

由表4-5我们可以发现，1987~1992年，我国的收入差距进一步扩大，且农村内部收入差距扩大的速度显著地快于城市地区。这一时期的中国城市地区的收入差距还处于比较平均的基尼系数区间，而中国和农村地区的收入差距已经处于相对合理的基尼系数区间，①居民收入差距也在持续拉大，贫富两极分化开始显现，与消除两极分化，共同富裕的收入分配目标背道而驰。

---

① 国际上一般用基尼系数来综合考察一个国家的居民收入分配差异情况，基尼系数在0.2以下、0.2~0.3、0.3~0.4、0.4~0.5和0.5以上分别表示收入分配绝对平均、比较平均、相对合理、差距较大和差距悬殊。

邓小平同志晚年已经预见到了贫富差距问题，并指出了解决这一问题的极端重要性："如果我们的政策导致两极分化，我们就失败了。"①

表4-5   1987~1992年我国基尼系数

年份	中国	城市	农村
1987	0.305	0.20	0.2889
1988	0.382	0.23	0.3053
1989	0.349	0.23	0.3185
1990	0.343	0.23	0.3099
1991	0.324	0.24	0.3072
1992	0.325	0.25	0.3134

资料来源：张东生：《中国居民收入分配年度报告（2011）》，经济科学出版社2012年版，第228页。

除了市场化改革带来的合理的收入差距的扩大外，改革初期"双轨制"带来的非均衡分配、主要是一部分人在"双轨制"的寻租中先富了起来，也是收入开始出现差距、社会不公等问题出现的一个不可回避的原因。根据相关学者的估算，我国自实行双轨制的改革后，租金规模占国民收入的比例在30%~40%之间。这是因为在高度集中的计划经济和成熟的市场经济中，寻租规模相对较小，而处于转轨期的国家的寻租现象会较为突出。根据胡和立和万安培的估算，自1988年以来在我国历年的租金规模中商品价差、利差和汇差三项租金占了大部分，这是典型的双轨制产物。② 这些寻租的存在，使得一些掌握权力的群体通过不合理甚至不合法的方式先富了起来。

---

① 《邓小平文选》第3卷，人民出版社1993年版，第111页。
② 转引自卢现祥：《我国的渐进式改革及其寻租问题》，载于《中南财经大学学报》1998年第5期。

第四章 中国体制转轨与收入分配体制改革启动（1978～1992年）

从再分配机制来看，在税收调节方面，这一时期我国对个人收入分配的调节主要依靠始于1980年的个人所得税，其他与个人所得税相互补充和配合的税种尚未开征。由表4-6可知，个人所得税的调节作用虽然不断增强，但是绝对作用依旧存在不足。在社会保障方面，这一阶段由"企业保险"向"社会保险"的转变得到了进一步的深化。1991年，国务院对企业职工养老保险改革确定了"以支定收、略有节余、留有部分积累"的原则，要求构建多层次的养老保险体系和资金筹集机制。1992年，养老金同社会平均工资和个人缴费工资挂钩，进一步深化了社保的社会性特征。

表4-6　　　　1987～1992年我国个人所得税收入　　　单位：亿元

年份	个人所得税收入
1987	7.17
1988	8.68
1989	17.12
1990	21.13
1991	25.03
1992	31.36

资料来源：历年《中国统计年鉴》。

从第三次分配机制来看，随着经济体制改革的深入，慈善事业得到一定程度的发展，同时民间力量也开始苏醒，社会大背景对慈善事业的发展极为有利，虽然国家层面的慈善总会还未建立，但是现代意义上的慈善事业已经正式产生与恢复，但是其对收入分配产生的影响依旧很小，慈善更多是政府的扶贫行为。[①]

---

① 林延光：《当代中国慈善公益募捐发展研究》，湖南师范大学学位论文，2014年，第1页。

(四) 分配形式的深入

随着所有制结构和收入分配机制的进一步深化,在这一时期,我国居民获取收入的形式更加多样化。在农村,部分参与企业集资入股的农民还可以获得利息、分红等分配形式。在城市,随着这一时期城市改革的大力推进,居民除工资性收入外,利息、股息、红利、房租等资本和财产性收入形式逐渐出现,并且随着技术、信息和经理市场的发育,技术、信息、管理等生产要素所有者也获得了多样化的收入分配形式,如技术转让费、专利费、信息费、经营者年薪、风险收入等。

由表4-7可以看出,这一时期我国农村居民人均纯收入构成的多样化水平变化较大。1987年初,我国农村居民年人均纯收入为686元,其中,工资性收入、经营净收入、财产性收入和转移性收入所占的比重分别为8.5%、81.5%、0和10.3%。但是受制于20世纪80年代后期农村改革的停滞和城乡二元经济结构的新的强化,农民的收入形式没有明显的变化。[①] 到1992年,农村居民年人均纯收入上升到了783.99元,工资性收入、经营净收入和转移性收入占比分别变动了0.37个、0.6个和0.33个百分点。在城市,1987年初,我国城镇居民年人均可支配收入为909.96元,其中,工资性收入占65.8%、经营性收入占23.4%、财产性收入占0.53%、转移性收入占10.2%。随着城市各项改革的推进,1992年,城镇居民年人均可支配收入上升到了2 031.53元,工资性收入占比为69.4%,经营性收入为15.4%,财产性收入为1.5%,转移性收入为11.7%,一个突出的特点就是工资性收入有所增加,经营性收入明显减少。[②]

---

① 林毅夫:《中国农业:当前问题和政策抉择》,载于《经济导刊》1996年第1期。
② 根据相关年份的《中国统计年鉴》和中国经济与社会发展统计数据库整理所得。

第四章 中国体制转轨与收入分配体制改革启动(1978~1992年)

表4-7 1987年和1992年城镇居民、农村居民家庭人均收入情况

类别	城镇居民家庭				类别	农村居民家庭			
	1987年		1992年			1987年		1992年	
	绝对数(元)	比重(%)	绝对数(元)	比重(%)		绝对数(元)	比重(%)	绝对数(元)	比重(%)
可支配收入	909.96	100	2 031.53	100	纯收入	686.0	100	783.99	100
工资性收入	598.75	65.8	1 409.88	69.4	工资纯收入	58.31	8.5	68.99	8.8
经营净收入	212.93	23.4	312.86	15.4	经营纯收入	559.09	81.5	634.25	80.9
财产性收入	4.82	0.53	30.47	1.5	财产纯收入	0	0	0	0
转移性收入	92.82	10.2	237.69	11.7	转移纯收入	70.66	10.3	83.10	10.6

资料来源:1988年和1993年《中国统计年鉴》。

综上可知，这一时期，我国开始出现按照利息、股份分红等要素获得收入的分配方式。但是由于改革发展水平较低，按劳分配和按照生产要素进行分配的结合相对不够深入，只是在公有制经济的外围出现了一部分非公有制经济形式，进而出现了部分按要素分配的收入分配方式对我国整个收入分配制度的混入。

五、中国体制转轨与"主与补"混合型收入分配体制嬗变：特征、内在逻辑与演变方向

前面虽然对改革开放背景下"主与补"混合型收入分配制度的基本事实分阶段进行了梳理，但是有必要从双向度的分析视角抽象出"主与补"混合型收入分配制度嬗变的本质。故而，本节进一步探析其制度嬗变的基本特征、内在演变的逻辑和下一阶段收入分配制度进一步演化的方向。

（一）中国体制转轨与"主与补"混合型收入分配制度改革的基本特征

1978～1992年，我国的收入分配制度发生了巨大的变化，形成了改革开放背景下社会主义公有制经济基础上"主与补"混合型收入分配制度。在制度演化的过程中，主要存在两个显著特征：

1. 诱致性与强制性制度变迁并存、交替，以强制性为主。

中国的改革开放始于农村，以家庭联产承包责任制为起点的农村改革，是典型的"自下而上、上下结合"的诱致性制度变迁引致强制性制度变迁，诱致性与强制性制度变迁并存、交替，以强制性为主的改革。具体来看，农村收入分配制度的演变始于安徽小岗村部分农民自发签订的"包产到户"契约，但是在得到中央认可后，才在全国进行推广，联产承包制开始在农村得到

第四章 中国体制转轨与收入分配体制改革启动（1978~1992年）

确立，收入分配方式也逐渐演化为"缴够国家的、留足集体的、剩下的都是自己的"。而在城市，由于担心丧失医疗、住房、养老和子女教育等福利，又没有面临农民那样的生存困境，故而，城市居民没有自发地改变收入分配方式的内在动力，只能由政府强制推行承包制。随着承包制给企业和个人带来的利益日益显现，地方政府与企业演变的主动性被激发出来，收入分配制度变革中的强制性制度变迁逐步转为诱导性制度变迁。然而，强制性制度变迁始终都处于主导低位。一方面，转变计划化的分配方式是我国收入分配制度变迁的必要前提，而这离不开政府在资源配置上的作用，必然要求实行自上而下地强制性制度变迁。另一方面，在制度变迁过程中，政府是分配制度最大的供给者，它的制度供给能力和意愿，是决定收入分配制度演变方向、深度和广度的主导因素。① 而且，收入分配机制演变过程中涉及各种利益关系的协调，收入分配差距的"适度"控制，这些都是以强制性制度变迁为主导的。

2. 改革的渐进性特征显著。

这一时期，我国收入分配制度的变迁，无论是在时间上还是在空间上都是一种"渐进式"的演变。

在时间上，这一时期"主与补"混合型收入分配制度的演变可以分为两个阶段。第一阶段：在分配结果上打破平均主义，坚持按劳分配阶段。1978年底至1986年，农村否定了实行多年的"工分制"，采取了"交足国家的、留够集体的、剩下全是自己的"的分配方式，体现了按劳分配的多劳多得原则。城市中企业内部分配逐渐拉开了工资差距，职工工资和奖金开始同企业经济效益挂钩；国家行政机关、事业单位将职工工资收入与岗位责任、劳动绩效相联系，实行以职务工资为主的结构工资制。第二

---

① 冯招容：《收入差距的制度分析》，载于《中共中央党校学报》2002年第3期。

阶段：在分配方式上突破单一的按劳分配方式，实行按劳分配为主体、其他分配方式为补充的阶段。1987~1992 年，随着社会主义经济体制改革的发展，出现了按承包、租赁经营成果分配与外资、私营、股份制企业按资、按劳动力价值分配等多种形式。分配原则由单一的按劳分配逐渐转变为按劳分配为主体、其他分配方式为补充，并允许通过合法手段获得的非劳动收入的存在，允许属于个人的资本等生产要素参与收益分配。

在空间上，"主与补"混合型收入分配制度的演变体现为由农村到城市、由沿海到内地、由非国有企业到国有企业的逐步过渡。① 在城乡之间，先是农村实行承包责任制，之后城市居民收入分配机制发生变革，城市收入分配机制的变革又以企业职工工资制度变革为先，事业单位、行政机关工资制度变革为后。在沿海城市与内地城市之间，沿海城市率先建立了企业员工持股、技术与管理知识入股、最低工资制等分配方式，打破了企业对劳动用工限制，拉开了企业职工的收入差距；而西部地区的收入分配机制演变则相对迟缓，影响因素主要是所有制结构、企业制度以及职工就业与社会稳定等方面。在国有企业和非国有企业之间，先是非国有企业放开搞活实行分配方式的多样性，而后国有企业内部实行按劳分配与按生产要素分配相结合。

（二）中国体制转轨与"主与补"混合型收入分配制度嬗变的内在逻辑

总体上看，这一时期我国收入分配制度的演变轨迹是从传统计划化的、单一的按劳分配制度逐渐向市场化的、按生产要素分配渐进性渗入、以按劳分配为主、其他多种分配形式为补充的"主与补"混合型分配制度演进，这种演变轨迹可以通过分配基

---

① 袁竹：《完善中国特色社会主义收入分配机制研究》，东北师范大学学位论文，2013 年，第 25 页。

第四章 中国体制转轨与收入分配体制改革启动（1978～1992年）

础、分配原则、分配机制和分配形式等四个方面来理解。

1. 分配基础的演变：要素产权从单一化到多元化。

根据马克思主义经济学的基本原理，是最基本的，作为生产关系中起决定作用的生产资料所有制的形式决定和影响产品分配的形式。这一时期，我国的所有制结构从过去公有制"一统天下"逐渐演变为多种所有制经济并存的格局，与此相应的是居民拥有的要素产权也从过去的单一化逐渐演变为多元化的格局。具体而言，计划经济时代劳动者直接占有的是自身的劳动力产权（虽然还更多的是名义上的劳动力产权，并不通过市场交易的形式实现其产权的收益），劳动者只能通过劳动力产权获取收入，公有制经济消除了任何私人凭借非劳动要素（如资本、土地）获得收入的可能性。随着体制改革的深入和非公有制经济的迅速发展，一部分居民逐渐积累了私人资本，并开始凭借资本要素获得收入，私人占有资本要素逐渐获得了合法的地位。另外，技术、信息、房产、企业家才能也逐渐进入市场进行交易，社会居民所拥有的要素产权日益多元化了。

2. 分配原则的演变：公理性原则的恢复和政策性原则的优化。

公理性分配原则是从社会关系的本质中产生出来的，如社会主义生产资料公有制本质关系中产生的人们之间公平分配、按劳分配等原则。由此可见，虽然在体制转轨的过渡期，我国逐渐引入了按要素分配原则，但是并没有改变我国的社会主义生产资料公有制本质，故而我国这一时期的公理性收入分配原则依旧为按劳分配原则，更多地表现为按劳分配原则的恢复与重新确立。此外，探索和确立新的公理性分配原则，是一个实践中总结的过程，通过试错摸索社会主义生产关系改革与演变规律、寻找与改革中所有制结构、劳动与劳资关系等社会经济关系新变化的本质中产生出来并逐渐上升到法律层面的过程。因而，新的公理性分配原则的探寻过程在实践中又表现出其与政策性分配原则的交织互动的关系。在计划经济年代，我们实行按劳分配原则，个人只能凭借劳动贡献获取收入，任何个人不能凭借资本、土地等非劳动要素获取收入。而在改革后的20世纪80年代这一时期，我国分配制度演变的一个很清晰的轨迹就是从单纯的按劳分配向坚持按劳分配为主、同时允许按生产要素贡献分配的方向演变，逐渐明确资本等非劳动要素参与收益分配的合法性。资本、土地等非劳动要素以及技术、管理等新型生产要素参与分配是一个渐进发展的过程。在80年代，乡镇企业通过"集资""入股"等形式，探索了股份合作制等企业财产组织形式，使资本这一重要的生产要素开始参与企业的收入分配。到90年代初期，国有企业的公司化改革允许资本、土地等非劳动要素参与分配。另外，在改革以来不断得到发展的私营经济和外资经济中，劳动、资本、土地、管理、技术等生产要素一开始就按照市场化原则，按照要素对企业产出所作的贡献来参与分配。

政策性分配原则是国家关于不同时期适应社会经济发展需要的具体分配决策和政策安排，其核心是效率与公平的权衡。具体来看，这一时期强调公平不重视效率，阻碍了劳动积极性的提高和生产力的发展。在收入分配体制转换期，效率开始逐渐地受到重视。这一时期由"唯平等论"依次向"克服平均主义倾向，以提高经济效益为中心"和"平等与效率并重"，打破平均主义的分配体制，实行按劳分配，兼顾公平与效率。具体来看，这一时期公平与效率原则的演变有如下两个阶段：第一阶段由1978年党的十一届三中全会到1984年党的十二届三中全会，这一阶段提倡"克服平均主义倾向，以提高经济效益为中心"；第二阶段由党的十二届三中全会《中共中央关于经济体制改革的决定》的发表至1992年党的十四大的召开，这一阶段的分配原则可概括为"效率第一、公平第二"。①

---

① 刘承礼:《改革开放以来我国收入分配制度改革的路径与成效——以公平与效率的双重标准为视角》，载于《北京行政学院学报》2009年第1期。

第四章　中国体制转轨与收入分配体制改革启动（1978~1992年）

3. 分配机制的演变：从政府单一分配机制到引入市场机制。

改革开放以前，我国实行的分配制度是一种与当时计划经济体制相适应的计划化的按劳分配制度，分配活动通过计划机制和行政强制来实施。而这种计划机制在改革开放后，更多地转化为政府在收入分配领域的宏观调控机制。这一时期，随着我国市场经济成分的不断增加，政府宏观调控机制配置资源的比重逐渐下降，市场机制配置资源的比重不断上升。随着各类要素市场的不断发育，劳动力、资本、土地、技术、管理等生产要素通过市场配置的比重不断提高。相应地，在居民收入的初次分配领域，市场机制逐步引入、发育和成长，并开始对社会收入分配发挥越来越大的调节作用。居民的收入分配虽然依旧由政府宏观调控机制所主导，但是市场机制的作用愈加显现，要素市场的供求状况和要素价格等因素逐渐对社会初次分配领域产生了重要的影响。

4. 分配形式的演变：从简单化到多样化。

在传统的按劳分配制度中，居民获取收入的形式比较简单，城市居民主要是工资形式，农村居民主要是工分和粮食等实物性分配形式。而在这一时期，我国居民获取的收入形式越来越多样化了。在农村，农民除农业生产中的实物性收入、销售农产品的货币性收入等形式以外，还有从乡镇企业和城市务工活动中获得的工资性收入，部分参与企业集资入股的农民还可以获得利息、分红等分配形式。在城市，居民除工资性收入外，利息、股息、红利、房租等资本和财产性收入形式逐渐出现。随着技术、信息和经理市场的发育，技术、信息、管理等生产要素所有者也获得了多样化的收入分配形式，如技术转让费、专利费、信息费、经营者年薪、风险收入等。总之，市场化改革使分配形式从过去比较单一的劳动收入、工资性收入形式，逐渐向多样化的收入分配形式演变。

（三）进一步深化中国收入分配制度改革的方向

在改革开放背景下，社会主义公有制经济基础上"主与补"

混合型收入分配制度取代传统单一的按劳分配制度的改革和推进时期，我国收入分配制度在提高城乡劳动者和企业积极性等方面取得了显著的成效，有力地促进了我国生产力水平的提升，更是带来了居民生活水平的提高，解决了温饱问题。具体来看，党的十一届三中全会以后，随着农村家庭联产承包责任制在全国的推行，农村居民的生活水平得到了显著的提高，人均纯收入从1978年到1991年增长了4.3倍，从133.6元增加到了708.6元，年均增速9.3%（扣除物价因素后）；人均生活消费支出从1978年的116.06元增加到1991年的619.79元。而1978年以后，特别是从1984年我国经济改革的重心从农村转移到城市，国家随之出台了一系列收入分配体制改革的措施，理顺了一些不合理的收入分配关系，价格补贴也由暗补改为明补，城镇居民收入水平较改革开放前和改革开放初有了明显的提高，消费水平也随之提高，人均可支配收入从1978年的343.4元增加到1991年的1 700.6元，增长了4.0倍，年均增速6.0%（扣除物价因素后）；人均生活消费支出从1978年的311.16元增长到1991年的1 453.81元。到1991年，城乡居民家庭恩格尔系数都已小于60%，农村和城市居民的恩格尔系数由1978年的67.7%和57.5%下降到1991年的57.6%和53.8%，城乡居民生活基本上摆脱了贫困，解决了温饱。① 但还存在诸多不利因素，这需要通过不断深化我国市场化改革及相关体制机制改革，实现改革开放以来坚持社会主义公有制经济基础上"主与补"混合型收入分配制度进一步向社会主义市场经济体制确立下"主与并"混合型收入分配制度的转换和发展。

第一，从分配基础来看，体制转轨期我国所有制结构虽然打破了计划经济时期的单一公有制经济，并依次经历了"国有经济

---

① 国家统计局：《系列报告之四：城乡居民生活从贫困向全面小康迈进》，http://www.stats.gov.cn/ztjc/ztfx/qzxzgcl60zn/200909/t20090910_68636.html。

第四章 中国体制转轨与收入分配体制改革启动（1978～1992年）

为主导和劳动者个体经济为补充"与"公有制经济为主体和个体经济、私营经济、外资企业等非公有制经济为补充"的所有制结构演变的两个阶段，但是围绕私有制经济的争论还存在，我国的基本经济制度也还没有形成。这就要求我们在下一阶段形成并完善我国社会主义初级阶段的基本经济制度及其实现形式。

第二，从分配机制来看，针对市场力量薄弱、政府行政干预力量依旧过大和第三次分配作用微弱的问题，首先，要健全市场机制，发挥市场机制在初次分配中的作用；其次，进一步推进我国的政治经济体制改革，加速收入分配机制中政府职能的归位，建立以公共服务职能为主导的政府，维护社会公平，进一步体现收入分配的公平原则；最后，健全社会机制，完善我国收入分配制度的体系，应从明确慈善主体、激励和推动更多社会力量参与慈善事业、完善慈善运作监督机制等方面着力，从而使更多的社会力量自发地进行收入分配调节，促进社会公平。

第三，从分配原则来看，这一时期收入差距依旧开始拉大，效率与公平的原则需要优化，主要是在强调效率的同时，要更加重视公平面；随着所有制实现形式的变化，按劳分配与按生产要素也应该有着积极的改变，在强化按劳分配原则的同时，应该更加重视按生产要素的分配原则。

第四，从分配形式来看，虽然已经由原本按劳分配的单一性收入形式，逐渐发展为利息、股息、红利、房租等资本和财产性收入等多样化收入分配形式，但是随着生产力的发展，必然会出现新的收入分配形式，如期货、期权，这就需要我们在实践中来进行调整和优化。

概言之，1978～1992年，我国收入分配制度的演变遵循着"生产力与生产关系、经济基础与上层建筑"决定与反作用的一般经济规律，并在深刻总结这一时期我国收入分配具体实践的基础上持续推进改革。1978年，党的十一届三中全会就明确提出："按劳分配、多劳多得是社会主义，绝不允许把它当作资本主义原则来反对"。1984年,党的十二届三中全会在《中共中央关于经济体制改革的决定》中对贯彻按劳分配原则作出了具体规定,强调了"多劳多得"的原则,以此来调动劳动的积极性。1987年,为充分调动劳动者积极性,"以按劳分配为主体、其他分配方式为补充"的收入分配制度被首次提出。1992年召开的党的十四大确立了"建立社会主义市场经济体制"的目标,为推进经济体制改革,分配制度上强调"以按劳分配为主体、其他分配方式为补充,兼顾效率与公平"。这一时期,虽然收入分配制度的改革更多地体现在公有制经济的外围,产生和混入了非按劳分配的分配形式,混合水平有待进一步提升,但是其对生产要素按贡献参与分配进行了有益的探索和实践,有利于促进了我国生产力水平的提升,为党的十四大后适应于社会主义市场经济体制确立的"主与并"混合型收入分配制度的进一步跃升提供了量的积累。

第五章

中国社会主义市场经济体制确立与收入分配体制改革创新（1992年至今）

改革开放后的十余年，为消除平均主义分配方式带来的逆向调节影响，国家以"部分人先富带动共富"为抓手的政策创新逐步调整收入分配制度，促进了社会主义生产力水平提升。与生产力的快速发展相比较，收入分配制度改革虽有所滞后，但仍不断推进，已由新中国成立之初过渡时期无所有制主体统领的、追求人人平等、实则"平均化"色彩突出的混合型收入分配制度，转向改革开放初期公有制经济占主体、劳动分配占绝对地位、新的生产要素分配渗入、成为有益补充的"主与补"混合型分配制度，一定程度上调整适应了当时的经济发展水平。伴随社会主义市场经济体制的确立、完善与深入发展，生产要素对经济发展的贡献愈来愈大，"主与补"混合型收入分配制度逐步转变为社会主义市场经济体制确立背景下，按劳分配为主、多种分配方式并存的"主与并"混合型收入分配制度。

自党中央确定建立社会主义市场经济体制目标至今，劳动分配与生产要素分配相互融合生长，社会主义市场经济体制下"主与并"混合型收入分配制度的完善进程划分为"初步确立、新突破和深度优化"三个阶段，每一历史阶段下"分配基础、分配原则、分配机制和分配形式"四个维度的变化都呈现出"主与并"混合型收入分配制度变迁的特征。

一、中国收入分配制度的理论进展和思想讨论：1992年至今

（一）社会主义市场经济体制初步确立时期的收入分配理论：1992~2002年

按照1992年邓小平南方谈话精神，党的十四大明确提出，我国经济体制改革目标是建立社会主义市场经济体制，以利于进一步解放和发展生产力。这种市场经济体制，就是要使市场在社会主义国家宏观调控下对资源配置起基础性作用。① 随后，党的十四届三中全会对社会主义市场经济体制做出了全面的战略部署，② 中国的经济改革至此进入市场经济改革的轨道，也由此将马克思收入分配理论中国化推进到"社会主义市场经济收入分配理论"研究的新阶段。这一阶段为社会主义市场经济收入分配理论形成发展的初步阶段。1997年9月召开的党的十五大首次提出了公有制为主体、多种所有制经济共同发展，是我国社会主义初级阶段的一项基本经济制度。③ 所有制改革的这一新论断，将推动收入分配理论围绕深化改革开放，建立社会主义市场经济体制，取得突破性进展。其研究的重点主要集中在三个方面：

---

① 江泽民：《加快改革开放和现代化建设步伐 夺取有中国特色社会主义事业的更大胜利——在中国共产党第十四次全国代表大会上的报告》，载于《求实》1992年第11期，第2~21页。
② 《中共中央关于建立社会主义市场经济体制若干问题的决定（中国共产党第十四届三中全会通过）》，人民出版社1993年版。
③ 江泽民：《高举邓小平理论伟大旗帜，把建设中国特色社会主义事业全面推向二十一世纪——在中国共产党第十五次全国代表大会上的报告》，引自《十五大报告辅导读本》，人民出版社1997年版，第25页。

第五章 中国社会主义市场经济体制确立与收入分配体制改革创新（1992年至今）

1. 探讨社会主义市场经济与按劳分配的关系，按劳分配和按要素分配相结合，劳动价值论与按劳分配的关系等问题。

（1）深入探讨社会主义市场经济与按劳分配的相容性问题。在前一阶段研究按劳分配与社会主义商品经济关系的基础上，继续深入到关于社会主义市场经济与按劳分配相容性的讨论。经济理论界在这方面发表了大量文章，如有学者认为，社会主义市场经济与按劳分配具有相互兼容性就在于，市场经济作为一种资源配置手段是能为社会主义经济制度服务的；而按劳分配作为社会主义经济制度的有机组成部分，它必然要选择适合自己的实现形式。因此，二者是互为条件、互相兼容的。[①] 还有论者从市场经济与按劳分配都"以生产力发展到一定阶段为客观基础……都与生产资料公有制相联系"[②] 等10个方面论述了两者的统一性。也有论者也不认同有人认为社会主义市场经济与按劳分配不能相结合的看法，原因有三："首先，从方法论上说，必须坚持生产决定分配的方法论""其次，从生产条件分配看，在社会主义市场经济中，按劳分配仍然是存在的""最后，从交换对个人消费品分配的制约、影响和某种程度的'决定'作用看，按劳分配也仍然存在。"[③] 还有人提出了"按劳分配与市场经济的矛盾分析"，认为马克思所设想的按劳分配，是在全社会统一实行的狭义按劳分配，即物质生产要素不参与产品分配的按劳分配。……一个社会如果不具备实行马克思所设想的按劳分配的条件，就不应该实行马克思所设想的按劳分配，倘若勉强实行，也不能真正实现马克思所设想的按劳分配。……如在计划经济体制下，从来没有贯彻过按劳分配，从来是平均主义"大锅饭式"的分配。

---

① 张作云等：《社会主义市场经济中收入分配体制研究》，商务印书馆2004年版，第38~39页。
② 赵满华：《社会主义市场经济与按劳分配相互统一》，载于《经济问题》1993年第6期。
③ 王克忠：《论社会主义市场经济与按劳分配》，载于《学术月刊》1997年第4期。

因而这种"产品型的按劳分配"必然同市场经济改革目标发生矛盾。① 但也有人提出了"按劳分配市场化"的看法，这一观点认为，在社会主义市场经济条件下，按劳分配虽然仍居主体地位，但其前提是必须对按劳分配实现模式作出适应市场经济的根本转换。而实现模式以市场为导向的改革条件跨出的第一步就是实现劳动计量的市场化。在这个基础上还要实行工资形成市场化和工资总量的企业自主分配制，这一环节对市场发育及企业改革的依赖程度更大。②

（2）对"按劳分配和按要素分配相结合"这一新论断的讨论。1997年党的十五大报告中明确提出了"把按劳分配和按要素分配结合起来"的新论断，③ 引起经济理论界的大讨论。具体有如下三个方面：

第一，关于按要素分配含义的讨论。大多数学者认为，生产要素是人们进行生产经营活动所必需的各种条件，主要包括劳动、土地、资本技术、信息等。按要素分配就是指社会根据各种生产要素在商品和劳务生产服务过程中的投入比例和贡献大小给予收益分配的一种方式。简单说，是要素所有者的所有权在经济上的实现。但在传统的经济理论中，把按生产要素分配理论与萨伊的三要素是创造价值的源泉联系起来，称为资产阶级庸俗经济学。但在讨论中，有人持不同观点：认为只有劳动才有权参加分配，对非劳动要素参与分配一概加以否定，这是脱离物质利益基本制约性的历史唯心主义观点。④ 并且也有人指出，按生产要素

---

① 赵晓雷：《中华人民共和国经济思想史纲》，首都经济贸易大学出版社2009年版，第191～192页。
② 赵晓雷：《中华人民共和国经济思想史纲》，首都经济贸易大学出版社2009年版，第192页。
③ 江泽民：《高举邓小平理论伟大旗帜，把建设中国特色社会主义事业全面推向二十一世纪——在中国共产党第十五次全国代表大会上的报告》，引自《十五大报告辅导读本》，人民出版社1997年版，第25页。
④ 于祖尧：《中国经济转型期个人收入分配研究》，经济科学出版社1997年版，第48～49页。

第五章 中国社会主义市场经济体制确立与收入分配体制改革创新（1992年至今）

分配并不违背按劳分配。劳动价值论指商品价值是由人的活劳动创造的，它涉及的是生产领域，而生产要素分配是指在生产过程中创造出的价值如何分配，它涉及的是分配领域，根本不涉及价值是如何创造的。萨伊的要素参与分配是要素创造价值，我们所说的是要素参与分配，并不涉及要素创造价值，而是指要素在形成财富中的作用。①

第二，涉及要素参与分配的依据以及如何参与分配的讨论。学术界主要有三种观点：一是按要素对使用价值的贡献分配；二是按要素对价值的贡献分配；三是按要素所有权的分配。并且分配要素参与分配的依据和如何参与分配，实质是对现有分配关系和分配机制的理论解释，还需要认清三个问题：一是要素参与分配与商品的使用价值和价值创造的关系；二是要素参与分配与社会所有制的关系；三是要素参与分配与市场经济的关系。②

第三，关于按劳分配和按要素分配二者结合的理论根据以及如何结合的探讨。学术界对此有两种不同观点：一是按劳分配和按要素分配能够结合。这种观点认为，在社会主义市场经济条件下，从不同的所有制经济实行不同的分配方式这一层面去理解，公有制实行按劳分配，非公有制实行按要素分配。从整个社会看，按劳分配和按要素分配作为同时起作用的两种分配方式并存结合。③ 正如有的专家将社会主义初级阶段的按要素分配与按劳分配的密切关系概括为，并存与结合、主体与补充的关系。即在社会主义初级阶段，允许存在两种不同的分配方式并且结合起来运用，在两者关系上，必须坚持以按劳分配为主体，按生产要素

---

① 黄泰岩：《论按生产要素分配》，载于《中国经济问题》1998年第6期。
② 高培勇：《收入分配：经济学界如是说》，经济科学出版社2002年版，第77~80页。
③ 高培勇：《收入分配：经济学界如是说》，经济科学出版社2002年版，第81页。

分配为补充。① 二是按劳分配和按要素分配不能结合。这种观点的一个论据是，市场经济的一切分配方式都可以概括为按要素分配，劳动者也不例外，市场经济实际上否定了按劳分配。这种观点的另一依据是，按劳分配是社会主义条件下消费品的分配原则，而按要素分配是国民收入的大分配，二者不是一个层次的问题，不存在结合。② 更有人提出，按生产要素分配并不是按劳分配，因为按劳分配建立在劳动价值论基础上，而按生产要素分配的基础是资产阶级庸俗价值论，并且两者分配的尺度和结果均不相同。③

（3）关于劳动价值论与按劳分配关系的争论。学术界关于劳动价值论与按劳分配关系的争论，实际上涉及基础理论上价值的创造与价值分配关系的理解，主要存在三种观点：无关论、关联论和基础论④。

第一，无关论。这种观点认为，马克思的劳动价值论与收入分配理论没有必然联系，劳动价值论仅仅回答了分配的对象和分配的数量，但没有回答如何分配的问题，这不是价值理论的任务，而是分配理论的任务。进而认为，马克思提出社会主义实行按劳分配与劳动价值论无关，劳动价值论不能作为我国现阶段分配制度的理论依据，分配关系只决定于生产资料所有制。他们认为，这样才既能坚持马克思劳动价值论的活劳动创造价值的一元观，又能保证按劳分配理论的科学性。因此，需要区分价值创造和价值分配。

第二，关联论。这种观点认为，不能孤立地看待价值的创造

---

① 赵晓雷：《中华人民共和国经济思想史纲》，首都经济贸易大学出版社2009年版，第191页。

② 高培勇：《收入分配：经济学界如是说》，经济科学出版社2002年版，第81页。

③ 李楠：《关于社会主义市场经济与按劳分配的关系》，载于《江汉论坛》1995年第5期。

④ 江宗超：《按劳分配与劳动价值论的关系综述》，载于《法制与社会》2008年第11期。

第五章　中国社会主义市场经济体制确立与收入分配体制改革创新（1992年至今）

与价值分配的关系，二者之间存在一系列环节的转化，主要包括价值创造、价值形成、价值实现和价值分配，它们之间是紧密相关联的。价值创造决定价值形成，价值形成决定价值实现，价值实现影响价值分配，价值分配只能是实现的价值在社会成员之间的分配，即没有价值创造就没有价值形成，也就没有价值分配，它们之间是不可或缺的。

第三，基础论。这种观点认为，分配理论实质上是价值创造理论的延伸或者说是价值创造理论在分配领域的具体运用，分配的对象是劳动创造的价值，价值生产是价值分配的基础。也就是说，揭示商品价值或社会生产成果如何在社会成员之间分解为各种收入的逻辑起点应该是研究取得各种收入的各个社会成员是否参与了价值创造过程。如果劳动价值论只能说明价值创造，而不能彻底贯彻到分配领域，它就不能成为科学的价值论。进而认为，马克思的按劳分配理论是在对劳动价值论的研究过程中不断完善的，按劳分配理论的逻辑起点就是劳动价值论。按照马克思劳动价值论的要求，劳动是价值创造的唯一源泉，所以劳动者应占有劳动创造的全部价值（在做了必要的社会扣除以后），但在资本主义社会资本家和土地所有者凭借要素所有权攫取了劳动创造的一部分新价值，具有剥削性质。因此，在未来社会主义社会中要解决资本主义雇佣劳动制度带来的分配上的不平等性，就只有在未来社会建立了单一的生产资料公有制以后，才能把劳动时间作为计量个人在共同产品的个人消费部分所占份额的尺度，即实行按劳分配，从而消除剥削。[①]

2. 深入探讨效率与公平的关系，确立"效率优先、兼顾公平"的分配原则。

经济学界对收入分配伦理价值判断上的效率与公平的关系，

[①] 朱炳元等：《马克思劳动价值论及其现代形态》，中央编译出版社2007年版，第155、171、173~174页。

进行了长期的探讨和争论,形成了三种主要观点。

第一种是"效率优先"观。持这种观点的经济学家,反对把收入公平作为社会福利最大化的一个必要条件,反对通过政府干预来纠正市场机制自发调节所形成的收入不平等,因为再分配会或多或少牺牲效率。他们还认为,效率与自由是不可分割的,这种自由是市场机制正常运行从而实现配置的前提条件,如果追求公平破坏了自由,必将牺牲效率,是不可取的;即使追求公平也应该是有助于效率提高的机会公平,不是损伤效率的结果公平。

第二种是"公平优先"观。持这种观点的经济学家、政治哲学家认为,公平(平等)本来就是人的天赋权利,况且市场竞争中有失败者,甚至还有先天缺陷者,要保护这些人的基本"生存权",公平就该放在优先地位。并且收入分配不公平会导致权利和机会的不公平,进而损害人的积极性和工作热情以至降低效率,还会侵犯人的尊严,使"人人生而平等"成为一句空话。

第三种是"效率与公平兼顾"观。持这种观点的经济学家既不赞成效率优先,也不同意公平优先,而是主张二者兼顾,试图找到一条既能保持市场机制的优点,又能消除收入差距扩大的途径,使效率提高的同时,又不过分损害公平。[①] 因此,有观点认为效率与公平是相辅相成的,也有观点认为两者呈此消彼长或互相替代的关系。

1978年以后,中国经济学界在对上述关于效率与公平关系研究成果的基础上,结合中国特色社会主义的实践,提出了处理效率与公平关系的新理念,这集中体现在1993年党的十四届三中全会通过的《中共中央关于建立社会主义市场经济体制若干问

[①] 徐茂魁:《马克思主义政治经济学研究述评》,中国人民大学出版社2003年版,第368~374页。

第五章　中国社会主义市场经济体制确立与收入分配体制改革创新（1992年至今）

题的决定》中首次提出的"效率优先、兼顾公平的原则",① 而后党的十五大又再次强调了这一原则。经济理论界对此开展了热烈的讨论。有的提出，所谓效率优先，是指要通过建立健全生产要素市场来提高资源配置效率，由市场决定要素价格从而决定分配；所谓兼顾公平，就是在初次分配后，政府通过税收、社会保障制度和转移支付来进行再分配，以解决社会公平问题。② 有人认为，在社会主义市场经济条件下，效率和公平应该是相互促进的。③ 也有观点认为，现阶段坚持"效率优先、兼顾公平的原则"是由公平与效率内在决定的；是由社会主义的本质和根本任务决定的；是一条很重要的历史经验总结；也是社会主义初级阶段基本经济制度的必然要求和社会主义市场经济的客观要求。④ 有人还提道："在起飞前这个至关重要的阶段，对平等与效率的选择，应以效率为主导。"⑤ 也有观点认为，"效率优先、兼顾公平"的关键在于兼顾公平，因为市场经济先天具有效率优先的内在机制，而不具有兼顾公平的内在机制，并且如果没有公平的兼顾，不能妥善处理社会分配不公、收入差距扩大的问题，可能导致各种社会矛盾的激化。⑥ 还有人提到，之所以在主张"效率优先"的同时要求"兼顾公平"，是因为效率与公平往往不容易同时兼顾，社会的任务就是在这两者之间进行权衡，或者以牺牲效率为代价而获得更多的公平，或者以放弃一定的公平为前提而谋

---

① 《中共中央关于建立社会主义市场经济体制若干问题的决定（中国共产党第十四届三中全会通过）》，人民出版社1993年版，第19页。
② 徐茂魁等：《"马克思主义政治经济学原理"疑难解析》，中国人民大学出版社2002年版，第331页。
③ 于祖尧：《中国经济转型时期个人收入分配研究》，经济科学出版社1997年版，转引自杨辉：《马克思主义个人收入分配理论中国化研究》，世界图书出版公司2011年版，第78页。
④ 青连斌：《分配制度改革与共同富裕》，江苏人民出版社2004年版，第139～141页。
⑤ 王珏等：《分配制度十人谈》，广西人民出版社1998年版，第160页。
⑥ 胡长清：《共同富裕论——中国公平分配模式》，湖南人民出版社1998年版，第46页。

得更高的效率，这是一种两难的抉择。①

3. 居民收入差距的不断扩大，引起是否两极分化的争论。

这一时期，随着市场经济体制改革的推进，居民收入形式由过去单一转变为多元，经济高速增长与收入分配的内生作用，城乡二元结构固化，以及体制转型中存在制度漏洞滋生寻租腐败等多种因素的影响，中国居民收入差距开始逐渐拉大，据学者测算，我国居民个人可支配收入的基尼系数由1979年的0.33上升到1995年的0.445和2000年的0.458，21年间上升了45%，即12.8个百分点，已经越过国际公认的0.4的警戒线。② 针对居民收入差距的不断扩大，成为经济学界研究的一个热点，围绕城乡收入差距、地区收入差距、行业收入差距、阶层收入差距的状况、特征、形成机制和治理对策等方面展开研究，并且西方经济学中实证研究方法的分析工具也借入研究之中。经济学界关于个人收入分配理论与实践的研究也逐渐由过去就"分配论分配，只局限于特征性质和分配形式工资、奖金"的讨论开始转向规模性个人收入分配的实证分析，即个人收入分配与经济增长、要素配置、生产效率、技术进步、人力资源开发、物价水平、权力寻租、社会分层、社会稳定等之间的关系进行探究，形成了一大批研究成果。对此择其要加以介绍。

（1）1994年有学者提出了"公有制经济收入差异倒'U'型曲线假说"及其"阶梯变异论"。③ 该假说认为，随着经济发展，劳动差别、生计剩余、资本积累等解释变量会发生相应改变，从而改变收入差别，但总的趋势是一条倒"U"型曲线。④ 但由于按劳分配方式的领域逐步缩减，按生产要素分配的领域逐

---

① 赵晓雷：《中华人民共和国经济思想史纲》，首都经济贸易大学出版社2009年版，第204页。
② 高培勇：《收入分配：经济学界如是说》，经济科学出版社2002年版，第1页。
③ 陈宗胜：《倒U曲线的"阶梯形"变异》，载于《经济研究》1994年第5期。
④ 陈宗胜：《经济发展中的收入分配》，载于《南开学报》（哲学社会科学版）2016年第8期。

第五章 中国社会主义市场经济体制确立与收入分配体制改革创新（1992年至今）

步扩大，该模型的解释力也在减弱。

（2）吴敬琏较早注意到了中国经济中的消极腐败现象，并主张用现代经济学中的"寻租理论"加以解释，他在20世纪80年代末就提出了"官倒"活动中的寻租腐败和分配不公问题。他在90年代又明确指出，中国经济活动中的腐败现象，如果说80年代寻租活动的主要领域是通过商品差价寻租，那么90年代就由商品寻租发展到了后果更为严重的要素寻租。[①] 1996年还有学者分析了非法收入对基尼系数的贡献问题，并且指出，在全国范围内各种非法收入已经使收入分配基尼系数上升了31%，这些不断扩大的非法收入主要由私营经济的非法收入所解释（在农村和城市分别占83%和91%），其余小部分则由经济犯罪官员的非法收入和集团消费向个人消费的转化所解释，非法收入的基本部分是通过"钱权交易"方式的。[②] 中国发展研究基金会的一个课题组认为，最近3~4年全国收入分配差距可能略有上升，处于一个相对稳定状态。但是，"灰色收入"问题还在相当程度上存在，腐败带来的部分人群的巨额"黑色收入"更不容忽视，这些因素都给总体收入差距的变化带来新的不确定性。[③] 这些研究成果也引发了是否产生两极分化的争论。"两极分化论"认为两极分化正开始在我国出现，因为高收入人群与低收入人群的差别在扩张；而"两极未分化论"却认为，我国即使各种财产及非法收入的影响都计算在内也没有达到基尼系数0.5的水平，因此不算两极分化。[④] 这也表明了学界对于收入差距扩大的关注与

[①] 钟祥财：《中国收入分配思想史》，上海社会科学院出版社2005年版，第290~292页。

[②] 钟祥财：《中国收入分配思想史》，上海社会科学院出版社2005年版，第284页。

[③] 中国发展研究基金会课题组：《转折期的中国收入分配：中国收入分配相关政策的影响评估》，中国发展出版社2012年版，第3页。

[④] 林幼平、张澍：《20世纪90年代以来中国收入分配问题研究综述》，载于《经济评论》2001年第4期。

担忧。

（3）李实、赵人伟等对收入分配做了实证分析。他们作为中国社会科学院经济研究所"收入分配课题组"的主要负责人，率领其团队在中国居民收入分配的实证研究方面做了大量深入和富有开创性的工作，成果显著。① 李实、赵人伟等在课题组1988年和1995年的两次住户抽样调查数据基础上，对中国居民收入分配的现状及其原因进行了深入分析，发现我国农村内部和城镇内部收入差距在不断扩大，但城镇要低于农村；城乡差距高居世界第一，全国收入差距呈持续扩大的趋势。②

（4）也有论者将收入分配置于经济体制改革这一背景中进行分析，并认为，中国改革进程中的改革步骤序列安排、区域对外开放的时间先后、市场发育的非均衡等因素，很大程度上决定了这一时期的收入分配变动，并对资源配置、生产效率技术进步产生了积极的促进作用。而生产要素的市场化和再分配功能的弱化和扭曲拉大了收入分配差距。③

（5）"中国改革与发展报告"专家组从功能性分配角度对中国收入问题进行了探讨，较为清晰地分析了中国转型期收入分配的独特内涵，区分了两种相互纠缠在一起的现象，即收入分配同资产（财富）的分配以及经济体制改革过程中收入正常性拉大与非正常性拉大的两种现象。④ 可以说，这项研究是较早地介入对中国转型期财产性收入及其差距的考察。

综上所述，这一时期，中国改革目标模式确定为社会主义市场经济体制，中国特色社会主义收入分配理论创新也将围绕这个

---

① 周振华等：《收入分配与权利、权力》，上海社会科学院出版社2005年版，第29~30页。
② 李实：《中国个人收入分配研究回顾与展望》，载于《经济学》2003年第2期。
③ 周振华：《我国收入分配变动的内涵、结构及趋势分析》，载于《改革》2002年第3期。
④ 周振华等：《收入分配与权利、权力》，上海社会科学院出版社2005年版，第28~29页。

第五章　中国社会主义市场经济体制确立与收入分配体制改革创新（1992年至今）

目标模式而进行。在分配方式的理论探讨上，认为必须有除按劳分配为主体以外的其他分配方式的存在，这不仅打破了按劳分配在分配领域中的唯一性，而且承认了资本等生产要素参与收益分配的合法性①。要素参与分配的方式，开始进入理论研究的视野，不仅对马克思劳动价值论在当代的发展提出了新要求，而且推动市场经济条件下分配方式的研究向纵深发展。也就是说，将按劳分配与按生产要素结合起来，赋予了按劳分配以主体地位和新的内容，是对产品型按劳分配实现模式的突破。但是，对于按劳分配与按要素分配的讨论还没有停歇，甚至转向按劳分配与按要素贡献分配关系的讨论。关于效率与公平的探讨，虽然提出了"效率优先、兼顾公平"的论断，但效率与公平之间择优抉择的说法并没有定论，在一次分配和二次分配过程中的效率与公平的权衡问题，还留下了继续研究的空间。中国居民收入差距的问题，开始进入经济学界关注的视域，这个方面的研究还要持续升温。对于收入差距的测度方法和各种收入差距的逐渐拉大的内在机制及调整的办法；对于政策与制度对收入差距产生的作用等，还需要继续进行探索。并且西方研究范式开始逐渐被引进，实证分析工具对各种收入差距的研究将得到广泛运用，中西经济理论和分析范式的结合问题，都是在下一阶段亟待解决的争端。但可以说，从这一阶段开始，逐步形成了社会主义市场经济的收入分配理论。

（二）社会主义市场经济体制改革深化时期的收入分配理论：2002～2012年

进入21世纪以来，从党的十六大到十八大，在邓小平理论、"三个代表"重要思想和科学发展观的引领下，贯彻落实"五大

---

① 李楠：《马克思按劳分配理论及其在当代中国的发展》，高等教育出版社2003年版，第169页。

文明建设"战略布局，改革进入全面深化的攻坚克难期，深化国有企业改革、深化农业生产经营体制和土地制度改革、深化政府体制改革、深化收入分配体制改革、深化投融资体制改革、深化社会体制改革等逐一展开；同时，建设社会主义新农村，推进城乡一体化战略，走新型工业化、新型城市化之路，加强民生建设，促进社会主义和谐社会发展，实现全面建成小康社会的宏伟目标也在按步骤进行。这一切表明社会主义市场经济体制进入到不断完善的阶段，与此相应社会主义市场经济收入分配理论研究也进入到纵深发展和不断完善的阶段。

随着社会主义市场经济体制的建立和发展，关于市场经济和所有制的论断不断突破，从市场对资源配置起基础性作用到起决定作用；非公经济从"允许存在""有益补充""重要组成部分"定位到公私"混合所有制经济"为基本经济制度的重要实现形式，等等这些，都为社会主义市场经济收入分配理论的创新发展提供了极大的研究空间。

1. 深入探讨按劳分配为主体、多种分配方式并存的分配制度相关问题。

2002年11月党的十六大报告中指出：要"确立劳动、资本、技术和管理等生产要素按贡献参与分配的原则，完善按劳分配为主体、多种分配方式并存的分配制度。"[①] 这是一个很大胆、很有突破性的提法。还在1988年，就有学者在《按贡献分配是社会主义初级阶段的分配原则》中提出：现阶段多种分配方式的实质是按贡献分配，即按劳动、资本、土地、技术、管理等各种生产要素在社会财富（价值）的创造中所做的贡献分配。[②] 这是

---

① 江泽民：《全面建设小康社会，开创中国特色社会主义事业新局面——在中国共产党第十六次全国代表大会上的报告》，引自《十六大报告辅导读本》，人民出版社2002年版，第25页。
② 谷书堂、蔡继明：《按贡献分配是社会主义初级阶段的分配原则》，载于《经济学家》1989年第2期。

第五章　中国社会主义市场经济体制确立与收入分配体制改革创新（1992年至今）

在中国经济学界较早提出按贡献分配思想的文献，是对社会主义初级阶段收入分配关系进行理论概括的最初尝试。[①] 但在当时这个观点却被认为是有违马克思主义经济学的，并且认为按生产要素分配所体现的是资本主义分配关系。尽管在党的十六大报告中承认了这一理论解释，但经济学术界的争论未停，尚未达成共识。

（1）关于生产要素"贡献"是创造价值的贡献还是生产财富（即使用价值）贡献的探讨。代表性观点有三种：第一种观点认为，"价值和财富是由劳动和其他生产要素共同创造的，原来那种认为价值是由劳动创造，其他生产要素不创造价值，只参与创造财富的观点应予突破。"[②] 第二种观点认为，"生产要素按贡献参与分配，是指生产要素在生产财富即使用价值中的贡献分配，而不是指他们在创造价值中的贡献。""劳动是价值的唯一源泉，""创造新价值的只是劳动"，如果认为"劳动、知识、技术、管理和资本都创造价值，就把创造财富与创造价值、把财富源泉与价值源泉混淆起来了。"[③] 第三种观点则认为，应该把以上两种观点综合："生产要素按贡献参与分配，承认的是各种生产要素在价值形成和财富创造中的贡献，对非劳动的其他生产要素而言，这种贡献只是为价值形成和财富创造提供了条件，而并非说它们本身也创造了价值，这与活劳动创造价值（包括剩余价值）不但并行不悖，而是更好地承认并保证了劳动创造价值的实现。"[④] 因此，"对于各种生产要素做出的贡献，应该在财富包

[①] 郭熙保、张平：《对我国经济体制改革论争的回顾与思考》，载于《江海学刊》2009年第4期。

[②] 劳动和社会保障部劳动工资研究所课题组：《深化劳动价值论和分配理论的认识》，载于《经济日报》2002年3月18日。

[③] 卫兴华：《按贡献参与分配的贡献是指什么》，载于《人民日报》2003年2月18日。

[④] 逄锦聚等：《马克思劳动价值论的继承与发展》，经济科学出版社2005年版，第333~334页。

括价值和使用价值的分配中得到承认。"①

(2) 关于生产要素按贡献参与分配的理论依据应如何理解。有观点认为,按生产要素与按贡献分配的依据是生产要素的所有权或产权关系,这是生产要素所有权在经济上的实现,也是合理利用生产要素、有效配置资源的需要。② 还有观点则认为,马克思劳动价值论讲过,商品具有价值和使用价值两个属性,物质财富是由使用价值构成的。因此,劳动不是一切财富的唯一源泉,其他生产要素与劳动一样也是财富的源泉之一。依据这个原理,财富的分配不仅要在劳动力的所有者中进行分配,而且要在其他生产要素所有者中按投入生产要素的多少来分配。③

(3) 关于按要素贡献分配与按劳分配关系的讨论。有观点认为,现实社会分配与传统的按劳分配是不同的,从整个社会经济来说,社会主义公有制同样是按要素贡献分配,按劳分配是从属于按要素贡献分配的。也有观点认为,通常所说的按劳分配,指按劳动贡献分配,而与按劳分配并存的其他分配形式,如利息(包括股息、红利)、地租和企业家收入等,实质上也都是按贡献分配的形式,并且按贡献分配谈的是使用价值的创造和由此决定的分配形式,而不涉及价值的创造,不能把它等同于萨伊的"三位一体公式"。还有观点认为,按劳分配为主体、多种分配方式并存的实质是按贡献分配;持相反观点的则认为,按劳分配是社会主义分配原则,要以社会主义公有制的存在为前提,而按生产要素(包括劳动要素)贡献分配,在资本主义社会就普遍实行,也存在于我国外资企业和私营企业中,两种分配方式所体现的生产关系和分配关系是不同的,按劳分配是由社会主义生产

---

① 逄锦聚:《论劳动价值论与生产要素按贡献参与分配》,载于《南开学报》(哲学社会科学版) 2004 年第 5 期。
② 赵晓雷:《中华人民共和国经济思想史纲》,首都经济贸易大学出版社 2009 年版,第 204 页。
③ 黄燕芬等:《分配的革命:部分劳权向股权的转换》,中国水利水电出版社 2004 年版,第 33 页。

第五章　中国社会主义市场经济体制确立与收入分配体制改革创新（1992年至今）

方式决定的社会主义分配方式，而按生产要素贡献分配适用于特定的私有制经济相联系的分配方式。①

2. 继续深入探讨效率与公平的关系，提出"初次分配与再分配都要兼顾效率与公平，再分配更加注重公平"。

在收入分配领域中，如何处理好效率与公平的关系持续受到关注。"效率优先、兼顾公平"的提法有所改变。2002年党的十六大报告中提出了"初次分配注重效率，再分配注重公平"的新提法，② 这个提法到2007年党的十七大报告中又发展为"初次分配和再次分配都要处理好效率和公平的关系，再分配更加注重公平"③。党的十八大继续坚持了这一提法。经济学术界围绕初次分配与再次分配的效率与公平关系展开了讨论。对党的十六大关于"初次分配注重效率，再分配注重公平"的提法，有观点认为，效率是市场和企业的直接目标，公平是政府的首要目标；因此，初次分配必须注重效率，发挥市场的作用，鼓励一部分人通过诚实劳动和合法经营先富起来；再分配必须注重公平，加强政府对收入分配的调节职能，调节差距过大的收入。④ 还有观点从实际操作层面提出，要运用财政再分配手段，改善和提高低收入群体的收入，这才是"初次分配讲效率，再次分配讲公平"。⑤ 而有学者进一步提出，党的十七大报告中关于效率与公平的新提法，是对"效率优先、兼顾公平"提法的重要调整。有观点认为，公平与效率之间不是互相排斥、非此即彼的关系，

---

① 赵晓雷：《中华人民共和国经济思想史纲》，首都经济贸易大学出版社2009年版，第185~186、204~205页。

② 江泽民：《全面建设小康社会，开创中国特色社会主义事业新局面——在中国共产党第十六次全国代表大会上的报告》，引自《十六大报告辅导读本》，人民出版社2002年版，第25页。

③ 胡锦涛：《高举中国特色社会主义伟大旗帜，为夺取全面建设小康社会新胜利而奋斗——在中国共产党第十七次全国代表大会上的报告》，引自《十七大报告辅导读本》，人民出版社2007年版，第37页。

④ 青连斌：《分配制度改革与共同富裕》，江苏人民出版社2004年版，第142页。

⑤ 袁恩桢：《收入差距与社会和谐》，载于《上海交通大学学报》（哲学社会科学版）2005年第13期。

也不应有先后顺序的排列,在和谐社会的构建过程中,应逐步由"效率优先、兼顾公平"向"效率与公平并重"转变。① 有观点也指出,初次分配注重效率,不是不要公平,在初次分配中也有一个公平问题。即初次分配中必须完善市场机制,创造公平竞争环境,实现机会均等,保证生产要素按贡献大小得到公平合理的回报和补偿。② 更有一些论者对"效率优先、兼顾公平"作了"重新反思",指出"效率优先、兼顾公平"多年来一直是政策建议的价值判断基础,但这是一种"有重大缺陷甚至错误的观点",其错误的根源就在于它对"公平"的狭隘的、不恰当的理解,进而赋予了效率以一种完全优于任何其他社会经济目标的地位。有些观点在讨论效率与公平的关系时认为,公平是最广大人民群众的效率,在公平与效率的辩证关系中,公平是矛盾的主要方面,公平促进效率。于是,有的论者宣称要"公平优先、兼顾效率"③。

当然,不同意上述观点的论者也提出了自己的看法。有学者对"效率优先、兼顾公平"仍持肯定意见,指出"效率优先、兼顾公平"是20世纪80年代针对当时占统治地位的平均主义提出的,这有个前提,即人们的机会是平等的情况下,效率与公平之间才会呈现某种负相关的关系。目前中国居民收入不平等的主因恐怕是机会不平等而非效率。也有观点认为,注重效率而忽视公平,似乎是现在不少人对新体制的一种流行性批评,但这种批评是没有实践根据的,其根本错误是将效率与公平绝对地对立起来。也有论者不赞成"效率优先"原则已经过时,应转为"公平优先"或"效率与公平并重"的意见,认为在目前经济全球

---

① 赵晓雷:《中华人民共和国经济思想史纲》,首都经济贸易大学出版社2009年版,第205~206页。
② 青连斌:《分配制度改革与共同富裕》,江苏人民出版社2004年版,第143页。
③ 赵晓雷:《中华人民共和国经济思想史纲》,首都经济贸易大学出版社2009年版,第205页。

第五章 中国社会主义市场经济体制确立与收入分配体制改革创新（1992年至今）

化趋势下，各国都在强调效率优先，以确立自己的竞争优势，如果我们放弃效率优先，就可能在国际竞争中处于劣势。还有论者总结，改革开放30年来，特别从党的十三大到党的十七大这20年间，实现了由"唯平等论"依次向"效率与公平并重"和"效率优先、兼顾公平"的转变，由此才促进了我国社会生产力和国民经济持续、稳定、高速增长，人民生活水平才有了普遍的大幅度提高，社会才更加和谐。而在收入分配领域之所以还存在许多不公平现象，并不是因为主张"效率优先、兼顾公平"和按生产要素贡献分配原则造成的。①

总的来看，这一时期关于收入分配理论的焦点衔接上一阶段提出的：从什么是社会主义市场经济、如何与按劳分配相容、什么是按生产要素分配以及与按劳分配的关系、"效率"与"公平"关系如何权衡处理等问题，随着改革的深化和收入差距的扩大逐渐转移到如何更好地将按劳分配同按生产要素贡献分配结合起来，如何更好地兼顾"效率"与"公平"，以此建设"以人为本"的和谐社会，更好地让全民共享发展。不仅如此，随着西方经济学分析范式的不断借鉴融合，国内对收入分配及收入差距扩大的研究从其产生的原因、造成的影响及分析工具相比以往的研究在广度、深度和实用性上有了一些突破和创新。

（三）社会主义市场经济体制发展完善时期的收入分配理论：2012年至今

2012年，党的十八大肯定"再分配更加注重公平"② 的提法出台，是因为随着改革开放的深入发展，在人们收入水平不断提

---

① 赵晓雷：《中华人民共和国经济思想史纲》，首都经济贸易大学出版社2009年版，第205、206页。

② 胡锦涛：《坚定不移沿着中国特色社会主义道路前进，为全面建成小康社会而奋斗——在中国共产党第十八次全国代表大会上的报告》，引自《十八大报告学习辅导百问》，党建读物出版社、学习出版社2012年版，第32页。

高的同时，居民收入差距的扩大逐渐成为影响经济持续增长、社会和谐稳定的一个重大因素，如何有效防止"两极分化"引起党和政府的高度关注。这表明了政府在对两个收入分配环节中出现收入分配差距拉大的重视和着力缩小收入差距扩大、实现共享成果的目标。随着收入差距问题研究的深入，中国共产党第十八届五中全会提出"共享发展的理念"[1]标志着"先富论"向"共富论"再到"共享论"的转变，治理收入差距的制度安排、政策措施以及路径选择等方面的研讨也越来越受到研究者的重视。

经济学界对于如何进一步缩小收入差距，形成良好的收入分配格局的讨论也十分广泛。有观点认为，从收入分配阶层的分布角度进行研究后，认为我国收入分配格局距离"橄榄形"较远，但对目前仍为"金字塔形"还是已经演变为新的类型有不一致的看法[2]，如我国以户籍制度为特征的二元结构会导致下一步的分配格局呈现"葫芦形"，应该要努力缩小区域间、城乡间、行业间过大的收入差距，调节高收入阶层的增速，取缔非法收入。[3] 有学者指出，必须通过政治体制改革建立一套完善的初次分配与再分配的政策体系来解决收入差距问题。[4] 还有论者提出，个人所拥有的要素不同产生了收入差距，因此要解决收入差距扩大的问题应该要通过缩小不同人群所拥有的参与分配要素的差别，尤其是财产和知识的差别。[5] 也有论者发现收入差距大主

---

[1] 《中共中央关于制定国民经济和社会发展第十三个五年规划的建议（中国共产党第十八届五中全会通过）》，人民出版社 2015 年版，第 5 页。

[2] 史乐陶：《落实十九大精神探讨中国居民收入分配现状与问题——中国收入分配 50 人论坛（南开 2017）研讨会综述》，载于《南开经济研究》2018 年第 2 期。

[3] 陈宗胜、高玉伟：《论我国居民收入分配格局变动及橄榄形格局的实现条件》，载于《经济学家》2015 年第 1 期，第 30~41 页。

[4] 李实：《中国收入分配格局的变化与改革》，载于《北京工商大学学报》（社会科学版）2015 年第 4 期。

[5] 洪银兴：《非劳动生产要素参与收入分配的理论辨析》，载于《经济学家》2015 年第 4 期。

第五章 中国社会主义市场经济体制确立与收入分配体制改革创新（1992 年至今）

要表现为城乡收入分配差距过大，应该平等分配城乡间生产要素尤其是公共生产要素来缩小城乡收入差距。①

在缩小收入差距对策方面许多学者也给出了不同的解决路径。例如，部分学者针对初次分配与再分配提出治理收入差距，即初次分配环节形成的过大收入差距，可以通过再分配环节进行调整。② 此外，亟须提高税收调节力度，增加对贫困人口的转移支付力度，完善社会保障制度，落实公共服务均等化，加大扶贫力度，从而推进完善公平的收入分配制度。③ 还有学者认为，为了保障实现共享发展，必须深化收入分配制度改革，做好：一是在基于效率由市场决定的初次分配中，坚持按劳分配和多种分配方式并存，完善市场评价要素贡献并按贡献分配的机制，提高劳动报酬所占的比重，切实保障机会均等，实现全民共建；二是在基于公平由政府主导的再分配中，通过财政税收、转移支付、社会保障等途径，加强政府的调节和纠偏力度，缩小收入差距；三是在基于道德信念以自愿为基础的第三次分配中，加强和完善公益慈善事业管理，充分发挥其弥补共享发展缺失的重要辅助作用。④ 更有学者针对现阶段我国着力推进的精准扶贫问题研究后发现，精准扶贫政策不仅能有效缩小本省的城乡收入差距，还能对邻省产生显著的空间效应，因而制定扶贫益贫相关政策有助于缩小城乡收入差距。⑤

在此基础上，这一时期思想讨论与理论研究在收入分配领域展现的一个新特点，是围绕共享发展与城乡收入差距和收入分配

---

① 崔朝栋、崔翀：《马克思分配理论与当代中国收入分配制度改革》，载于《经济经纬》2015 年第 2 期。
② 蔡昉、王美艳：《中国面对的收入差距现实与中等收入陷阱风险》，载于《中国人民大学学报》2014 年第 3 期。
③ 李实：《中国收入分配制度改革四十年》，载于 China Economist 2018 年第 4 期。
④ 云付平：《收入分配视阈下的共享发展思考》，载于《中央社会主义学院学报》2017 年第 1 期。
⑤ 张淑惠、刘敬：《精准扶贫政策缩小了城乡收入差距吗？——基于空间面板数据的实证研究》，载于《新疆大学学报》（哲学·人文社会科学版）2018 年第 6 期。

制度变革的研究。例如，部分学者认为，由于资本共享将制约经济活力，而且当前资本随着生产力发展稀缺性下降，对劳动的议价能力也发生逆转，资本扩张就将转向对资源的抢占。所以，需要通过资源税筹集资源共享统筹基金，实现资源价值共享惠及我国广大进城农民，既能够有效缩小收入差距也有利于保护资源。① 在此基础上，我们应当了解、澄清的邓小平关于"先富共富"的基本思路、核心观点，并在此基础上，共享发展需要优化收入分配走向共同富裕。② 此外，实现"共享"发展，应当完善以社会覆盖、资金筹措、待遇补偿为导向的社会保障机制，构建以"提低、扩中、调高"为导向的收入分配调节体系，建立以救助型、保护型、发展型多元综合为导向的教育分配体系。③ 还有学者认为，在共享发展视野下，收入分配机制的完善需要根据不同的收入分配机制主体的作用，按照市场、政府和社会三种并行不悖的机制类型来调整和改革④，并把扩大中等收入群体是践行共享发展理念的重要途径。⑤

总而言之，自2012年党的十八大以来，尤其是在我国绝对收入差距日益扩大、党的十八届三中全会上提出共享发展等新发展理念之后，在精准扶贫和全面建成小康社会的历史任务和时代背景下，促使我国思想讨论和理论发展方面转入到如何来进一步完善我国的收入分配制度，缩小城乡收入差距，实现共享发展，进而实现共同富裕和全面建成小康社会等方面来。

---

① 单克强：《收入分配改革的有效途径：资源共享》，载于《海南金融》2014年第2期。
② 贾康：《共享发展需要优化收入分配走向共同富裕》，载于《中国党政干部论坛》2015年第12期。
③ 王维平、张娜娜：《"共享"发展理念下的社会分配》，载于《西南民族大学学报》（人文社科版）2016年第6期。
④ 孙迎联：《收入分配机制：共享发展视野下的理论新思》，载于《理论与改革》2016年第5期。
⑤ 唐若兰：《共享发展理念视域下我国扩大中等收入群体的路径探析》，载于《四川行政学院学报》2018年第5期。

二、社会主义市场经济体制确立时期"主与并"混合型收入分配制度的初步确立：1992~2001年

社会主义市场经济体制确立背景下"主与并"混合型收入分配制度，也即按劳分配为主体，多种分配方式融合生长、共存作用的基本收入分配制度，它是在经济体制改革转向中国特色社会主义市场经济体制确立、完善、发展的过程中逐渐形成的。此处使用"主与并"混合型收入分配制度，在于强调按劳分配与按生产要素分配两种形式相结合由改革开放初期的按劳分配占绝对地位、新的生产要素分配有所渗入转入按劳分配为主体、多种分配方式并存、彼此渗透、互相影响、相互融合、共生发展的形式。这是在1992年党的十四大对社会主义市场经济体制改革目标确立的新的历史背景下，中国收入分配制度的又一次适应性调整和自创新，是资源要素转向以市场配置为基础，多种所有制和经济形式由体制外的"边际增量"改革转入打破体制外与体制内泾渭分明界限，向相互渗透融合、谋求合作共生的同一社会主义市场经济体制重要组成部分转变历史逻辑的必然。社会主义市场经济体制下"主与并"混合型收入分配制度中，按劳分配重视公平，按生产要素分配促进效率提升，二者相辅相成，形成混生优势，以在促进生产力新的发展过程中实现公平与效率的有机融合。例如，公有制企业中有按生产要素分配，非公有制企业特别是合资企业、合作经营中也受到按劳分配的影响与制约，存在一定的准按劳分配因素，当下混合所有制的推进更是为它们的融合生长提供了良好的机遇。

由于实践中社会主义市场经济体制下"主与并"混合型收入分配制度的确立并不是一蹴而就的，而是一个渐进的演进过

程，因此，下面仍着重从分配基础、分配原则、分配机制和分配形式四个维度变化所表现出的社会主义市场经济体制变革进程中生产力与生产关系、经济基础与上层建筑的互动作用机制加以分析。

（一）分配基础的初步确立：公有制为主体、多种所有制共同发展

1992年12月，党的十四大明确了经济体制改革的目标是建立社会主义市场经济体制，经过改革开放十多年来的曲折发展和实践总结，我国最终走出了传统社会主义计划经济本位论的樊笼，步入了社会主义市场经济本位论的正轨，人们摆脱了姓"资"还是姓"社"的争论，把所有制理论创新迅速转化为向社会主义市场经济迈进的物质力量①。1997年9月，党的十五大确立"以公有制为主体、多种所有制经济共同发展，是中国社会主义初级阶段的一项基本经济制度。"确认"非公有制经济是中国社会主义市场经济的重要组成部分。对个体、私营等非公有制经济要继续鼓励、引导，使之健康发展。"1999年3月，全国人民代表大会第九届二次会议通过的《中华人民共和国宪法修正案》明确规定，"在法律规定范围内的个体经济、私营经济等非公有制经济，是社会主义市场经济的重要组成部分。"这是改革开放以来国家根本大法对非公有制经济20年来生存发展及其贡献的充分肯定。

社会主义市场经济体制改革的推进，一是促进非公经济快速发展，所有制结构形成并确立为公有制为主、多种所有制并存的格局。二是所有制结构转变的经济还表现为国有成分在国民经济产值中的比重大，但有所下降。1980～1995年国有经济工业产

---

① 邹东涛、欧阳日辉：《我国所有制改革与非公有制经济发展30年：所有制改革和非公有制经济发展的回顾》，人民网—理论频道，2008年9月8日。

第五章 中国社会主义市场经济体制确立与收入分配体制改革创新（1992年至今）

值占全国工业总产值的比重由最初的76%下降至30.9%，而城乡个体经济和其他类型成分的占比则由1980年的0.02%和0.5%，分别上升至13.2%和13.1%（见图5-1）；再看商品流通方面，1980~1995年国有经济和集体经济商品零售总额占全社会商品零售总额的比重分别由51.4%、44.6%下滑至30%、19.8%，同期的个体经济和其他类型经济占比则分别由0.7%、3.2%上升至30.4%、19.8%（见图5-2）。尽管国有经济成分相对下降，但国有经济的控制力与影响力依然较强。例如，铁路、航空、邮电等关键行业，国有资产全额占有；基础性行业中，国有成分占据煤炭、电力与石油等行业资产的比重高于90%，占有金属冶炼、化工等行业资产的比重大于75%。

所有制结构转变促进了生产力发展，国民收入分配格局也将随之变化，收入分配制度必然做出相应调整。在社会主义市场经济体制下，由于公有制经济占主体地位，从而使按劳分配在收入分配中占主体地位，劳动者依靠劳动力产权获得收入的绝大部分。同时，劳动者不仅仅拥有劳动力产权，还拥有其他生产要素产权，如资本、土地、技术和管理才能等。市场经济条件下要使

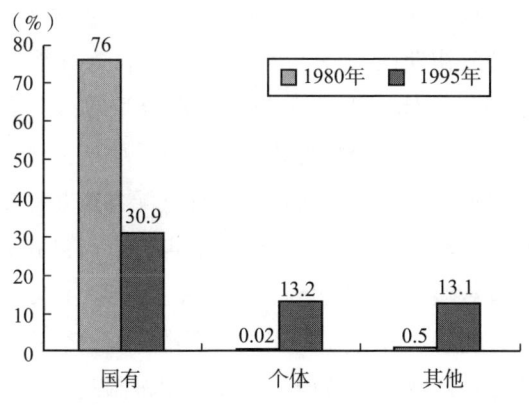

图5-1　各经济成分工业产值比重

资料来源：1981年和1996年《中国统计年鉴》。

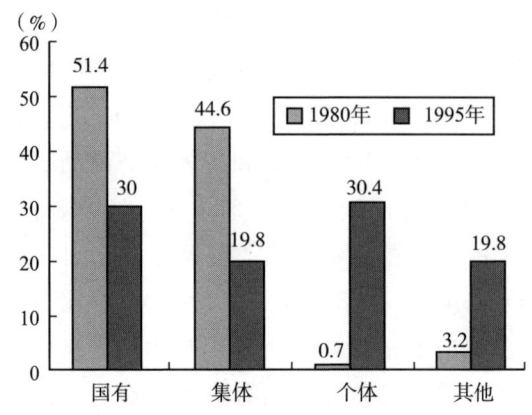

图 5-2 各经济成分商品零售额比重

资料来源：1981 年和 1996 年《中国统计年鉴》。

要素市场对资源配置的基础性作用转向决定性作用，就必须相应地发展资本市场、劳动力市场、土地市场、技术市场等生产要素市场，劳动者凭借拥有的除劳动力以外的生产要素产权获取收入也就变得合理，这样就必须要承认按生产要素的贡献分配收入。可见，所有制结构向"公有制为主、多种所有制并存"的演变激发了不同所有制经济的活力，较大程度上提升了生产力水平。伴随所有制结构转变应运而生的生产要素产权多元化，收入分配制度由改革开放初期的"主与补"混合型收入分配制度调整为社会主义市场经济体制下"主与并"混合型收入分配制度，即按劳分配为主体、多种分配方式并存，既是生产力进一步发展的必然结果，也是按劳分配为主体，多种分配方式并存作用的基本收入分配制度对新阶段下生产力水平的再适应与自我完善，也是生产要素所有权变革的必然要求，是坚持社会主义公有制为主体、多种所有制经济并存发展和共同富裕这一社会主义社会基本经济制度的客观产物，是政府与市场体制机制及其政策调整改革的上层建筑与社会主义公有制为主体、多种经济形式并存共生的所有制结构的经济基础相互作用的充分体现。

（二）分配原则的初步确立：按劳分配与按生产要素分配相结合

如前所述，收入分配原则由收入分配制度决定，受收入分配机制影响，是指导一定时期国家个人收入分配的基本依据。这一时期，中国逐步实施了按劳分配为主、多种分配方式并存的"主与并"混合型收入分配制度，收入分配原则同时实现了由单一的按劳分配向按劳分配和生产要素参与分配相结合原则的转变，即公理性分配原则的创新。与此相适应，政策性分配原则进一步调整转向坚持效率优先、兼顾公平。

理论上，在劳动者平等占有生产资料的基础上，等量劳动领取等量报酬，劳动者要得到更多的收入，就必须为社会财富的增进做出更大的贡献，按劳分配的真正贯彻却恰恰体现了效率优先的原则[1]。1992年，党的十四大明确指出，收入分配方面要"兼顾效率与公平"。1993年，党的第十四届三中全会首次在《建立社会主义市场经济体制若干问题的决定》中第一次提出了"效率优先、兼顾公平"的原则，强调"劳动者的个人报酬要引入竞争机制，打破平均主义，实行多劳多得，合理拉开收入差距"，并"鼓励城乡居民储蓄和投资，允许属于个人的资本等生产要素参与收益分配，体现效率优先、兼顾公平的原则。"相较之前，中国的收入分配原则实现了重大突破，突出地表现在对效率与公平关系的处理上。"坚持效率优先、兼顾公平"原则进一步被写入1997年召开的党的十五大的报告中。该报告同时首次提出"按劳分配和按生产要素分配相结合"的原则。

需要强调的是，"按劳分配和按生产要素分配相结合"与"效率优先、兼顾公平"的分配原则，在一定意义上是中国提高

---

[1] 周为民、卢中原：《效率优先兼顾公平——通向繁荣的权衡》，载于《经济研究》1986年第2期。

生产力水平的客观要求，促进了社会主义市场经济的快速发展，加快破解了当时的短缺经济困局。然而，这一原则实质是将公平置于效率之后，是为效率服务的，在执行的过程中过多地考虑效率优先，却较少考虑兼顾公平，对于经济增长无疑具有一定的推动作用，对于20世纪90年代收入差距的持续扩大也起到了一定的推波助澜作用[①]。

（三）分配机制的初步确立：市场调节和政府调控复合的分配机制

党的十四大确立了建设社会主义市场经济的目标以后，收入分配制度进入与经济体制这一重大改革相适应的新阶段。此阶段下，受资源配置方式与机制变化的影响，市场机制在收入分配方面的作用愈发重要，市场机制成为收入分配机制不可或缺的部分，收入分配机制由单一的计划型分配机制逐步转向市场调节与政府调控复合作用的分配机制。

市场经济以促进和发展生产力、实现稀缺资源的最佳配置、提高经济效率为基本目标，客观上要求对所有投入经济运行的要素给予相应的报酬[②]。传统单一的计划分配机制必然难以适应经济体制变革。随着"放权让利"和城乡经济中承包制的推行，国民收入分配格局越来越向个人倾斜[③]，市场机制在初次分配领域方面逐步取得主导地位。这一时期，农村居民的收入分配由全面推行家庭联产承包责任制、承认家庭副业合法与恢复城乡集市贸易开始，到取消统购统销的粮食政策、放开农副产品价格和粮食价格，农村居民收入的市场化分配机制得以确立。城市居民收

[①] 魏众、王琼：《按劳分配原则的中国化探索历程——经济思想史视角的分析》，载于《经济研究》2016年第11期。

[②] 促进形成合理的居民收入分配机制研究课题组：《促进形成合力的居民收入分配机制（总报告）》，载于《经济研究参考》2010年第3期。

[③] 朱光华、陈国富：《中国所有制结构变迁的理论解析》，载于《经济学家》2001年第3期。

第五章　中国社会主义市场经济体制确立与收入分配体制改革创新（1992年至今）

入分配机制的市场化则表现为由"工资总额与企业效益挂钩浮动"开始，到"市场机制决定，企业自主分配，政府监督调控""积极推进个人收入的货币化和规范化"以及"住房实物福利分配方式改变为以按劳分配为主的货币工资分配方式、建立住房公积金制度"等一系列政策的实施。

市场经济体制改革的同时，计划机制逐步退出初次分配领域，而于再分配领域中以政府宏观调控方式调节居民收入分配。此调节功能由政府依托相应的法律法规，通过税收与社会保障两大政策工具加以实现。因此，计划机制转为政府着重于再分配领域的宏观调控机制。以个人所得税的征收为例，为与社会主义市场经济建设相适应，1993年第八届人大三次会议修订了1980年颁布的《中华人民共和国个人所得税法》，将个人所得税、个人收入调节税、城乡个体工商户所得税三个并列的税种，合并称为个人所得税。1999年第九届人大十一次会议将存款利息纳入个人所得税征收范畴写入《中华人民共和国个人所得税法》。

总体来看，这一时期收入分配机制上伴随着市场取向改革和市场化程度的提高、市场机制的植入和内嵌化，政府与市场在收入分配中的职能日益清晰，这一方面带来了我国经济增长速度的腾飞，另一方面也使我国的收入差距扩大问题日益凸显。

由表5-1我们可以发现，1995~2001年，我国的收入差距进一步扩大，且城市内部收入差距扩大的速度显著地快于农村地区。这一时期的中国城市地区的收入差距还处于比较平均的基尼系数区间，中国农村地区的收入差距已经处于相对合理的基尼系数区间，而中国总体基尼系数已经跨入差距较大的临界值。[①] 这说明我国城乡收入差距的持续拉大，贫富两极分化状况不断恶

---

① 国际上一般用基尼系数来综合考察一个国家的居民收入分配差异情况，基尼系数在0.2以下、0.2~0.3、0.3~0.4、0.4~0.5和0.5以上分别表示收入分配绝对平均、比较平均、相对合理、差距较大和差距悬殊。

化，对我国全面实现小康社会和共同富裕目标的实现都会产生不利影响。

表 5-1　　　　　　1995~2001 年我国基尼系数

年份	全国	城市	农村
1995	0.3605	0.2150	0.3054
1996	0.3498	0.2152	0.3057
1997	0.3554	0.2261	0.2885
1998	0.3577	0.2336	0.2815
1999	0.3727	0.2412	0.2907
2000	0.3891	0.2531	0.3030
2001	0.4035	0.2724	0.3103

资料来源：王祖祥、张奎、孟勇：《中国基尼系数的估算研究》，载于《经济评论》2009 年第 3 期，第 14~21 页。

从再分配机制来看，在税收调节方面，由表 5-2 可知，个人所得税的调节作用虽然不断增强，由 1992 年的 31.36 亿元增加到了 2001 年的 995.99 亿元，增加了 30.76 倍，但是绝对作用依旧存在不足，其占比不足我国 2001 年 GDP（11.9 万亿）的 1%，占税收总额（15 301.38 亿元）的 6.5%。

表 5-2　　　　1992~2001 年我国个人所得税收入

年份	个人所得税收入（亿元）
1992	31.36
1993	46.82
1994	72.16
1995	131.93
1996	193.06
1997	259.55

第五章　中国社会主义市场经济体制确立与收入分配体制改革创新（1992年至今）

续表

年份	个人所得税收入（亿元）
1998	338.59
1999	414.24
2000	600.00
2001	995.99

资料来源：历年《中国统计年鉴》。

从第三次分配机制来看，随着经济体制改革的深入，慈善事业得到一定程度的发展。1994年2月14日，《人民日报》刊登题为《为慈善正名》的评论文章，这也是新中国成立以来少有的对慈善进行正面报道的文章。同年，新中国第一个全国性的综合慈善组织——中华慈善总会宣告成立，由此，当代中国慈善公益募捐事业进入初步发展阶段，但是其对收入分配产生的影响依旧很小。

再比如养老保险与医疗卫生，1992年规定养老保险金的缴纳比例与社会平均工资和个人工资挂钩，1997年国家确定了"统账结合"的养老保险模式；医疗卫生方面，1992年卫生部依据国务院意见提出"以工助医、以副补主"，1997年国务院出台《关于卫生改革的发展与决定》，明确了卫生改革的总体要求、具体领域等，2000年和2001年《关于城镇医药卫生体制改革的指导意见》和《关于农村医药卫生体制改革的指导意见》相继出台。可以看出，国家正是通过一系列制度的约束与规范，借助政府宏观调控机制，通过发挥税收、保险等调节作用，实现居民收入分配的增减变化，以尽可能确保分配的有序和分配结果的公平与效率的兼顾。

（四）分配形式的初步确立：居民劳动收入与其他要素收入共存

收入分配制度、分配机制以及分配原则的不断演变，推动着分配形式的逐步变化。与社会主义市场经济体制建设相配套的所有制结构与"主与并"混合型收入分配制度的演变，使得劳动者拥有的产权不再是唯一，可凭借要素所有权获取更多其他收入。这样，城乡居民收入获取方式由按劳分配制度下的工资收入或实物收入的简单化趋于多样化。

1992年，党的十四大在进一步肯定了除按劳分配以外的其他分配方式的合法性与合理性，破除了个人获取收入简单化的樊篱。"八五"规划明确了国有企业与机关事业单位要进行工资改革，实行"工效挂钩、等级工资"等制度。这说明城市居民不仅可以获得工资收入，还可以获得相应的效益分红。1993年，党的十四大进一步指出，"国家依法保护法人和居民的一切合法收入和财产，鼓励城乡居民储蓄和投资，允许属于个人的资本等生产要素参与收益分配。"非公有制企业所有者对企业收益权将获得保护，微观个体收入的结余也可用于储蓄与合法的私人投资，基于此所获的利息收入和资本收益也被承认。

1997年，党的十五大再次强调，"把按劳分配和按生产要素分配结合起来，依法保护合法收入，允许和鼓励一部分人通过诚实劳动和合法经营先富起来，允许和鼓励资本、技术等生产要素参与收益分配。"除劳动力以外的资本、技术、管理者才能等生产要素所有权收益得到了国家的进一步认同。随着市场化改革推进，农村居民也可获得更多市场化收入，诸如劳动产品实物收入、销售性收入、务工收入以及入股集体企业的利息与分红等。

三、社会主义市场经济体制下"主与并"混合型收入分配体制优化：2002~2012年

伴随着分配制度的变革和收入分配机制的市场化，中国居民收入差距迅速扩大，总体居民收入差距的基尼系数从20世纪80

第五章 中国社会主义市场经济体制确立与收入分配体制改革创新（1992年至今）

年代初的 0.3 左右，迅速上升到 20 世纪 90 年代后期的 0.4 以上，是同期全球收入差距增幅最大的国家①。2001 年，中国的基尼系数达到了 0.447，在世界银行考察的 120 个国家与地区由低到高的排序中，居于第 85 位②。可见，在收入分配制度改革过程中，中国已从一个收入差距相对较小的国家，迅速变成了一个收入差距较大的国家。

收入差距的迅速扩大使社会公平问题成为焦点，倒逼进一步改革完善社会主义市场经济体制下"主与并"混合型收入分配制度。2002 年，党的十六大确定了"全面建设小康社会"的目标，认为"完善社会主义市场经济体制"是 21 世纪头 20 年的主要任务之一。相较于之前，此次会议依然坚持"完善按劳分配为主体、多种分配方式并存"的混合型收入分配制度，但也出现了新的提法。诸如，要求"理顺收入分配关系"，明确强调"确立劳动、资本、技术和管理等生产要素按贡献参与分配的原则"，"初次分配注重效率，再次分配注重公平。" 2005 年，国务院《关于鼓励支持和引导个体私营等非公有制经济发展的若干意见》正式下发。这是一部全面促进非公有制经济发展的重要的政策性文件，对于推动非公有制经济跨入历史发展的新阶段，实现更快更好的发展，具有重要的现实意义和深远的历史影响。社会主义市场经济体制下"主与并"混合型收入分配制度的延续与进一步调整既是对过去改革成果的肯定，同时也为解决改革过程中分配领域出现的新问题提供指导。

随着市场化改革的推进，收入差距扩大化趋势更加突出，社会公平问题难以回避。2007 年，党的十七大进一步强调了

---

① Atinc, T. Manuelyan, Sharing Rising Incomes: Disparities in China, in World Bank, eds., *Sharing Rising Incomes: China 2020 Series*, Washington D. C.: World Bank Press, 1997, pp. 257–260.

② World Bank, *World Development Report 2005: A Better Investment Climate for Everyone*, New York: World Bank and Oxford University Press, 2004, pp. 258–259.

"2020年建成小康社会"的目标之后,明确指出"合理的收入分配制度是社会公平的重要体现。"在不断完善社会主义经济体制的过程中,"要坚持和完善按劳分配为主体、多种分配方式并存的分配制度,健全劳动、资本、技术、管理等生产要素按贡献参与分配的制度,初次分配和再分配都要处理好效率和公平的关系,再分配更加注重公平。逐步提高居民收入在国民收入分配中的比重,提高劳动报酬在初次分配中的比重。"

21世纪前10年,中国社会主义市场经济体制下的"主与并"混合型收入分配制度改革出现了新突破。在分配基础上,侧重以建立现代产权制度为着力点,推进国有企业改革,完善所有制结构;在分配原则上,确立生产要素参与分配的标准是按贡献大小,且收入分配逐渐向公平端倾斜,效率与公平并重;在分配机制上,着力构建市场、政府和社会三重机制,扭转日益扩大化的收入差距;在分配形式上,居民收入多样化的趋势越来越显著。

(一) 分配基础的新突破:侧重建立现代产权制度的结构变革

秉承解放和发展生产力的要求,在党的十五大界定公有制经济与非公有制经济的基础上,这一时期依然坚持与完善"公有制为主体、多种所有制共同发展"的所有制结构。对所有制结构的认识更加深刻,对所有制结构的完善逐步深入到产权等制度层面,影响着收入分配的基础。

2002年,党的十六大报告明确指出:"必须毫不动摇地巩固和发展公有制经济,必须毫不动摇地鼓励、支持和引导非公有制经济发展,不能把这两者对立起来。"此次会议提出的"两个毫不动摇"无疑是从理论高度上认为这一制度安排的准确性与合理性。2003年,党的十六届三中全会在社会主义所有制理论上实现了根本性突破。会上通过的《关于完善社会主义市场经济体制问题的决定》首次提出要"使股份制成为公有制的主要实现形

第五章 中国社会主义市场经济体制确立与收入分配体制改革创新（1992年至今）

式"；要"放宽市场准入，允许非公有资本进入法律法规未进入的基础设施、公用事业及其他行业和领域。非公有制企业在投融资、税收、土地使用和对外贸易方面，与其他企业享受同等待遇。"更突出的是，第一次明确了产权的重要性，指出要"建立健全现代产权制度。"同年召开的第十届全国人民代表大会第一次会议批准了《国务院机构改革方案》和《国务院关于机构改革设置的通知》，明确设立国务院直属正部级特设机构"国有资产监督管理委员会"，省、市、区、县也设立相应机构。这对所有制结构的改革与完善具有极大的推动作用。2004年，第十届全国人民代表大会第二次会议通过了宪法修正案，"公民的合法的私有财产不受侵犯"被写入宪法。党的十七大再次重申了坚持和完善基本的所有制结构和"两个毫不动摇"，明确强调"以现代产权制度为基础，发展混合所有制经济"，首次指出"坚持平等保护物权，形成各种所有制经济平等竞争、相互促进新格局。"这表明国家从制度层面对非公有制经济是中国市场经济重要组成部分的再次肯定。

这一时期，公有制经济的国有企业经营制度方面的变革极具代表性。管理体制上，以"新三会"的成立为抓手，初步实现了监督权、决策权与执行权的分离；用工制度上，普遍采用了全员劳动合同制，公开选聘企业各类人才从2004年的33万人增加到2011年的59.5万人；产权多元化上，2011年全国90%以上的国有企业完成了公司制股份制改革，2012年底，在国内A股上市的国有控股公司953家，占中国A股上市公司数量的38.5%；产权调整上，2012年底产权市场转让的无效或低效国有企业产权866亿元，平均增值率19%[①]。与此同时，政策上的不断"松绑"也为非公有制经济发展提供了机遇。非公有制经

---

① 罗志荣：《国企改革——十年攻坚探出发展新路子》，载于《企业文明》2013年第3期。

济已经成为中国社会主义市场经济的重要组成部分，在活跃市场、促进经济发展、扩大就业等方面的作用极为突出。国家统计局相关数据显示，2011年中国内资工业企业总产值为62.6万亿元，其中，私营工业企业的总产值达到26.5万亿元，占40.3%；个体工商户3 757万户，从业人员7 945万人；私营企业967.7万户，从业人员10 353.6万人。

与此同时，农村拉开了继改革开放以来的第二次土改，之前20世纪80年代初期家庭联产承包责任制"两权分离"的第一次土改，严格地说只是一场农村经营制度的改革而不是产权制度的变革。而第二次土改，即在稳定农村土地承包权的基础上进一步落实农民对承包经营土地的财产产权，通过法律形式的"确权—颁证"，把土地使用权真正交给农民，赋予农民获得土地经营市场主体的地位，促进土地使用权的流转和适度规模经营，保障农民土地财产权及其收益，促进农业土地、劳动等要素生产率的提高，促进农业生产力的进一步发展。

制度上的不断创新，尤其是产权制度的演进、发展与实践，为公有制经济与非公有制经济活力的进一步释放打下了基础。"公有制为主体、多种所有制共同发展"的所有制结构在建立现代产权制度体系的过程中被不断被完善、优化与强化。这也为社会主义市场经济条件下"主与并"混合型收入分配制度提供了合理的产权依据与所有制基础。

（二）分配原则的新突破：按贡献标准的界定与效率公平并重

中国社会主义市场经济体制下"主与并"混合型收入分配制度优化阶段，分配原则为"按劳分配和按生产要素分配相结合，坚持效率优先、兼顾公平。"理论上有所进步，但是尚未确定按生产要素分配的标准，而且对效率的侧重也导致收入差距日益扩大。与分配基础与分配机制相适应，该阶段的收入分配原则沿着界定按生产要素分配标准与处理效率与公平的关系两条主线优化。

第五章 中国社会主义市场经济体制确立与收入分配体制改革创新（1992年至今）

在继续坚持和完善社会主义市场经济体制下"主与并"混合型收入分配制度基础上，党的十六大报告明确指出要"确立劳动、资本、技术和管理等生产要素按贡献参与分配的原则。"相较之前的分配原则，此次会议规定了生产要素参与分配的标准为"按贡献"，即哪一种生产要素对经济发展的贡献大，该种要素的所有者便可以凭借所有权获得较高的报酬。更进一步，党的十七大将这一原则上升到制度层面——"健全劳动、资本、技术、管理等生产要素按贡献参与分配的制度。"从而，劳动、资本、技术与管理等生产要素均可在创造财富的过程中按照贡献大小获取等量报酬成为中国市场经济条件下初次分配领域的基本原则。

国家在对待效率与公平的关系上也出现变化，开始向公平端倾斜，由坚持效率优先、兼顾公平转变为效率与公平并重。例如，党的十六大的具体提法："既要反对平均主义，又要防止收入悬殊。初次分配注重效率，发挥市场的作用，鼓励一部分人通过诚实劳动、合法经营先富起来。再分配注重公平，加强政府对收入分配的调节职能，调节差距过大的收入。以共同富裕为目标，扩大中等收入者比重，提高低收入者收入水平。"这足以说明国家对收入差距问题扩大的重视。党的十七大完全将"效率优先、兼顾公平"的说法修订为"初次分配和再分配都要处理好效率和公平的关系，再分配更加注重公平。"并首次提出"逐步提高居民收入在国民收入分配中的比重，提高劳动报酬在初次分配中的比重。着力提高低收入者收入，逐步提高扶贫标准和最低工资标准。"这"四个提高"充分体现了中央对公平问题的重视，说明效率与公平的关系转变为二者并重。

（三）分配机制的新突破：市场、政府和社会三重机制的形成

1992~2001年，中国居民收入分配领域初步形成了市场调节和政府宏观调控复合的分配机制。伴随所有制改革的纵深发展，此阶段的收入分配机制进一步优化，逐步形成了初次分配领

域市场占主导、再分配领域政府占主导和第三次分配领域社会占主导的三重分配机制。

初次分配领域发挥市场机制调节分配的主导作用是社会主义市场经济发展的必然。党的十六大报告强调,"在更大程度上发挥市场在资源配置中的基础性作用,推进资本市场的改革开放和稳定发展,发展产权、土地、劳动力和技术等市场。"这说明各类生产要素的供求都应由市场机制发挥作用配置。党的十七大报告明确指出,"除了少数关系国计民生的工农业产品实行政府指导价外,在社会商品零售总额、农副产品收购总额和生产资料销售总额中,市场调节价比重分别达到95.6%、97.7%和91.1%。"可知,市场机制主导了要素资源配置,要素资源所有者凭借所有权获得收入必然由市场机制调节。因而,初次分配领域市场机制的主导作用随着市场经济体制的建立更加明显。

再分配领域政府宏观调控分配的作用机制不断强化。一方面,税收调节收入的作用有所提高。首先,2006年1月1日在全国范围内彻底取消了农业税,至此,在中国延续了2600多年的"皇粮国税"得以终结。取消农业税,平均每年为农民减轻负担1 200多亿元。农业税的取消,标志着中国改革由过去"城市偏向"转入"反哺农业农村"的新阶段。粮食因此连年增产,农民收入出现再一次的恢复性增长。同时,改革财政支农"输血式"为项目落地的"造血式"投入方式及其机制,构建农业补贴制度、加大农业补贴力度,不断调整和理顺国家与农民的分配关系及其利益关系,提高了农民转移支付收入的比重,进一步扩大了农民增收源。其次,个人所得税免征额在2006年由800元调高至1 600元,时隔两年进一步提高至2 000元,2011年国家则将个人所得税起征点升至3 500元,累进级别也降为7级。这对增加工薪阶层的可支配收入,扩大中等收入群体比重的作用尤为明显。另一方面,社会保障的作用惠及更多居民。党的十六大报告明确要求"建立健全同经济发展水平相适应的社会保障体系。"党的十七大报告进一步指出

第五章 中国社会主义市场经济体制确立与收入分配体制改革创新（1992年至今）

"全面推进城镇职工基本医疗保险、城镇居民基本医疗保险、新型农村合作医疗制度建设。"这说明国家对社会保障调节收入分配的作用给予了高度重视。从时间轴上看，2002年，全国范围内实施了"新型农村合作医疗制度"；2007年，国家启动了探索建立"城镇居民基本医疗保险制度"；2009年，全国10%的县级行政单位开始试点"新型农村社会养老保险制度"。

第三次分配领域中逐步形成了社会主导的机制。为更加体现社会文化、道德水准和文明程度等软约束调节收入分配中的功能，党的十六大和十七大报告分别指出，"发展城乡社会救济和社会福利事业""以慈善事业、商业保险为补充，加快完善社会保障体系。"相关政策的创新推动了中国慈善事业的迅速发展。2008年，通过民政部门和各类社会组织的慈善捐赠款与其他物资折款总额达到新中国成立以来的峰值，为764亿元（见图5-3），约是2007年的5.1倍。然而，由于缺少专门的法律支撑，使得慈善事业面临主管部门不清、审批难等问题，导致慈善事业发展受到一定程度的掣肘，妨碍了慈善事业对收入分配的作用机制。

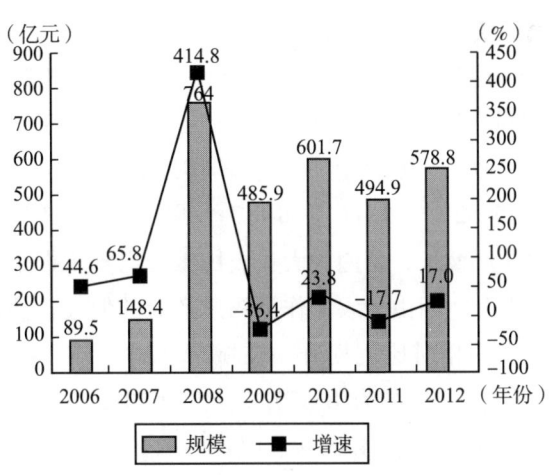

图5-3 2006~2012年社会捐赠情况

资料来源：《中国统计年鉴（2013）》，中国统计出版社2013年版。

(四)分配形式的新突破:居民收入多样化的趋势越来越显著

国家果断"确立劳动、资本、技术和管理等生产要素按贡献参与分配的原则",并将其上升到制度层面,且将"公民的合法的私有财产不受侵犯"写入宪法,这为城乡居民收入多样化提供了坚实的制度基础和法理依据。为鼓励更多居民获得多元化的收入,党的十七大报告首次强调要"创造条件让更多群众拥有财产性收入。"此阶段,分配基础、分配原则、分配机制的持续优化,使得分配形式多样化的趋势有所加强。具体表现为城乡居民收入来源的日益丰富。就城市居民可支配收入来说,工资性收入占比大,但有下降趋势,非工资性收入(经营净收入、财产性收入和转移支付)不断上升。在农村居民的纯收入中,家庭经营性收入的比重显著下降,工资性、财产性和转移支付收入的比重日益提高,具体如表5-3所示。

这一时期我国农村居民人均纯收入构成的多样化水平得到了进一步的加强。2002年,我国农村居民年人均纯收入为2 475.63元,其中,工资性收入、经营净收入、财产性收入和转移性收入所占的比重分别为33.94%、60.05%、2.04%和3.97%。到2012年,农村居民年人均纯收入上升到了7 916.58元,工资性收入、经营净收入、财产性收入和转移性收入占比分别变动了9.59个、-15.52个、1.11个和4.7个百分点。工资性收入和经营净收入的此消彼长,是因为大量农民工外出务工带来了工资性收入的迅速提升,而由于农业作为弱质产业的低收益性,难以带来经营性收入的相对比例提升。在城市,2002年,我国城镇居民年人均可支配收入为8 177.4元,其中,工资性收入占70.19%、经营性收入占4.06%、财产性收入占1.25%、转移性收入占24.51%。随着中国特色社会主义市场经济的深入发展,2012年,城镇居民年人均可支配收入上升到了26 958.99元,工

第五章 中国社会主义市场经济体制确立与收入分配体制改革创新（1992年至今）

表5-3　2002年与2012年城镇居民、农村居民家庭人均收入情况

类别	城镇居民家庭				类别	农村居民家庭			
	2002年		2012年			2002年		2012年	
	绝对数（元）	比重（%）	绝对数（元）	比重（%）		绝对数（元）	比重（%）	绝对数（元）	比重（%）
可支配收入	8 177.4	100	26 958.99	100	纯收入	2 475.63	100	7 916.58	100
工资性收入	5 739.96	70.19	17 335.62	64.30	工资纯收入	840.22	33.94	3 447.46	43.55
经营净收入	332.16	4.06	2 548.29	9.45	经营纯收入	1 486.54	60.05	3 533.37	44.63
财产性收入	102.12	1.25	706.96	2.62	财产纯收入	50.56	2.04	249.05	3.15
转移性收入	2 003.16	24.51	6 368.12	23.62	转移纯收入	98.19	3.97	686.70	8.67

资料来源：2003年和2013年《中国统计年鉴》。

资性收入占比为64.30%,经营净收入为9.45%,财产性收入为2.62%,转移性收入为23.62%,一个突出的特点就是财产性收入的快速增加,这是由于这一时期我国产权制度的不断改革和完善,赋予了城市居民更多的财产性权利。①

进一步,从社会主义市场经济与收入分配体制改革创新的整个区间出发(见表5-4),我们可以发现:1990~2012年,中国城镇居民人均可支配收入多样化的构成呈现"一降、三增"的特征。1990年,中国城镇居民人均可支配收入为1510元,其中,工资性收入占76.3%、经营净收入占1.5%、财产性收入占1.1%、转移性收入占21.1%。经过21年的快速发展,城镇居民人均可支配收入迅速增加,各种类型的收入均出现不同程度的增长,但除工资性收入在人均可支配收入中的比重出现下降以外,其他类型收入的比重均有所提高。2012年,城镇居民人均可支配收入为26 958.99元,其中,工资性收入占64.30%、经营净收入占9.54%、财产性收入占2.62%、转移性收入占23.62%。

同期,中国农村居民人均纯收入构成的多样化特征一样显著,也出现了"一降、三增"的现象。1990年,中国农村居民年人均纯收入为686元,其中,工资性收入占20.3%、家庭经营性收入占75.7%、财产纯收入为0、转移纯收入占4%。随着市场化经济体制改革的推进,农村经济活力进一步释放,农民获得收入的方式日益多元,尤其是劳动力流动的放开与集体经济的发展,农村居民工资性收入的比重迅速提高。2012年,农村居民年人均纯收入上升到了6 977元,工资性收入占比为43.55%,较1990年提高23.5个百分点;家庭经营性收入则下降到了44.63%,比1990年低31.07个百分点;财产纯收入和转移纯收入占比分别上升至3.15%和8.67%。

---

① 根据相关年份的《中国统计年鉴》和中国经济与社会发展统计数据库整理所得。

第五章 中国社会主义市场经济体制确立与收入分配体制改革创新（1992年至今）

表 5-4　1990年与2012年城镇居民、农村居民家庭人均收入情况

类别	城镇居民家庭				类别	农村居民家庭			
	1990年		2012年			1990年		2012年	
	绝对数（元）	比重（%）	绝对数（元）	比重（%）		绝对数（元）	比重（%）	绝对数（元）	比重（%）
可支配收入	1 510.0	100	26 958.99	100	纯收入	686.0	100	7 916.58	100
工资性收入	1 152.1	76.3	17 335.62	64.30	工资纯收入	139.3	20.3	3 447.46	43.55
经营净收入	22.7	1.5	2 548.29	9.45	经营纯收入	519.3	75.7	3 533.37	44.63
财产性收入	16.6	1.1	706.96	2.62	财产纯收入	0.0	0.0	249.05	3.15
转移性收入	318.6	21.1	6 368.12	23.62	转移纯收入	27.4	4.0	686.70	8.67

资料来源：1991年和2013年《中国统计年鉴》。

四、社会主义市场经济体制完善与收入分配体制改革深化（2012年至今）

2012年召开的党的十八大指出，"要加快完善社会主义市场经济体制"，同时"要完善按劳分配为主体，多种分配方式并存的分配制度。"相较于以往，此次会议更加关注社会主义市场经济体制下"主与并"混合型收入分配制度的深入优化，创新之处较为显著：一是将完善收入分配制度的根本目标具体化为"实现发展成果人民共享"；二是实现该目标"必须深化收入分配制度改革"，具体来说就是要做到"两个同步、两个提高"，即"努力实现居民收入增长和经济发展同步、劳动报酬增长和劳动生产率提高同步，提高居民收入在国民收入分配中的比重，提高劳动报酬在初次分配中的比重"；三是"初次分配和再分配都要兼顾效率和公平，再分配更加注重公平"，表明国家在对待效率与公平的关系上更加侧重公平；四是首次明确"完善劳动、资本、技术、管理等要素按贡献参与分配的初次分配机制，加快健全以税收、社会保障、转移支付为主要手段的再分配调节机制"；五是进一步鼓励居民收入多样化，强调要"多渠道增加居民财产性收入"。

总的来说，这一阶段"混合型"收入分配制度的深入优化本质上是在社会主义市场经济体制深入发展过程中加快缩小居民收入差距，最终迈向共同富裕。分配基础方面，加速推进混合所有制经济，完善产权保护制度；分配机制方面，坚持三重机制协调的同时，强化政府与社会机制的调节作用；分配原则方面，以共享发展理念为指导，更加侧重公平；分配形式方面，多渠道丰富群众收入来源，进一步推动居民收入的多样化。

第五章 中国社会主义市场经济体制确立与收入分配体制改革创新（1992年至今）

（一）分配基础的深度优化：混合所有制与产权保护的推进

经过多年的实践，公有制为主体、多种所有制共同发展的制度安排是合理的已形成共识，但也存在优化空间。基于过去的所有制结构，当前时期主要围绕基本经济制度的混合所有制实现形式，提升公有制经济的竞争力与效率，完善产权保护制度，深入优化社会主义市场经济条件下的所有制结构。

国家主要以国有企业混合所有制改革的推进为着力点，提高公有制经济的竞争力和效率。从1992年至2011年，国有企业基本完成了明晰产权、政企分开、管理体制健全以及价格、税收、金融等相关综合配套的阶段性改革，但国有企业市场化水平和效率不高的问题日益显现。党的十八报告指出，在继续坚持"两个毫不动摇"的基础上，要"推行公有制多种实现形式，深化国有企业改革，完善各类国有资产管理体制。"这进一步强调了所有制实现形式的多样性，国有企业改革将成为突破口。2013年，中国共产党第十八届中央委员会第三次会议通过了《中共中央关于全面深化若干重大问题的决定》，明确指出要"积极发展混合所有制经济"，首次提出"国有资本、集体资本、非公有资本等交叉持股、相互融合的混合所有制经济，是基本经济制度的重要实现形式"，并"鼓励非公有制企业参与国有企业改革，鼓励发展非公有资本控股的混合所有企业，鼓励有条件的私营企业建立现代企业制度。"这为两种所有制的融合，发挥各自优点指明了方向。2015年，《国务院关于国有企业发展混合所有制经济的意见》进一步明确，不同领域、不同层级的国有企业混合所有制改革的推进策略有所不同。同时，鼓励各类资本，尤其是注重采用有序吸收外资和采取员工持股的方式参与混合所有制改革。

产权是所有制的核心，混合所有制经济的实现要以完善的产权保护制度为根本前提。党的十八大报告强调"保证各种所有制经济依法平等使用生产要素、公平参与市场竞争、同等受到法律保护。"2013年，《中共中央关于全面深化若干重大问题的决定》指出，"健全归属清晰、权责明确、保护严格、流转顺畅的现代产权制度。公有制经济财产权不可侵犯，非公有制经济财产权同样不可侵犯。国家保护各种所有制经济产权和合法利益，保证各种所有制经济依法平等使用生产要素、公开公平公正参与市场竞争、同等受到法律保护，依法监管各种所有制经济。"可以看到，国家在完善产权保护制度上的态度是坚定的，主张通过建立现代产权制度为两种所有制经济的有效融合打下基础，确保基本收入分配制度基础的牢靠。

另外，在中国农村改革再度迎来土地"两权分离"转向"三权分置"的重大制度创新。2014年11月，中央全面深化改革领导小组第五次会议审议通过的《关于引导农村土地承包经营权有序流转发展农业适度规模经营的意见》，提出"要在坚持农村土地集体所有的前提下，促使承包权和经营权分离，形成所有权、承包权、经营权三权分置、经营权流转的格局"；2015年中共中央国务院《关于加大改革创新力度加快农业现代化建设的若干意见》要求"明确现有土地承包关系保持稳定并长久不变的具体实现形式，界定农村土地集体所有权、农户承包权、土地经营权之间的权利关系"。2016年10月30日中共中央办公厅、国务院办公厅发布的《关于完善农村土地所有权承包权经营权分置办法的意见》指出，现阶段深化农村土地制度改革，顺应农民保留土地承包权、流转土地经营权的意愿，将土地承包经营权分为承包权和经营权，实行所有权、承包权、经营权分置并行。2017年《中共中央　国务院关于深入推进农业供给侧结构性改革　加快培育农业农村发展新动能的若干意见》进一步强调落实农村土地集体所有权、农户承包权、土地经营权"三权分置"办法。所谓"三权分置"改革，是指坚持农村土地集体所有的前提下，促使承包权和经营权的再分离，形成所有权、承包权、经营权的三权分置、经营权流转的格局，真正赋予农民更多选择自由和空间,切实保障农民的财产权及其收益,促进农民财产性增收。推进"三权分置"改革,目的是通过落实农民集体所有权、稳定和保护农户承包权以谋公平、放活土地经营权以求效率,在公平与效率并重和有机统一的基础上,推动形成"集体所有、家庭承包、多元经营"的新型农业经营机制,促进多种形式适度规模经营的发展,进一步探索农村集体所有制的有效实现形式,巩固和完善农村基本经营制度,加快实现农业现代化中实现农民多渠道增收。由此可见,新一轮的土地产权制度的重大创新,在"三权分置"完善农民财产权保护制度建构上是明确的,为确保农民财产性增收同样打下了坚实的分配制度基础。

(二)分配原则的深度优化:共享发展理念下公平端的侧重

日益扩大的居民收入差距引起了社会各界对公平的关注,全面建成小康社会与共同富裕的实现也对过去的收入分配制度提出了挑战,分配原则的变革势在必行。结合"全面建成小康社会、两个翻一番和共同富裕"目标,收入分配原则的调整方向或指导方针是比较明确的。正如党的十八大报告所指出的,"要坚持社会主义基本经济制度和分配制度,调整国民收入分配格局,加大再分配调节力度,着力解决收入分配差距较大问题,使发展成果更多更公平惠及全体人民,朝着共同富裕方向稳步前进。"

党的十八明确强调,"实现发展成果由人民共享,初次分配和再次分配都要兼顾效率和公平,再次分配更加注重公平。"说明在城乡居民收入分配方面,国家再次偏向公平端。"蛋糕"不但做大了,还要把"蛋糕"分好,以促进公平正义[①]。中国共产党第十八届中央委员会第五次会议进一步提出了"共享发展理念",认为共享发展是注重解决社会公平正义问题。至此,社会

---

① 习近平:《切实把思想统一到党的十八届三中全会精神上来》,载于《求是》2014年第1期。

主义市场经济体制深入发展过程中，中国在解决缩小收入差距、维系社会公平正义问题方面的重视程度达到了前所未有的高度。

与共享发展理念指导下侧重公平的分配原则相适应，国家在具体的收入分配措施上更是加大了国民收入分配格局的调整力度。超过 7 000 万规模的农村贫困人口被认为是全面建成小康社会的短板之一，也是造成收入差距和阻碍共同富裕的重要原因，从而脱贫攻坚成为"十三五"时期的工作重点之一；党的十八大以来实施的"八项规定"和以零容忍态度惩治腐败将打击非法非正常收入、规范收入分配秩序落到实处，更是促进了社会公平正义①。

（三）分配机制的深度优化：政府与社会机制作用的再加强

在市场、政府与社会三重分配机制协同的基础上，国家认可了市场机制调节初次分配的主导性作用，进一步加强了再分配和第三次分配领域政府和社会两大机制在收入分配中的调节作用，以缓解收入差距。初次分配领域，党的十八大强调"完善劳动、资本、技术、管理等要素按贡献参与分配的初次分配机制"，以更好地"兼顾效率与公平"。

会议首次指出"加快健全以税收、社会保障、转移支付为主要手段的再分配调节机制。"这是对政府再分配调节机制认识上的提高与创新，并试图借助政府作用的加强调节收入分配。税收方面，进一步降低企业税负，调动各方积极性，从 2012 年 1 月 1 日于上海的交通运输业和部分现代服务业开展营业税改增值税试点，到 2016 年 5 月 1 日全国推行营业税改增值税的税收体制变革，进一步提高了企业所有者收益。社会保障方面，党的十八大指出"要坚持全覆盖、保基本、多层次、可持续方针，以增强公

---

① 魏众、王琼：《按劳分配原则的中国化探索历程——经济思想史视角的分析》，载于《经济研究》2016 年第 11 期。

第五章　中国社会主义市场经济体制确立与收入分配体制改革创新（1992年至今）

平性、适应流动性、保证可持续性为重点，全面建成覆盖城乡居民的社会保障体系。"2014年，《国务院关于建立统一的城乡居民基本养老保险制度的意见》明确了基本养老保险的参保范围、参保标准、缴费形式等，推动了覆盖城乡居民社会保障体系的建立。2016年，《国务院关于整合城乡居民基本医疗保险制度的意见》的出台意味着长期分割的城乡医疗保险制度将走向终点，对促进城乡融合、体现城乡公平具有重要意义。而且，充分考虑广大人民的利益，"建立社会保险基金投资运营制度，确保基金安全和保值增值"也为国家所允许。

在农村，围绕农业供给侧结构性改革，核心是理顺市场、政府和社会的关系。通过进一步深化粮食等重要农产品价格形成机制和收储制度改革、完善农业补贴制度，充分发挥市场机制在农业农村资源配置中的基础性甚至决定性作用；深化改革财政支农投入机制，探索政府转变传统单一输入式支农方式与市场的对接，更好发挥政府分配机制在政策引导、宏观调控、支持保护、公共服务等方面的作用；强化培育新型农业经营主体和多元化的服务主体，构建以公共服务机构为依托、合作经济组织为基础、龙头企业为骨干、其他社会力量为补充，公益性服务和经营性服务相结合、专项服务和综合服务相协调的新型社会化服务体系，完善农业社会化服务机制服务农业现代化的作用，提高农业生产效率和农民收入。

国家也更加重视社会机制在第三次分配领域中的补充作用。党的十八大再次强调"完善社会救助体系，健全社会福利制度，支持发展慈善事业，做好优抚安置工作。"为更好地发挥社会分配机制的调价功能，国家从规范慈善事业发展入手，第十二届全国人民代表大会通过了首部《中华人民共和国慈善法》，于2016年9月正式施行。这是社会福利领域的第一部法律，标志着社会分配机制将进入制度规范发展阶段，在调节收入分配方面将发挥常态化的作用，助力缩小居民收入差距。

（四）分配形式的深度优化：居民收入多样化的进一步推动

社会主义市场经济体制下分配形式表现为居民收入多样化，这是分配基础、分配原则与分配机制在市场经济运行中发挥作用的具体表现。经过多年的努力，我国居民人均可支配收入已显现多样化的趋势，社会主义市场经济体制下的"混合型"收入分配制度优化将进一步推动居民收入来源的多样化。

党的十八大指出，应在坚持按劳分配，"推行企业工资集体协商制度，保护劳动所得"，提高工资性收入的基础上，"多渠道增加居民财产性收入。"这是继党的十七大首次确定"创造条件让更多群众拥有财产性收入"政策，认可居民私人财产及其凭借私有产权获取收入合法之后的又一创新。在操作层面上，国家不断制定相应细则与办法以确保将"多渠道增加居民财产性收入"落到实处。比如，2013年出台的《中共中央关于全面深化若干重大问题的决定》关于"允许混合所有制经济实行企业员工持股，形成资本所有者和劳动者利益共同体"的政策，是鼓励工人在赚取劳动报酬的同时获得分红或股息，也是按劳分配与按资分配相结合的实现形式之一；2015年，《国务院办公厅转发人力资源社会保障部、财政部关于调整机关事业单位工作人员基本工资标准和增加机关事业单位离退休人员离退休费三个实施方案的通知》上调机关事业单位离退休人员离退休费的规定，是增加转移性支付收入的具体体现；2016年，交通运输部、工信部等七部委联合发布并施行的《网络预约出租汽车经营服务管理暂行办法》是促进居民依托私有财产进行经营获取财产性收入的承认、规范与保护。

受收入分配领域相关政策出台与相继落实的影响，城乡居民收入来源多元特征日益显现，居民收入多样化的趋势进一步加强。由表5-5可知，2015年全国居民人均可支配收入21 966.1元，其中，工资性收入12 459元，占56.7%；经营净收入

3 955.6 元，占 18%；财产净收入 1 739.6 元，占 7.9%；转移净收入 3 811.9 元，占 17.4%。分城乡看，2015 年城镇居民人均可支配收入 31 194.8 元，工资性收入、经营净收入、财产净收入和转移净收入占可支配收入的比重分别为 62%、11.1%、9.8% 和 17.1%。其中，经营净收入、财产净收入与转移净收入占比分别较 1997 年提高 7.8 个、7.4 个和 2.4 个百分点。同期，农村居民人均可支配收入 11 421.7 元，工资性收入、经营净收入、财产净收入和转移净收入占可支配收入的比重分别为 40.3%、39.4%、2.2% 和 18.1%。其中，工资性收入、财产净收入与转移净收入的比重分别高出 1997 年 16.3 个、1.1 个和 23 个百分点。

表 5-5　　2015 年全国、城镇和农村居民人均收入情况

类别	全国 绝对数（元）	全国 比重（%）	城镇 绝对数（元）	城镇 比重（%）	农村 绝对数（元）	农村 比重（%）
可支配收入	21 966.1	100.0	31 194.8	100.0	11 421.7	100.0
工资性收入	12 459	56.7	19 337.1	62.0	4 600.3	40.3
经营净收入	3 955.6	18.0	3 476.1	11.1	4 503.6	39.4
财产净收入	1 739.6	7.9	3 041.9	9.8	251.5	2.2
转移净收入	3 811.9	17.4	5 339.7	17.1	2 066.3	18.1

资料来源：《中国统计年鉴（2016）》。

改革开放以来，中国收入分配制度的不断演变，体现了我们党基于过去实践的深刻总结，在社会生产力、生产资料所有制及其生产关系、上层建筑间决定与反作用规律的新的认知指导下对体制机制及其政策做出创新性调整和改革。20 世纪 80 年代后期，为充分调动劳动者积极性，"以按劳分配为主体、其他分配方式为补充"的收入分配制度被首次提出。1992 年党的十四大确立了"建立社会主义市场经济体制"的目标，为推进经济体

制改革，分配制度上强调"以按劳分配为主体、其他分配方式为补充，兼顾效率与公平"。1993年的党的第十四届三中全会进一步强调，"允许属于个人的资本等生产要素参与收益分配，体现效率优先、兼顾公平的原则。"1997年党的十五大报告明确指出："公有制为主体、多种所有制经济共同发展是中国社会主义初级阶段的一项基本经济制度。"与之相适应，个人收入分配制度调整为"坚持按劳分配为主体，多种分配方式并存。把按劳分配和按生产要素分配结合起来，坚持效率优先，兼顾公平。"1999年，"坚持按劳分配为主体，多种分配方式并存"的分配制度被写入宪法，标志着国家从上层建筑领域对"主与并"混合型收入分配制度的赞同，其已成为发展社会主义市场经济必须遵循的制度与法律准则，即之前所说的公理性分配原则。迄今，党的十八大、十八届三中、四中、五中、六中全会均将"按劳分配为主体，多种分配方式并存"视为中国收入分配的基本制度，并强调发展成果由人民共享，深化收入分配制度改革必须在初次分配和再分配领域都要处理好效率和公平的关系，再分配更加注重社会公平，整体社会经济发展中使效率与公平并重、实现有机统一，这也是前面所说的政策性分配原则的持续创新。

总之，自1992年确定建立社会主义市场经济体制目标至今，中国社会主义市场经济体制下"主与并"混合型收入分配制度的演进轨迹，可具体分为"初步确立、新突破和深度优化三个阶段"，每一历史阶段下分配基础、分配原则、分配机制和分配形式四个维度的变化，都呈现其逻辑关联的内在向度与生产力、生产资料所有制及其生产关系、上层建筑逻辑关联的外在向度的开放互动特征。

第五章 中国社会主义市场经济体制确立与收入分配体制改革创新（1992年至今）

五、社会主义市场经济体制下"主与并"混合型收入分配体制改革创新：成效、矛盾与启示

（一）"主与并"混合型收入分配制度确立与融合期取得的成效

1. 收入分配制度得到了进一步优化。

这一阶段收入分配制度的优化，体现在上述历史演进的分析之中，从分配基础、分配原则、分配机制和分配形式四个方面进行了新的突破和完善。具体有如下四个方面的内容。

从分配基础来看，秉承解放和发展生产力的要求，在党的十五大界定公有制经济与非公有制经济的基础上，这一时期依然坚持与完善"公有制为主体、多种所有制共同发展"的所有制结构。对所有制结构的认识更深刻，对所有制结构的完善逐步深入到产权等制度层面，侧重建立现代产权制度的结构变革，影响着收入分配的基础。这种现代产权制度改革在这一时期更多地体现在城市和企业。现代企业制度试点于国有企业，国企职工的分配制度逐渐市场化。1994年，《关于深化企业改革，搞好国有大中型企业的规范意见》和《关于选取一批国有大中型企业进行现代企业制度试点的方案》等文件出台，标志着现代企业制度试点工作正式开始。除国务院推行103家国家级企业试点以外，各省、自治区、直辖市又选定了2 000多家地方企业试点。国务院要求试点工作必须严格按照"三法""两则""两条例"办事，实行"三改一加强"（改组、改制、改进，加强企业内部管理）。1995年，国家体改委在成都召开企业改革的试点工作会议，这次会议通过充实"三改一加强"为"五改一加强"，即"改组、改制、改造、改进、改善"和"加强企业内部经营管理"。其实

质是进一步推动国有企业行为和运行体制的市场化，国企职工的分配制度越来越接近市场均衡水平。

从分配原则来看，上一阶段确立了中国社会主义市场经济体制下"主与并"混合型收入分配制度，分配原则为"按劳分配和按生产要素分配相结合，坚持效率优先、兼顾公平。"理论上有所进步，但是尚未确定按生产要素分配的标准，而且对效率的侧重也导致收入差距日益扩大。与分配基础与分配机制相适应，该阶段的收入分配原则沿着界定按生产要素分配标准与处理效率与公平的关系两条主线优化，提出并践行了按贡献标准的界定与效率公平并重的收入分配原则。

从分配机制来看，这一时期，我国居民收入分配领域初步形成了市场调节和政府宏观调控复合的分配机制。伴随所有制改革的纵深发展，此阶段的收入分配机制进一步优化，逐步形成了初次分配领域市场占主导、再分配领域政府占主导和第三次分配领域社会占主导的三重分配机制。

从分配形式来看，分配基础、分配原则、分配机制的持续优化，使得分配形式多样化的趋势有所加强，具体表现为城乡居民收入来源的日益丰富。就城市居民可支配收入来说，工资性收入占比大，但有下降趋势，非工资性收入（经营性收入、财产性收入和转移支付）不断上升。在农村居民的纯收入中，家庭经营性收入的比重显著下降，工资性、财产性和转移支付收入的比重日益提高。

2. 居民收入水平得到不断的提高。

由图 5-4 可知，1992~2017 年，城镇居民人均可支配收入和农村居民人均纯收入都得到了快速的提高。这种增速的提升与不断加快体现在两个时间节点以后，一个是 2002 年党的十六大召开之后，我国经过近 10 年时间初步确立了社会主义市场经济体制，进一步提升了资源的配置效率，带来了收入增速更为明显；另一个是党的十八大以后，随着各项改革的不断深入，新发展理念尤其是共享发展理念的不断贯彻落实，城乡居民收入水平得到了新一轮的高速增长。

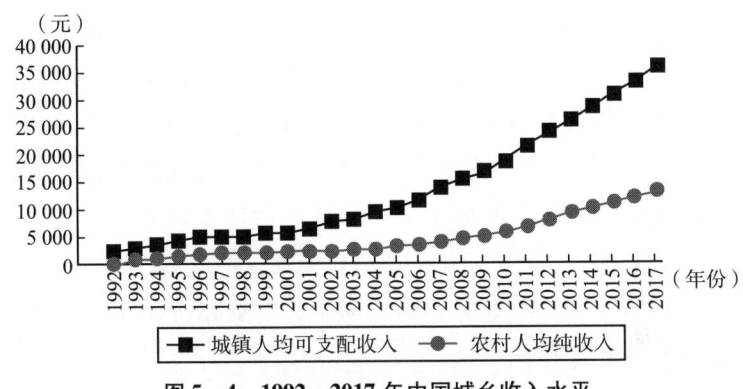

图 5-4　1992~2017 年中国城乡收入水平

资料来源：根据国家统计局相关资料整理所得。

具体来看，城镇居民人均可支配收入从 1992 年的 2 026.6 元增加到了 2017 年的 36 396.2 元，增加了 16.96 倍；农村居民人均纯收入从 1992 年的 784 元增加到了 2017 年的 13 432.4 元，增加了 16.13 倍。这也说明了我国居民收入水平得到迅速提高的同时，城乡居民间的绝对收入差距和相对收入差距依旧在逐渐扩大。

3. 多种经济成分并存的所有制结构逐步完善，非国有企业职工的收入来源多元化、市场化。

1978 年以来，我国多种经济成分并存的所有制结构得到了逐步完善。在此，对 1978~2014 年全国个体和私营经济的数量、从业人数、资金数额、增长率等做一个简要的比较描述。从年度增长情况来看，根据国家统计局、国家工商行政管理总局的统计数据显示，截止到 2014 年 12 月底，全国实有各类市场主体 6 932.22 万户，其中，个体工商户 4 984.06 万户，接近 5 000 万户，与 2013 年相比，增加了 547.77 万户，增长 12.35%，与

1978年的14万户相比,我国个体工商户户数增长了355倍,年平均增长率为17.7%;从业人员10 584.56万人,与2013年相比,增加了1 248.82万人,增长13.38%,与1978年的14万人相比,增长了755倍,年平均增长率为20.2%;资金数额2.93万亿元,与2013年相比,增加了5 007.1亿元,增长20.57%,与有资料显示的1981年个体工商户资金数额4.6亿元相比增长了6 370倍,年平均增长率为30.4%。① 伴随着所有制结构的完善,相关私营企业不仅解决了大量城乡适龄人口体制外就业问题,更带来收入分配多元化、市场化模式更加成熟。

4. 国有大中型企业开始做大做强,有效增加了国有大中型企业职工的收入水平。

经过多年的国有经济布局调整、资产重组和结构调整,全国规模以上的国有控股企业由1998年的6.5万户减少到2002年的4.3万户,但利润却从736亿元上升到了2 316亿元,增长了2.15倍。其中,2002年税金达到4 000亿元,占全国工业上缴税金的65.6%,它们中的2/3仍是国有控股的。2001年底,我国基础产业占用国有资产总额为37 235.7亿元,比1995年增长1.1倍;国有大型企业占用国有资产总额为45 990.7亿元,比1995年末增长了1.5倍;国有净资产总量比1995年增长91.4%,但国有经济对经济总量(GDP)的贡献率则逐步降低,从1978年占56%降至1997年的42%,这有助于进一步改善所有制结构②。

根据网易财经统计(见图5-5),2012年国企(非央企,由地方国资委主管)及其上市子公司共851家(不含境外上市公司)在职职工年平均工资为109 900元,相比2012年央企及其上市子公司共287家员工平均工资111 357元低出1 457元;而

---

① 赵丽:《我国非公有制经济发展问题研究》,东北师范大学,2017年。
② 邹东涛、欧阳日辉:《我国所有制改革与非公有制经济发展30年》,人民网—理论频道,2008年9月8日。

第五章　中国社会主义市场经济体制确立与收入分配体制改革创新（1992年至今）

同年"全国城镇私营单位就业人员年平均工资"为 28 752 元，"非私营单位就业人员年平均工资"为 46 769 元，分别是后两者年平均工资的 3.8 倍和 2.4 倍。

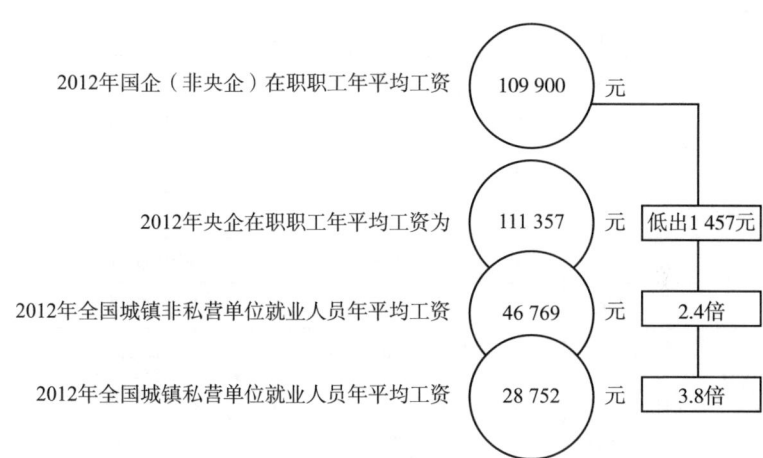

图 5-5　国有企业职工收入水平与私营企业收入水平比较

资料来源：网易财经，《2012 国企工资报告：国企年均工资约 11 万低于央企》，http://money.163.com/14/0314/08/9N9IMR1K00255182.html，2014 年 3 月 14 日。

我们选取了内地 30 个省市自治区（西藏和港澳台地区除外）作为比较，发现其中在区域分布上，年平均职工工资最高的省（市）区域是海南省，上海市排名居次，天津市排第三位（见表 5-6），以上三省市年平均职工工资分别为 368 934 元、206 737 元和 151 865 元。来自西部地区的青海、宁夏、甘肃三省排名处在最后三位，分别为 64 179 元、61 546 元和 55 351 元。而在排名前十位中，上市国企（非央企）最多的省份是广东省，达 88 家；其次是上海市，达 66 家，山东省则居第三位，有 55 家企业入围。

表 5-6 2012 年国企（非央企）在职职工年平均工资区域排行榜（西藏和港澳台除外）

排名	省市	数量（家）	年平均工资（元）	区域
1	海南	16	368 934	东中部/南方
2	上海	66	206 737	东中部/南方
3	天津	22	151 865	东中部/北方
4	广东	88	151 389	东中部/南方
5	江苏	43	144 438	东中部/南方
6	浙江	36	118 886	东中部/南方
7	北京	49	118 777	东中部/北方
8	河北	18	106 999	东中部/北方
9	陕西	22	101 482	西部/北方
10	辽宁	30	96 336	东中部/北方
11	云南	25	95 317	西部/南方
12	四川	39	91 162	西部/南方
13	重庆	19	90 292	西部/南方
14	福建	27	89 845	东中部/南方
15	安徽	32	87 320	东中部/南方
16	新疆	27	86 868	西部/北方
17	贵州	12	85 917	西部/南方
18	山西	23	85 628	东中部/北方
19	黑龙江	16	84 969	东中部/北方
20	广西	15	84 816	西部/南方
21	湖北	44	81 980	东中部/南方
22	山东	55	78 792	东中部/北方
23	江西	18	76 421	东中部/南方
24	内蒙古	9	73 679	东中部（部分西部）/北方
25	湖南	31	72 179	东中部/南方
26	吉林	12	70 712	东中部/北方

第五章　中国社会主义市场经济体制确立与收入分配体制改革创新（1992 年至今）

续表

排名	省市	数量（家）	年平均工资（元）	区域
27	河南	26	70 268	东中部/北方
28	青海	6	64 179	西部/北方
29	宁夏	10	61 546	西部/北方
30	甘肃	14	55 351	西部/北方

＊注：东西方位，我们划分为东中部、西部两个比较区域；南北方位，划分为南方、北方。
资料来源：网易财经，《2012 国企工资报告：国企年均工资约 11 万低于央企》，http：//money.163.com/14/0314/08/9N9IMR1K00255182.html，2014 年 3 月 14 日。

5. 非公有制经济迅速发展带来私营企业、外资企业等职工收入增加。

到 2001 年底，我国个体工商户已发展到 2 433 万户、4 760 万人，注册资金 3 435.8 亿元。私营经济行业分布在商贸餐饮业、社会服务业等，个体工商户从事第三产业的户数占总户数的 80% 以上，已经成为国民经济发展中的一支重要力量。1989 年，我国私营企业共有 90 581 户；1998 年，私营企业户数增至 120.1 万户，增加了 12.3 倍，平均每年增长 33.3%；2001 年，增至 202.9 万户。从业人员，1989 年 164 万人；1998 年增加到 1 709.1 万人，增加了 9.4 倍，平均每年增长 29.8%；2001 年，增至 2 713.9 万人。注册资金，1989 年为 84 亿元；1998 年增加到 7 178.1 亿元，增加了 84.7 倍，平均每年增长 64.0%；2001 年增至 18 212.2 亿元[①]。而到 2009 年以后，私营企业收入的增加趋势更为明显，从年平均 18 000 元增加到 2012 年的年平均 28 752 元，增速一度达到 15.9%。[②]

[①]《改革开放 30 年：所有制改革和非公有制经济发展的回顾》，人民网，2008 年 9 月 8 日。
[②] 网易财经，《2012 国企工资报告：国企年均工资约 11 万低于央企》，http：//money.163.com/14/0314/08/9N9IMR1K00255182.html，2014 年 3 月 14 日。

(二)"主与并"混合型收入分配制度确立与融合期面临的新矛盾

虽然在这一时期,我国的居民收入水平得到了显著提高,收入分配制度得到了不断优化,但是这一时期虽然市场的成长发展、市场力量的不断增强,但市场制度和政府制度的相关建设尚不健全和完善,改革中各种问题的凸显,也给收入分配带来了一些新的矛盾与困难。具体表现为:居民收入分配中收入差距扩大、居民间财产权利的不均、资本与劳动在初次分配领域中的失衡、再分配领域中政府作用的不足等矛盾日益凸显。

1. 居民收入差距扩大。

观察图5-6可以发现,1992~2001年,中国基尼系数处于波动状态,围绕0.4上下波动;2001~2017年长期处在高位运行状态,虽然2009~2015年的基尼系数总体处于下降状态(分别为0.490、0.481、0.477、0.474、0.473、0.469、0.462),但是中国的基尼系数依旧高于0.4的贫富差距警戒线。

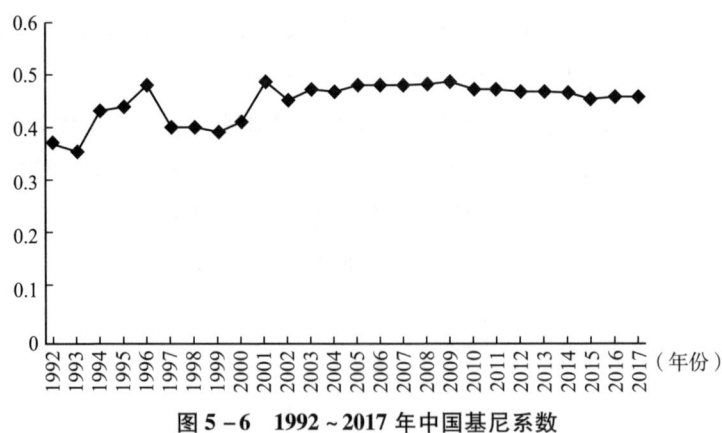

图5-6 1992~2017年中国基尼系数

资料来源:根据国家统计局相关资料整理所得。

第五章 中国社会主义市场经济体制确立与收入分配体制改革创新（1992年至今）

基尼系数作为衡量居民贫富差距的重要指标，数值越大，表示收入分配差距越大，国际上通常把0.4作为贫富差距的警戒线，大于这一数值容易出现社会动荡。2008年金融危机以来，收入分配差距在全球都成为尖锐话题。如果说"占领华尔街"运动、《21世纪资本论》的流行展示了西方人的焦虑的话，中国的收入分配问题则呈现出更复杂的面貌和更深重的潜在危机。作为转型社会，机会分配不均、利益集团阻挠，本身都在刺激中国收入分配差距的扩大，而市场经济的"马太效应"也在增添问题的复杂性。拉美等地转型失败、陷入"中等收入陷阱"，对中国构成了深刻的警示，提醒中国必须直面贫富差距悬殊问题及其背后的根源，以免社会发展再度走上歧路。下面我们将从城乡居民之间以及各自内部的收入差距、区域与行业间的收入差距、最高与最低收入组之间的差距等方面对我国居民收入分配状况的动态变化做进一步的说明与解析。

（1）城乡居民之间及内部的收入差距。

1978年以来，无论是我国城镇内部还是农村内部，收入差距大致处于不断上升的过程中。李实、罗楚亮（2014）以CHIP调查数据为基础的研究显示：在1978年，农村居民的收入基尼系数是0.21，城镇居民的收入基尼系数为0.16；30年之后的2007年，前者增加到0.38左右（其中2005年达到最大值），后者上升到0.34左右[1]。最近，胡志军（2016）基于2013年国家统计局调整后的农村、城镇20个收入分组数据，采用拟合收入分布的方法来估计全国总体基尼系数，发现2005~2012年城镇居民收入基尼系数由0.34下降到0.32，农村居民收入基尼系数由0.37上升至0.38，收入差距及不平等程度略有扩大[2]。通过

---

[1] 李实、罗楚亮：《中国收入差距的实证分析：Empirical analysis on income inequality in China》，社会科学文献出版社2014年版，第3~4页。

[2] 胡志军：《我国城镇居民收入基尼系数的估计及其群体阶层效应——基于省级收入分组数据的研究》，载于《当代财经》2016年第10期。

对比分析上述两项研究不难发现：1978年之后城乡内部收入差距不断扩大的总体趋势没有发生大的变化；农村地区居民的收入差距和不平等程度一直高于城镇的水平，而且似乎越来越显著。也可以这么说，当前我国城镇经济发展水平与居民收入分布状态差不多已经来到"库兹涅茨曲线"的右半部分，而农村地区经济发展水平和居民收入分布态势似乎正在历经倒"U"曲线的左半部分。不管这是老现象，还是新事实，对于中国缩小居民收入差距和减小居民收入不平等程度，极具参考价值。它起码告诉我们我国受存在已久的二元经济格局的影响和制约，不能一味参照"平均数"视角对待处于不同经济发展阶段的城镇和农村，缩小收入差距的相关政策不宜一刀切。

由表5-7可知，1992年以来，我国城乡收入的绝对差距水平由1 242.6元增加到了22 963.8元，城乡绝对收入差距不断扩大。城乡居民收入差距的扩大实际上是二元经济结构的反映。农民从事的产业是传统农业，传统农业的劳动生产率比较低，刘易斯认为只能"维持生计"。农民收入低是传统农业的产物。城镇居民从事的产业，刘易斯称之为"现代产业"，就是现代制造业、信息业和服务业。现代产业的劳动生产率高，职工能够得到较高的工资收入。所以，从这个意义上可以说，城乡居民收入差距是二元经济结构的产物。正确的政策思路有两条：一是把传统产业改造成为现代产业，从根本上提高农民的收入水平；二是将传统产业中大量剩余劳动力转移到城市的现代产业中去，提高他们的收入水平。农业剩余劳动力转移在过去很长一段时间内如火如荼地进行着，但是传统农业改造成为现代产业的速度并不理想。中央已经发现了这些问题，高度重视"三农"问题，积极推进农村土地产权改革，取消农业税等一系列有力措施，已经或正在对从根本上缩小城乡居民收入差距发挥重要的作用。随着农村富余劳动力的日益枯竭，中国正面临经济学家所说的"刘易斯拐点"，当"人口红利"转为"人口赤字"，中国经济又面临着

第五章 中国社会主义市场经济体制确立与收入分配体制改革创新(1992年至今)

一个新的问题。

表 5-7　1992~2017 年我国城乡居民人均收入水平和恩格尔系数

年份	城镇 人均可支配收入 (元)	农村 人均纯收入 (元)	城镇居民家庭 恩格尔系数 (%)	农村居民家庭 恩格尔系数 (%)
1992	2 026.6	784	53	57.6
1993	2 577.4	921.6	50.3	58.1
1994	3 496.2	1 221	50	58.9
1995	4 283	1 577.7	50.1	58.6
1996	4 838.9	1 926.1	48.8	56.3
1997	5 160.3	2 090.1	46.6	55.1
1998	5 425.1	2 162	44.7	53.4
1999	5 854	2 210.3	42.1	52.6
2000	6 280	2 253.4	39.4	49.1
2001	6 859.6	2 366.4	38.2	47.7
2002	7 702.8	2 475.6	37.7	46.2
2003	8 472.2	2 622.2	37.1	45.6
2004	9 421.6	2 936.4	37.7	47.2
2005	10 493	3 254.9	36.7	45.5
2006	11 759.5	3 587	35.8	43
2007	13 785.8	4 140.4	36.3	43.1
2008	15 780.8	4 760.6	37.9	43.7
2009	17 174.7	5 153.2	36.5	41
2010	19 109.4	5 919	35.7	41.1

续表

年份	城镇 人均可支配收入 （元）	农村 人均纯收入 （元）	城镇居民家庭 恩格尔系数 （%）	农村居民家庭 恩格尔系数 （%）
2011	21 809.8	6 977.3	36.3	40.4
2012	24 564.7	7 916.6	36.2	39.3
2013	26 467	9 429.6	30.1	34.1
2014	28 843.9	10 488.9	30.0	33.5
2015	31 194.8	11 421.7	29.7	33.0
2016	33 616.2	12 363.4	29.3	32.2
2017	36 396.2	13 432.4	28.6	31.2
总体趋势	上升	上升	下降	下降

资料来源：国家统计局，年度数据库，http://data.stats.gov.cn/easyquery.htm?cn=C01。

（2）地区之间的收入差距。

改革开放后的40年，中国经济呈现高速增长态势，然而与增长伴生的问题也逐渐浮出水面，如地区收入差距问题，越来越突出。发展中国家在经济快速增长期，出现一定程度的地区差异，是一种普遍的现象，不足为奇。但是过大的差异，对社会的安定与和谐、国家的经济效率、社会整体福利水平及资源的有效配置都有显著的负面影响。因此，在保持经济增长的同时，缩小地区差距，实现二者的和谐统一，已成为各国政府和国际社会所追求的政策目标。近10年来学者们通过对区域收入差异演变趋势的探索，对经济增长的收敛性及其成因的分析，从基础设施、要素布局、历史积淀、户籍制度、创新驱动等不同视角，构建了分析区域经济差距扩大以及收敛的理论框架，进而为各级政府政

第五章　中国社会主义市场经济体制确立与收入分配体制改革创新（1992年至今）

策制定提供更为客观和切实可行的依据①。

进一步从省级地区差异来看，我国省份之间的收入差距经历了一个"U"形的变化过程。在改革开放之前，我国在东、中、西部地区之间就存在显著的经济差距。总体而言，东部沿海地区和一部分中部地区的经济发展水平和人均收入均高于西部地区。为了缩小地区差距，中央政府在20世纪50~70年代实行了转移财政支付、平衡收入差距的政策，并在中西部地区进行了大量投资，但这并没有显著缩小东西部地区间在经济效率方面的差距。20世纪80年代，为了扩大地方政府和企业的经济自主权和积极性，中央政府对各省实行了财政"分灶吃饭"，减少了经济较发达地区的财政上缴比重，从而在一定程度上减少了东西部之间财政转移支付的力度。这促进了东部地区的经济发展，特别是首先享受到这项政策的广东省在整个改革时期取得了突飞猛进的发展。1990年左右为分水岭，这之前的区域收入差距有下降趋势，之后又逐步上升。众所周知，20世纪90年代以前我国经历过区域发展机制转换和区域优先发展次序的变化，即计划经济体制下的区域经济格局，与改革开放所强调的沿海沿江沿边优先发展、再向腹地延伸的策略互补，很大程度上导致了区域差距的缩小。同时，随着改革政策和市场机制的逐步深入，发达地区更为迅猛的发展则难以避免，这又造成后来地区间收入差距的持续扩大。中国的不同地区，在改革初期所具备的初始禀赋和面临的初始条件是大不相同的，这也构成了不同地区在改革过程中的收益和结

---

① 林毅夫、刘明兴：《中国的经济增长收敛与收入分配》，载于《世界经济》2003年第8期。王志刚：《质疑中国经济增长的条件收敛性》，载于《管理世界》2004年第3期。王小鲁、樊纲：《中国收入差距的走势和影响因素分析》，载于《经济研究》2005年第10期。潘文卿：《中国区域经济差异与收敛》，载于《中国社会科学》2010年第1期。刘生龙、胡鞍钢：《交通基础设施与经济增长：中国区域差距的视角》，载于《中国工业经济》2010年第4期。刘明兴、张冬、章奇：《区域经济发展差距的历史起源：以江浙两省为例》，载于《管理世界》2015年第3期。白俊红、王林东：《创新驱动对中国地区经济差距的影响：收敛还是发散？》，载于《经济科学》2006年第2期。

果迥然。历史上,东部地区尤其是江浙一带居民的商品经济观念比较强,对市场的理解和参与意识较深。所以,当中国开始市场化改革的时候,东南沿海地区的居民由于积极地参与便首先分享了改革的"红利",而中西部地区的居民则由于行动迟缓而丧失了先动优势,从而使东部与中西部地区之间居民收入差距越拉越大。

通过对近几年我国省际人均 GDP 数据的分布拟合情况来看,从 2013 年到 2015 年,我国各省份人均 GDP 都经历了增长过程,在图 5-7 中我们能够明显看到收入分布曲线整体向右移动。但是,相对于高人均收入省份,中低人均收入省份向右移动的速度稍慢,这是一个值得关注的现象,因为这样的差异会随着时间推移演变为省际收入两极分化,而且我们还看到这种趋向有逐渐被强化固化的态势。这种现象,在我们考察区域收入差距问题上,也引出另外一个值得讨论的问题,即区域收敛或发散。

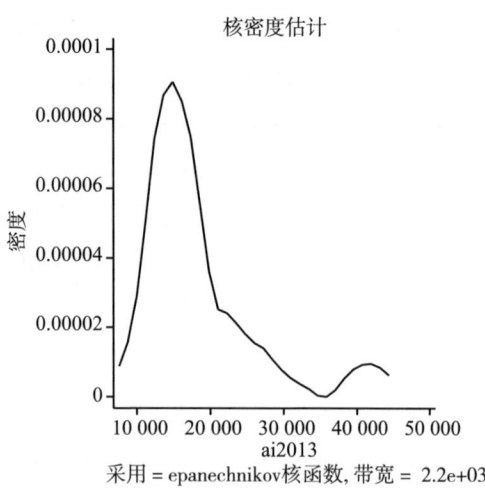

第五章 中国社会主义市场经济体制确立与收入分配体制改革创新（1992年至今）

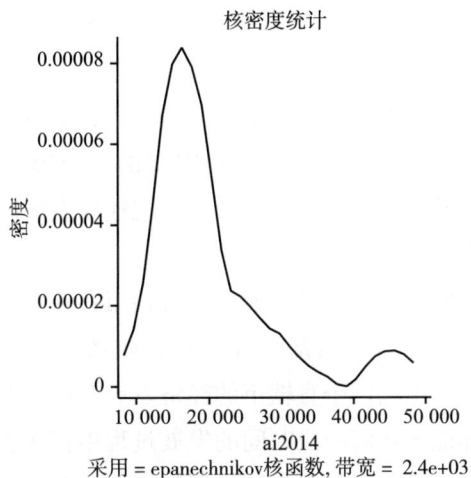

图 5-7　2013~2015 年我国各省居民平均收入分布图（非参核密度估计）

资料来源：国家统计局—地区数据库—分省年度数据，http：//data.stats.gov.cn/easyquery.htm？cn=E0103。

21世纪以来我国地区差距扩大的速度有所减缓，分析表明有些因素促使地区差距不断扩展，如不同地区的地理位置、经济环境差别、受教育水平、基础设施水平以及城市化水平等，也有些因素促使地区差距逐步减少，主要是市场经济体制不断完善，对投资、劳动力流动放宽限制以及区域经济一体化程度不断提高，这些因素都提高了地区间经济增长的条件收敛性。还有一些因素在不同阶段对地区差距起了不同的作用，如各地的固定资产投资率、市场化程度等。由于这些因素的综合影响，2000年以后中国的地区差距仍然在进一步扩大，但速度有所减缓。具体有如下几个方面的内容：

第一，区域内部收敛性方面，仅直辖市存在收敛性，东部没有明显收敛性，中部、西部内部不存在收敛，但有两个随机趋势。也就是说，中国四个直辖市的经济发展存在着明显的趋同效应，中、西部地区在前一段时间的发展过程中存在着明显的随机分化趋势，这一点正是随着经济发展区域收入差距走向不明的表现形式。

第二，中国三大区域之间的收入水平呈现出发散的趋势。2017年上海、北京、浙江等三个省市的居民人均可支配收入都超过了4万元大关，分别为：58 987.96元、57 229.83元和42 045.69元；而中部的湖北城镇居民人均可支配收入为23 757.17元，安徽是21 863.3元，河南是22 553.24元；西部城镇居民人均收入则更少，如贵州省城镇居民人均可支配收入达到16 703.65元，西藏自治区的城镇居民人均可支配收入更是低于1.6万元。

第三，直辖市与东部、东部与中部、中部与西部存在收敛性，是否意味着溢出效益的显现；东部与西部既不存在收敛，也没有共同的随机趋势。

第四，直辖市和东部的经济发展远领先于中国其他省市地区。无论是高收入地区，还是低收入地区，通过对比人均可支配收入就可以发现我国经济发展存在多重失衡，如东南沿海地区与中西部地区发展失衡、城乡发展失衡等。这提示我们，促进经济协调发展、缩小发展差距，是实现全面小康和共同富裕的必由路径。

（3）行业之间的收入差距。

行业间的收入差距是一个在国际上持续多年的话题。在中

第五章　中国社会主义市场经济体制确立与收入分配体制改革创新（1992年至今）

国，人们也普遍感受到了行业间的收入不平等。垄断行业的收入过高作为"收入不公"的重要表现，有别于因教育回报上升导致的"收入不均等"。但是，行业间收入不平等对于收入差距的贡献到底有多大，这一贡献有怎样的变化趋势，均不明确。这就使我们既无法了解旨在消除行业垄断的竞争政策对于缓解收入差距有多重要，也难以确定中国正在进行的市场化改革是否能够自动缩小行业间的收入不平等。尽管市场竞争在加剧，但市场竞争对于不同行业的影响是不同的。相对来说，国有垄断部门受到的影响较小。这说明在中国渐进式的改革中，转型并不必然走向竞争性的市场经济体制。在这个意义上，我们可以判断，如果不着手控制行业间收入不平等，这一因素就可能把中国目前的市场化改革引向不公正的市场经济轨道上去。

理论界对于我国目前行业间收入差距的认识，集中在以下几个方面：垄断性行业与非垄断性行业之间职工的收入差距过大，垄断性行业职工的收入远远高于非垄断性行业职工的收入；新兴行业与传统行业之间职工的收入差距较大，新兴行业职工的收入水平高、增长快；知识和资金密集型行业与劳动密集型行业之间职工的收入差距逐渐扩大，智力和资金密集型行业的职工收入较高。对于如何判断行业收入差距是否公平合理，学者们从机会、过程、结果等角度提出了不同的标准。一种观点认为，差距过大本身就是一种不公平。物质利益分配的公平是社会所追求的重要目标之一，行业之间收入差别过大是物质利益分配不公的重要表现。在市场经济条件下，各行业追求平均利润率，其员工收入差距应该是逐步缩小的，而不应该是扩大的趋势。这种观点进一步提出了市场经济条件下判断行业收入差距是否合理的两个标准：第一，从动态的过程而言，主要看全社会各行业职工收入是否趋于平均化；第二，从收入和投入的关系而言，主要看职工收入差距是否与各行业职工的投入或贡献差别相一致。行业收入分配公平，包括两层含义，即机会均等和差距合理。机会均等是指所有资源包括资本、劳动力等，都可以不受任何限制而自由平等地在各个行业间流动，能够获取相同或相近的报酬率；差距合理是指行业间工资水平差距应正确反映行业间的劳动差别。

根据 2010 年统计局公布的数据，中国证券业的工资水平比职工平均工资高 6 倍左右，收入最高和最低行业的差距达 11 倍。2011 年人力资源和社会保障部工资研究所发布的数据表明，这一差距又扩大到 15 倍。如果把证券业归到金融业一并计算，行业差距也高达 6 倍。其他市场经济国家的行业收入差距，根据人力资源和社会保障部国际劳工保障研究所提供的资料，2006～2007 年最高和最低行业工资差距，日本、英国、法国约为 1.6～2 倍左右，德国、加拿大、美国、韩国在 2.3～3 倍之间。[1] 2016 年国家统计局公布了对一套表联网直报平台 16 个行业门类的 93 万多家企业法人单位调查的最新数据。

由表 5-8 数据显示，2015 年被调查单位就业人员年平均工资为 53 615 元，同比名义增长 7.3%。其中，中层及以上管理人员 115 474 元，增长 5.2%；专业技术人员 70 981 元，增长 7.4%；办事人员和有关人员 50 972 元，增长 7.3%；商业、服务业人员 44 277 元，增长 8.9%；生产、运输设备操作人员及有关人员 45 346 元，增长 5.7%。中层及以上管理人员平均工资最高，是全部就业人员平均水平的 2.15 倍；商业、服务业人员平均工资最低，是全部就业人员平均水平的 83%。岗位平均工资最高与最低之比为 2.61，比上年下降 0.09。

---

[1] 《行业收入差距中国最大》，大河网—河南商报，http://roll.sohu.com/20110211/n303000712.shtml，2011 年 2 月 11 日。

第五章　中国社会主义市场经济体制确立与收入分配体制改革创新（1992年至今）

表5-8　　　　2015年分地区分岗位就业人员平均工资　　　　单位：元

地区	就业人员	中层以上管理者	专业技术人员	办事人员	商业、服务业人员	生产、运输、设备操作人员等
合计	53 615	115 474	70 981	50 972	44 277	45 346
东部	58 564	133 040	81 321	56 421	49 842	47 327
中部	44 851	83 193	54 347	41 392	35 568	41 221
西部	49 885	98 649	61 234	46 322	37 562	45 430
东北	46 023	92 747	55 452	45 414	36 953	40 516

资料来源：国家统计局，http://www.stats.gov.cn/tjsj/zxfb/201605/t20160513_1356094.html。

进一步从我国的分行业数据来看（见表5-9），我国不同行业之间的收入差距很大。且具有如下几个特征：垄断性行业与非垄断性行业之间职工的收入差距过大，垄断性行业职工的收入远远高于非垄断性行业职工的收入；新兴行业与传统行业之间职工的收入差距较大，新兴行业职工的收入水平高、增长快；知识和资金密集型行业与劳动密集型行业之间职工的收入差距逐渐扩大，智力和资金密集型行业的职工收入较高。分行业门类看，租赁和商务服务业岗位工资差距最大，岗位平均工资最高与最低之比为4.78；建筑业岗位工资差距最小，最高与最低之比为2.16。8个行业岗位工资差距大于全国平均水平，从高到低依次是：租赁和商务服务业为4.78，文化、体育和娱乐业为3.89，科学研究和技术服务业为3.72，信息传输、软件和信息技术服务业为3.63，房地产业为3.20，水利、环境和公共设施管理业为3.07，批发和零售业为2.82，采矿业为2.63；8个行业岗位工资差距小于全国平均水平，从低到高依次是：建筑业为2.16，住宿和餐饮业为2.25，交通运输、仓储和邮政业为2.30，卫生和社会工作为2.30，教育为2.31，制造业为2.47，居民服务、修理和其他服务业为 2.56，电力、热力、燃气及水生产和供应业为 2.57。另外，分登记注册类型看，外商投资企业岗位工资差距最大，岗位平均工资最高与最低之比为 4.25；其次是港澳台商投资企业，最高与最低之比为 3.37；第三是国有单位，最高与最低之比是 2.88。私营单位和其他内资单位岗位工资差距最小，最高与最低之比分别为 2.25 和 2.29。

表 5-9　2015 年分行业城镇全部单位就业人员平均工资

地区	就业人员	中层以上管理者	专业技术人员	办事人员	商业、服务业人员	生产、运输、设备操作人员等
合计	53 615	115 474	70 981	50 972	44 277	45 346
采矿业	55 914	108 657	67 140	57 608	41 374	52 126
制造业	50 684	108 193	69 274	50 392	53 910	43 866
电力热力	79 050	146 989	92 375	63 098	57 098	72 834
建筑业	46 735	86 671	53 153	41 489	40 215	43 591
批发零售	55 340	117 384	69 947	55 409	41 589	43 553
邮政运输	63 902	124 696	97 142	57 367	54 327	57 639
餐饮住宿	38 367	75 971	43 767	37 704	33 697	34 459
软件信息	112 119	219 581	128 589	80 886	81 886	60 446
房地产	57 470	120 640	69 990	48 970	38 789	37 720
租赁商务	69 848	217 183	100 938	63 523	45 463	47 602
科学技术	95 145	190 179	102 985	67 181	51 152	54 619
水利环境	47 150	101 818	64 871	45 335	33 129	44 869
居民服务	40 813	86 794	52 171	43 478	33 882	38 733
教育	54 076	95 372	56 024	46 836	47 806	41 334
卫生	58 869	96 009	59 313	43 558	41 820	45 861
文化体育	74 710	154 309	103 224	59 851	39 618	44 949

资料来源：国家统计局，http://www.stats.gov.cn/tjsj/zxfb/201605/t20160513_1356094.html。

(4) 高收入组与低收入组之间的收入差距。

据有关文献研究,浙江省 2009 年城镇居民人均可支配收入 24 611 元,比全国平均水平 17 175 元高出 7 536 元,是继 2000 年以后连续第九年居全国各省区第一位;农村居民人均纯收入 10 007 元,连续 25 年位居全国各省区首位。① 但这些高平均数是否能代表区域内大部分群众的真正收入水平,"被高平均"部分有多大?报告中的关键数字令人深思:20% 高收入组的个人年收入均值是 20% 低收入组的 17 倍;20% 低收入组占有的收入仅占总收入的 3.5%,而 20% 高收入组占有的收入达到了总收入的 58.7%,七成以上调查者收入在平均线以下,贫富两极分化的趋势渐明显。

从全国城镇居民分组的收入情况(见表 5 - 10、表 5 - 11)看,在 2003~2017 年的十多年时间里(城乡收入分等数据始于 2003 年),无论处于哪个组别,人均收入均稳步上升。同时,高低收入组人均收入比由 2003 年的 8.5∶1,下降为 2017 年的 5.6∶1,尽管有所下降,高低收入组间的收入差距仍然较大。

与此同时,从全国农村居民五等份分组(见表 5 - 12、表 5 - 13)的收入情况看,我国农村居民高低收入组人均居民收入比由 2003 年的 7.33∶1 上升到 2017 年的 9.48∶1,收入极差存在逐步扩大的趋势。在传统农业社会中,农民贫富差距主要源于农户占有土地数量,但现代农村收入分配差距的主导因素已经转化为就业与分工的差异。这从一个侧面提醒我们,城乡收入差异在缩小,但城市和乡村内部贫富差异都在扩大,农村内部的贫富差距扩大尤为值得关注。

---

① 杨建华:《浙江省城乡居民收入分配问题调查报告》,杭州省社科院,2010 年。

表 5-10　2003~2012 年中国城镇居民按等级分组人均收入

单位：元

组别	2003 年	2004 年	2005 年	2006 年	2007 年	2008 年	2009 年	2010 年	2011 年	2012 年
人均	9 061.2	10 128.5	11 320.8	12 719.2	14 908.6	17 067.8	18 858.1	21 033.4	23 979.2	26 959
最低收入（10%）	2 762.4	3 084.8	3 377.7	3 871.4	4 604.1	5 203.8	5 950.7	6 703.7	7 819.4	9 209.5
困难收入（5%）	2 278.3	2 531.5	2 733.3	3 129.3	3 744.9	4 187.2	4 935.8	5 483.1	6 445.5	7 520.9
较低收入（10%）	4 209.2	4 697.6	5 202.1	5 946.1	6 992.6	7 916.5	8 956.8	10 247	11 751.3	13 724.7
中下收入（20%）	5 705.7	6 423.9	7 177.1	8 103.7	9 568	10 974.6	12 345.2	13 971	15 880.7	18 374.8
中等收入（20%）	7 753.9	8 746.7	9 887	11 052.1	12 978.6	15 054.7	16 858.4	18 920.7	21 439.7	24 531.4
中上收入（20%）	10 463.7	11 870.8	13 596.7	15 199.7	17 684.6	20 784.2	23 050.8	25 497.8	29 058.9	32 758.8
较高收入（10%）	14 076.1	16 156	18 687.7	20 699.6	24 106.6	28 518.9	31 171.7	34 254.6	39 215.5	43 471
最高收入（10%）	23 484	27 506.2	31 237.5	34 834.4	40 019.2	47 422.4	51 349.6	56 435.2	64 460.7	69 877.3

资料来源：根据相关年份《中国统计年鉴》整理所得。

第五章 中国社会主义市场经济体制确立与收入分配体制改革创新（1992年至今）

表5-11 2013～2017年中国城镇居民按等级分组人均收入

单位：元

组别	2013年	2014年	2015年	2016年	2017年
人均	26 467	28 843.9	31 194.8	33 616.2	36 396.2
低收入户（20%）	9 895.9	11 219.3	12 230.9	13 004.1	13 723.1
中等偏下户（20%）	17 628.1	19 650.5	21 146.2	23 054.9	24 550.1
中等收入户（20%）	24 172.9	26 650.6	29 105.2	31 521.8	33 781.3
中等偏上户（20%）	32 613.8	35 631.2	38 572.4	41 805.6	45 163.4
高收入户（20%）	57 762.1	61 615	65 082.2	70 347.8	77 097.2

资料来源：根据相关年份《中国统计年鉴》整理所得。

表 5-12　2003~2012 年中国农村居民五等份分组人均收入

单位：元

组别	2012年	2011年	2010年	2009年	2008年	2007年	2006年	2005年	2004年	2003年
人均	7 916.6	6 977.3	5 919	5 153.2	4 760.6	4 140.4	3 587	3 254.9	2 936.4	2 622.2
低收入	2 316.2	2 000.5	1 869.8	1 549.3	1 499.8	1 346.9	1 182.5	1 067.2	1 007	865.9
中等偏下收入	4 807.5	4 255.7	3 621.2	3 110.1	2 935	2 581.8	2 222	2 018.3	1 842.2	1 606.5
中等收入	7 041	6 207.7	5 221.7	4 502.1	4 203.1	3 658.8	3 148.5	2 851	2 578.6	2 273.1
中等偏上收入	10 142.1	8 893.6	7 440.6	6 467.6	5 928.6	5 129.8	4 446.6	4 003.3	3 608	3 206.8
高收入	19 008.9	16 783.1	14 049.7	12 319.1	11 290.2	9 790.7	8 474.8	7 747.4	6 931	6 346.9

资料来源：根据相关年份《中国统计年鉴》整理所得。

第五章 中国社会主义市场经济体制确立与收入分配体制改革创新（1992年至今）

表5-13 2013~2017年中国农村居民五等份分组人均收入

单位：元

组别	2013年	2014年	2015年	2016年	2017年
人均	9 429.6	10 488.9	11 421.7	12 363.4	13 432.4
低收入户（20%）	2 877.9	2 768.1	3 085.6	3 006.5	3 301.9
中等偏下户（20%）	5 965.6	6 604.4	7 220.9	7 827.7	8 348.6
中等收入户（20%）	8 438.3	9 503.9	10 310.6	11 159.1	11 978
中等偏上户（20%）	11 816	13 449.2	14 537.3	15 727.4	16 943.6
高收入户（20%）	21 323.7	23 947.4	26 013.9	28 448	31 299.3

资料来源：根据相关年份《中国统计年鉴》整理所得。

2. 财产权利在社会成员间的分布严重不均。

据世界银行的测算，我国 2009 年的基尼系数是 0.47，在所有公布的 135 个国家中名列第 36 位，说明我国面临的贫富差距问题已经非常严峻了。西南财经大学中国家庭金融调查与研究中心（CHFS）2012 年发布的中国家庭金融调查数据表明，2010 年中国的基尼系数为 0.61①。这反映出中国贫富差距较大，但这一数值与学界多数研究成果相比偏高。此外，城镇家庭内部的基尼系数为 0.56，农村家庭内部的基尼系数为 0.60。首先要强调的是，基尼系数也只是反映当年实际收入在不同收入阶层的分布情况的一种指标，而非全面、客观评价收入差距所造成影响的指标。如美国的基尼系数虽然也在 0.4 这一警戒线以上，但由于社会福利和保障制度比较完善，社会保障和福利支出占美国整个财政支出的 50% 左右（我国约为 10%），因此对于保持社会稳定能起到积极作用。

贫富差距包括收入差距和财富差距两个方面，收入差距是一种即时性差距，是对社会成员之间年收入的比较；财富差距则是一种累积性差距，主要指的是社会成员之间物质资产和金融资产的对比。事实上，我国居民在收入分配上的贫富差距早已非常明显，财富差距扩大之势也已清晰地展现出来。事实上，以基尼系数作为衡量收入差距大小的数据还不足以反映中国当前的社会问题，而以财富差距来衡量或许其数据更为严峻。据 2009 年福布斯中国财富排行榜②统计，前 400 名富豪中，房地产商占 154 名；在前 40 名巨富中，房地产商占 19 名；在前 10 名超级富豪中，房地产商占 5 名。房地产行业已经成为中国财富的主要集中地。从这个意义上讲，当前中国经济不仅经历着市场的初次分配和政府的再分配，还经历着房地产所带来的第三次财富分配。房地

---

① http://epaper.xiancn.com/xawb/html/2012-12/11/content_166988.htm。
② http://www.360doc.com/content/09/1107/15/329873_8559266.shtml。

第五章 中国社会主义市场经济体制确立与收入分配体制改革创新（1992年至今）

产生的财富再分配和转移远远大过工资性收入的积累。如由国家发改委、国家统计局和中国社科院等编写的《中国居民收入分配年度报告（2004）》中指出："最高收入10%的富裕家庭其财产总额占全部居民财产的45%，而最低收入10%的家庭相应比例仅为1.4%"。财富差距达到32倍，估计随着房地产价格的不断飙升，目前的财富差距至少超过40倍了，而2009年对应的居民收入差距大约是23倍。财富分配的失衡会比一般收入分配差距带来的危害更大，因为它不仅进一步扩大了不同收入阶层在财富创造和财富积累上的差距，即所谓的"马太效应"，而且这种财富积累会一棒接一棒地继续"传递"下去，将通过代际之间的财富转移，进一步恶化代际之间的"分配不公"。

《中国家庭财富调查报告》是来自25个省份的268个县共12 000户家庭的入户访问调查数据，涉及中国家庭财富的规模与结构、城乡与区域差异、金融资产和住房、家庭投融资决策、养老计划等多个方面。报告显示，2015年我国家庭人均财富为144 197元，城镇家庭和农村家庭的人均财富分别为208 317元和64 780元。报告还显示，房产净值是家庭财富最重要的组成部分。在全国家庭的人均财富中，房产净值的占比为65.61%；在城镇和农村家庭的人均财富中，房产净值的比重分别为67.62%和57.60%。报告对住房问题进行分析表明，房产净值具有一定的城乡差异。城镇家庭人均房产净值是农村家庭的3.78倍，略微高于家庭人均财富的城乡差异幅度，家庭拥有住房的财产价值与家庭人均收入以及户主的文化程度等呈现出高度的相关关系。此外，从出租房屋的情况看，城镇和农村出租房屋的家庭在全部家庭中的比重分别为9.8%和3.5%。除了房产外，金融资产在家庭财富中也占有重要份额。金融资产在全国、城镇和农村家庭的人均财富中，分别占到了16.49%、15.96%和18.61%。动产与耐用消费品也是家庭财富的重要组成部分，但其在家庭人均财富中的比重没有呈现出显著的城乡差异。此外，与城镇家庭不同，农村家庭的财富还包括土地的价值。2015年农村家庭的人均土地价值为7 556元，占到了家庭人均财富的11.66%。报告显示，从城乡家庭的投资渠道看，在参与各类金融产品投资的家庭中，股票的投资参与度相对最高，占到了全部调查家庭的7.35%。投资基金的家庭占全部家庭的4.52%，投资收藏的家庭只占到全部家庭的3.53%。城镇家庭对各类金融产品投资的参与度都要高于农村家庭，10.56%的城镇家庭进行了股票投资，这一比重约是农村家庭的4倍。从家庭进行储蓄的动机分析，居首位的是"为子女教育做准备"，超过40%的家庭都将其作为储蓄原因。其次分别是"应付突发事件及医疗支出""为养老储蓄做准备""不愿承担投资风险""为购房或装修做准备"。可见，预防性动机是城乡家庭储蓄行为的主要动因。

从20世纪90年代开始，国家加快了住房市场化和私有化的进程。到90年代中期，新的楼盘建设开始增加，商品房增长得更快。但是，住房市场并没有顺利地发展，因为商品房只占住宅建筑的小部分。一大部分的商品房被工作单位以折扣价格购买，然后仍然根据旧的分配方法分配给员工[1]。到2000年，超过55%的城市家庭已经购买了一套住房。在这些住房所有者中，87%通过他们的工作单位购买了以前的公有住房，只有10%是从市场上购买的商品房[2]。面向中低收入者的住房政策被扭曲了，大部分的经济适用房都被中高收入者购买，因为这些住房很多都是大面积的，超出了低收入者的购买能力。公积金制度1991年最先在上海实施，然后向全国推广，1997年完成。这套

---

[1] Logan J A, Megretskaia I A, Miller A J, et al. Logan, J. A. et al. Trends in the vertical distribution of ozone: a comparison of two analyses of ozonesonde data. J. Geophys. Res. 104, 26373–26399 [J]. *Journal of Geophysical Research Atmospheres*, 1999, 1042 (D21): 26373–26400.

[2] 李学芬：《中国城镇居民住房现状大调查》，载于《中外房地产导报》2000年第10期。

第五章 中国社会主义市场经济体制确立与收入分配体制改革创新（1992年至今）

系统对高收入者有利，因为雇主会按照员工月收入的5%补助到公积金中。因此，那些收入高的人会从工作单位得到更多的公积金。因此，在20世纪90年代中期看到的依然是类似于"房改"以前的住房分层。然而，更高比例的人开始通过工作单位或者住房市场购买到房子。同时，大部分的国有大银行为个人和家庭启动了住房贷款项目。他们可以从单位购买部分或者全部住房产权。拥有部分产权与完全产权不一样的是，他们一般只有在5年以后才有权在市场出售公房，而且售房的收益也必须与单位分享。不过大部分人还是从单位买到了全部产权的住房，而且是以折扣价的方式，这迅速扩大了他们的私人房产。

一言以蔽之，从20世纪80年代到90年代以来城市住房改革的简短回顾可以看出，干部家庭和普通职业群体（包括私营企业主），以及国有单位和私营部门工作的居民之间住房条件的差距在房改之前就已存在。住房改革所做的无非是商品化房产，通过以折扣价出售给现有住户的方法把它们转移到个人手中。一旦商品化，更好的住房就可以在住房市场上出售或出租并产生大额利润和新的财富。那些从工作单位以低价购买到住房的人迅速地积累了家庭财富，特别是在住房市场发展较快的大城市（如北京和上海）。

自2009年以来，中国的高净值人数不断攀升。2014年末，各省基本上都达到了1万人，其中西部地区人数增长迅猛，高收入人群的地区分布差异在不断缩小，一定程度上显示出我国区域经济增长的活力。其中，有7个省份的高净值人数超过5万，分别为广东、上海、北京、江苏、浙江、山东和四川。值得注意的是，四川成为首个高净值人数超过5万的内陆省份，这与国家发展中西部地区的战略密不可分。

3. 资本与劳动：初次分配领域不可避免的矛盾。

（1）初次分配领域资本与劳动的分配关系失衡。

资本强权和劳资利益关系失衡是我国转型期初次分配领域的

主要矛盾。改革开放以来，我国经济以年均 9.8% 的速度获得了长期快速增长，但劳动报酬所占比重不仅没有随着经济增长同步提高反而呈现不断下降的趋势。近 20 多年来，劳动、资本、技术等生产要素按贡献参与分配的体制机制还不健全、不完善，致使我国劳动报酬占国内生产总值的比重呈逐年下降趋势。《社会蓝皮书：2013 年中国社会形势分析与预测》显示，我国劳动者报酬占 GDP 比例从 1990 年的 53.4% 下降到 2011 年的 44.9%。[1]

初次分配领域资本与劳动的分配关系失衡主要表现为：

第一，国民收入分配中劳动收入比重下降。国民经济分配是经济社会发展的一个重大问题也是学术界的一个重要研究领域。中国现阶段的收入分配体制，按劳分配没有充分体现公平，按要素分配只是考虑的资本等强势要素的效率，劳动的分配效率不尽如人意。我们据此看到的是资本和劳动两大要素背后的所有者分配地位的不公平以及衍生出来的财产占有权利的巨大差异。财产权所得，在某种情况下可以扭转国民收入分配中资本所得和劳动所得的禀赋差异，但若利用不当，则会带来收入差异的巨大鸿沟。

近年来，劳动者报酬的下降已经引起国内外学者的广泛关注。"二战"后至 20 世纪 70 年代末，发达国家的劳动收入份额一度出现上升趋势，但在 80 年代之后，发达国家特别是 OECD 国家的劳动份额出现下降趋势。特别是 80 年代之后，伴随着信息技术的迅猛发展以及各国的经济结构调整，这些国家的劳动收入的份额出现不同程度的下降。而在中国改革开放之后到 90 年代中期之前，劳动者报酬在国民收入中所占的比重出现上升，这曾一度引发"工资侵蚀利润"的担忧（戴园晨、黎汉明，1988)[2]。但在 90 年代中期之后，不管是基于收入法 GDP 核算的

---

[1] 社会形势分析与预测课题组：《社会蓝皮书：2013 年中国社会形势分析与预测》，社会科学文献出版社 2012 年版。

[2] 戴园晨、黎汉明：《工资侵蚀利润——中国经济体制改革中的潜在危险》，载于《经济研究》1988 年第 6 期。

第五章 中国社会主义市场经济体制确立与收入分配体制改革创新（1992年至今）

劳动者报酬占比还是基于资金流量表计算的劳动者报酬占比都处于下降的趋势。在国民收入分配中，劳动者报酬所占份额下降的同时也意味着政府部门和资本所得会发生相应的变化，而事实上自1992年以来，政府在国民收入分配中所占的份额一直处于平稳上升的态势，资本所得在此期间发生了波动，比如在20世纪90年代到21世纪初大约10年的时间里资本所得份额出现下降的趋势，这可能与这段时间里企业改革、国家的税制结构改革以及要素市场扭曲效应逐渐被矫正等因素有关，而从2003年开始资本所得在波动中有所上升。①

第二，经济增长中劳动报酬增长缓慢。改革开放以来，我国经济以年均9.8%的速度获得了长期快速增长，但劳动报酬所占比重不仅没有随着经济增长同步提高反而呈现不断下降的趋势。特别是，1997~2017年的20年间，我国财政收入每年都大幅度增长而职工工资总额和职工平均工资则增长缓慢。同时在居民收入中工资性收入所占比重偏低。

2000年以来，我国城镇职工工资收入占居民可支配收入的比重一直维持在35%左右，这就意味着职工的非工资收入大约占65%，显然，以工资收入为主的普通劳动者的收入状况堪忧。此外，劳动报酬增长低于企业劳动生产率和利润率增长。随着经济技术的进步不少企业近年来的劳动生产率和利润率提高了几倍甚至十几倍，但普通职工的收入水平并没有随之同步上升，导致一线普通职工工资增长缓慢。工资增长率远低于利润增长率表明我国企业内部分配向非劳动要素倾斜而劳动要素报酬比较低。

在一些民营企业、合资企业和外资企业的农民工收入增长速度更是十分缓慢。而一个很明显的现象是在企业内部职工分配中，经营管理者所得过高而普通员工所得过低。在国有企业中，

---

① 王玉玲：《劳动报酬占比变动轨迹及其经济效应分析——兼谈对中国经济转型发展的现实影响》，载于《上海经济研究》2015年第10期。

经营管理者年收入一般是普通职工工资的 10~15 倍。企业和劳动者之间利益分配不合理存在着利润侵蚀工资、劳动者干得多挣得少的问题，这是劳动报酬在初次分配中的比重难以提高的症结所在，也是普通劳动者在收入分配中缺乏话语权的直接体现。截至 2015 年，全国城镇非私营单位就业人员年平均工资为 62 029 元，与 2014 年的 56 360 元相比，增加了 5 669 元，同比名义增长 10.1%，增速比 2014 年加快 0.6 个百分点。其中，在岗职工年平均工资 63 241 元，同比名义增长 10.3%，增速加快 0.8 个百分点。扣除物价因素，2015 年全国城镇非私营单位就业人员年平均工资实际增长 8.5%。分四大区域看，2015 年城镇非私营单位就业人员年平均工资由高到低排列是东部、西部、东北和中部，分别为 70 611 元、57 319 元、51 064 元和 50 842 元，同比名义增长率从高到低依次为西部 11.9%、东部 9.9%、东北 9.8% 和中部 8.6%。分行业门类看，年平均工资最高的三个行业分别是金融业 114 777 元，信息传输、软件和信息技术服务业 112 042 元，科学研究和技术服务业 89 410 元，这三个行业年平均工资分别为全国平均水平的 1.85 倍、1.81 倍和 1.44 倍。年平均工资最低的三个行业分别是农、林、牧、渔业 31 947 元，住宿和餐饮业 40 806 元，水利、环境和公共设施管理业 43 528 元，这三个行业年平均工资分别为全国平均水平的 52%、66% 和 70%。最高与最低行业平均工资之比为 3.59，与 2014 年的 3.82 相比，差距有所缩小。从登记注册类型看，年平均工资最高的三个类型分别是外商投资企业 76 302 元，股份有限公司 72 644 元，国有单位 65 296 元，分别为全国平均水平的 1.23 倍、1.17 倍和 1.05 倍。年平均工资最低的是集体单位 46 607 元，为全国平均水平的 75%[1]。

劳动收入份额是国民收入初次分配中最根本的问题之一。有

---

① 资料来源：《2016 年度工资统计》，http://www.yjbys.com/wage/242813.html。

第五章　中国社会主义市场经济体制确立与收入分配体制改革创新（1992年至今）

专家研究指出，影响劳动收入份额格局最根本的因素可归纳为经济结构转型、有偏技术进步、产品和要素市场扭曲三个方面，其他因素可通过它们间接地作用于劳动收入份额；而实证分析倾向于认为美国和欧洲国家劳动收入份额的变动多由分行业劳动收入份额的变动解释，分行业劳动收入份额差异还可解释国家间的总体劳动收入份额的不同，而中国的劳动收入份额下降趋势则更多由产业结构变化所致。同时，市场偏离完全竞争造成的扭曲也是影响劳动收入份额的重要因素，如在产品市场上垄断和企业追求利润之外的目标均是代表性因素，要素市场中则是劳动和资本的谈判能力和要素市场发育程度等。①

（2）资本强权下的分配不公问题突出。

与以前的计划体制相比，目前我国社会主义市场经济条件下的初次分配不仅分配的总量扩大了，而且，所涉及的利益主体也多元化和复杂化了。既存在国家、集体和个人之间的利益关系，也存在不同所有制之间、企业内部的资本所有者、管理者与劳动者之间以及劳动者之间错综复杂的利益关系。但核心问题是劳动要素价值被低估，缺乏工资谈判机制，资本要素的分配权力过于强势。初次分配领域中，按资分配超过了按劳分配。我国目前的劳动力市场缺乏对劳动要素贡献及劳动的财产性收益进行动态评价的机制，往往是资方通过压低工资来增加利润，尤其劳动密集型企业由于产品技术含量不高，缺乏足够的市场竞争力，只能接受低工资以保持自己的"比较优势"，这种情况在企业内部加剧了分配不公，也加剧了劳资矛盾。

可以说，初次分配的公平与否直接关系到社会经济生活的各个层面和各个环节能否正常运行。企业中业主是否按等价交换的

---

① 王晓霞、白重恩：《劳动收入份额格局及其影响因素研究进展》，载于《经济学动态》2014年第3期。

原则支付了劳动者的工资是衡量初次分配是否公平的一个重要原则①。劳动要素的财产所有权是否体现到了分配过程的方方面面？这在一段时间以来，是根本无法做到的。企业剩余控制权基本是资方说了算，分配的不公，根源上是劳动要素的财产权利无法得到体现。

取决于生产条件本身的分配依据是生产要素的所有权。在雇用劳动下，工资是劳动者凭借自己拥有的劳动力所有权所得到的劳动力价值，这暗含劳动要素的财产性特征。作为生产和再生产劳动力所花费的社会必要劳动时间劳动力价值具体表现为三个部分："一是劳动者本身所需要的生活资料价值，二是劳动者家庭所需要的生活资料价值，三是一定的教育训练费用。除此之外，劳动力价值中还包含一定社会的道德因素"。随着劳动生产率的不断提高和物价水平的上升，劳动力的价格也必然有一个上升的趋势。这些特征，说明劳动的财产性收益分配机制应该有动态调整机制，而不是几十年一成不变。

但事与愿违的是，目前中国的劳动力市场，往往是资方通过低工资率增加利润，尤其劳动密集型企业由于产品技术含量不高，缺乏足够的市场竞争力。因此，只能通过低工资率以保持自己的"比较优势"，从而获取利润。特别是，有些外贸订单类企业在生产旺季普通职工一天要工作 10~12 个小时，每月加班超过法定时间；有的劳动密集型企业经营者以"灵活"用工制度的名义千方百计延长工作时间，压缩劳动力成本，等等。这些都是劳动的财产要素特征被忽略的结果。

（3）劳资差距的进一步扩大。

劳动者报酬是收入分配中的一个核心问题。劳动是与其主体即劳动者不可分割的能力，因此劳动者报酬是要素所得中相对来

---

① 王天义：《提高劳动报酬是深化收入分配改革的关键》，http://theory.people.com.cn/GB/12914684.html。

第五章　中国社会主义市场经济体制确立与收入分配体制改革创新（1992 年至今）

说机会最平等的竞争和分配。所以，劳动者报酬成为国民最主要的收入，占有国民收入的最大比例，是社会进步的标志，也是当今发达国家收入分配的普遍趋势。吕光明和于学霆（2018）[①] 充分考虑我国劳动报酬核算口径两次重大变更的现实情况，借助两个鉴别准则和多种估算方法对各省份劳动报酬数据进行核算口径甄别与修正调整，在真正完整意义的核算口径下重新测算了1993～2016 年省份层面的劳动报酬占比（见图 5 - 8）。我们可以看到在 2010 年以前，中国的劳动报酬占比总体上来说是下降的，但是在 2010 年以后出现了一定程度的回升。虽然 2010 年以后，有所回升，但是依旧处于较低水平。

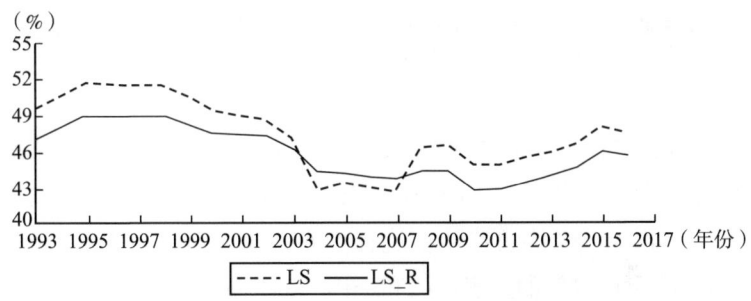

图 5 - 8　政治经济学视角的劳动报酬占比

资料来源：吕光明、于学霆：《基于省份数据修正的我国劳动报酬占比决定因素再研究》，载于《统计研究》2018 年第 3 期，第 66 ~ 79 页。

由于我国的劳动报酬占比在正规部门和非正规部门之间存在着极大的差异，因此研究经济结构对总体劳动报酬占比变动，以及经济结构内部劳动报酬占比变化对总体劳动报酬占比变动的影响就显得尤为必要了。故而，在此借用吕光明和李莹（2015）的研究结论，具体如表 5 - 14 所示。

---

① 冯志轩：《国民收入中劳动报酬占比测算理论基础和方法的讨论——基于马克思主义经济学的方法》，载于《经济学家》2012 年第 3 期。

表 5-14　　1992~2012 年中国劳动报酬占比的结构分解

分解类型	变动（%）
总变动	-8.33
水平变动	-5.24
结构变动	-3.09
正规部门水平变动	-3.05
正规部门结构变动	0.94
农户水平变动	0
农户结构变动	-9.48
个体经营户水平变动	-2.19
结构变动	5.45

资料来源：吕光明、李莹：《中国劳动报酬占比变动的统计测算与结构解析》，载于《统计研究》2015 年第 8 期，第 46~53 页。

通过分析表 5-14 我们可以发现：水平变动对劳动报酬占比变动的影响要大于结构变动。农户劳动报酬占比估计过高（90%）再加上经济快速转型过程中农户重要程度的急剧下降、劳动报酬占比较低的正规部门和个体工商户重要程度的上升，导致整体的劳动报酬占比下降。由于结构变动是经济发展过程中的一般规律，因而由其引发的中国劳动报酬占比下降并不是收入分配格局调节政策关注的重点。相反，由于中国正规部门和个体经营户劳动报酬占比不仅远低于农户劳动报酬占比，而且中国正规部门劳动报酬占比还与美国相比有不小差距，因此，中国收入分配格局调节政策设计应着眼于从根本上解决企业、行政事业单位和个体经营户中劳动报酬占比偏低的问题。

根据经济理论和国际经验，一般认为，不考虑政府主体，劳动与资本在国民收入中所占的比重大约 2∶1，即分别占 2/3 和 1/3，而私有制经济比重上升、财政分权下地方政府"偏爱"资本倾向、产业结构的变化、垄断资本收益挤占等方面都可能是劳

第五章 中国社会主义市场经济体制确立与收入分配体制改革创新（1992年至今）

动报酬低于合适水平的原因。

4. 再分配领域存在的问题。

市场经济体制改革的同时，计划机制逐步退出初次分配领域，而于再分配领域中以政府宏观调控方式调节居民收入分配。此调节功能由政府依托相应的法律法规，通过税收与社会保障两大政策工具加以实现。

从个人所得税来看，个人所得税制度是政府在个人收入实现环节征收的一种直接税，具有较强的收入分配调节功能。在全球22个发达国家中，17个国家建立了以个人所得税为主的税收制度。在发展中国家，中等收入国家和正在成为中等收入的国家，个人所得税和商品税也是平分秋色。个人所得税是直接税，具有不可转嫁性，进行收入再分配的调节直接有效。我国现行个人所得税在制度设计和征收管理上存在不少问题，主要表现为：起征点偏低，税率档次少，边际税率高，调节对象不明确，定额和定率相结合的扣除方法削弱了个人所得税对个人所得征税的性质，税收征管环节也存在一定问题。税收来源结构不合理，在个人所得税收入中有很大一部分来自工薪阶层。

从社会保障制度来看，这一时期，我国社会保障水平得到了不断的提高，社会保障制度得到了迅速的规范与发展，社会保障的作用惠及更多居民。比如1992年规定养老保险金的缴纳比例与社会平均工资和个人工资挂钩，1997年国家确定了"统账结合"的养老保险模式；1992年卫生部依据国务院意见提出"以工助医、以副补主"，1997年国务院出台《关于卫生改革的发展与决定》明确了卫生改革的总体要求、具体领域等，2000年和2001年《关于城镇医药卫生体制改革的指导意见》和《关于农村医药卫生体制改革的指导意见》相继出台。中国共产党第十六次全国人民代表大会报告明确要求"建立健全同经济发展水平相适应的社会保障体系。"中国共产党第十七次全国人民代表大会报告进一步指出"全面推进城镇职工基本医疗保险、城镇居民基本医疗保险、新型农村合作医疗制度建设。"这说明国家对社会保障调节收入分配的作用给予了高度重视。从时间轴上看，2002年，全国范围内实施了"新型农村合作医疗制度"；2007年，国家启动了探索建立"城镇居民基本医疗保险制度"；2009年，全国10%的县级行政单位开始试点"新型农村社会养老保险制度"。

总体来看，这一时期收入分配机制上伴随着市场取向改革和市场化程度的提高、市场机制的植入和内嵌化，政府与市场在收入分配中的职能日益清晰，这一方面带来了我国经济增长速度的腾飞；另一方面也使我国的收入差距扩大问题日益凸显。为了解决这一突出问题，国家在对待效率与公平的关系上也出现变化，开始向公平端倾斜，由坚持效率优先、兼顾公平转变为效率与公平并重。

虽然国家不断重视通过再分配来提升收入分配的公平性，但是再分配领域依旧存在着诸多问题，需要不断地进行改进与优化。具体来看，在税收调节方面，个人所得税的调节作用虽然不断增强，由1992年的31.36亿元增加到了2012年的11 966亿元，增加了381.57倍。但是绝对作用依旧存在不足，其仅仅占我国2017年GDP（820 754亿元）不到2%。从社会保障支出来看，2017年我国社会保障支出为24 611.68亿元，其仅仅占我国2017年GDP的3.0%。①

（三）"主与并"混合型收入分配制度确立与突破期的启示：完善市场与政府的制度建设

回望党的十一届三中全会以来，随着改革开放在我国经济领域各个方面、各个环节，特别是在所有制、分配领域的展开和深入，我国逐步建立起与社会主义公有制为主体、多种分配形式并存相应的按劳分配为主体、多种分配方式并存的中国特色社会主

---

① 根据相关年份《中国统计年鉴》整理所得。

第五章 中国社会主义市场经济体制确立与收入分配体制改革创新（1992年至今）

义混合型收入分配制度。在中国特色社会主义市场经济体制建设和完善进程中，这一"主与并"混合型收入分配制度体系的建构和作用，极大地激发了多种所有制经济共存共生制度环境下广大劳动者和生产要素所有者的积极性，我国社会生产力得到了极大的解放和发展，有力地推动了中国经济持续的高速增长，在综合国力显著提高的基础上极大地改善了社会民生和公共服务。与此同时，随着我国经济飞速发展，收入分配矛盾也逐渐凸显。宏观层面，主要表现为劳动者报酬、社会保障、民生和公共服务水平、公平正义的社会环境在整体上与经济和社会财富增长不相匹配；中观和微观层面，城乡之间、区域之间、行业部门之间以及居民个体之间的收入差距较为明显[①]。客观地审视我国收入分配制度或体制上还存在的诸多问题和困难，其重要的原因在于市场和政府制度建设不健全、不完善，其中既有市场改革和发展中要素市场发育不足、初次分配制度不健全等原因，也有政府职能转换改革中再分配调节机制不完善、政府收入分配调节职能、调节行为不够到位等问题。

为此，深化我国收入分配体制改革，必须正确处理生产与分配、效率与公平、市场与政府作用之间的关系。为将经济增长和共享成果相结合、经济发展水平提高与劳动者和居民收入水平的提高相结合，必须扎实推进健全和完善市场与政府的制度建设，健全初次分配制度，着重保护劳动所得，优化制度环境，多渠道增加居民财产性收入，完善再分配调节机制，更加注重公平，着力解决收入分配差距较大问题，使市场在资源配置中起决定性作用和更好发挥政府作用在深化收入分配改革中具体体现为"初次分配和再分配都要兼顾效率和公平的关系"。

进一步说，深入推进要素市场化改革，发展和健全多层次资

---

① 覃申：《形成合理有序的收入分配格局》，载于《经济日报》2013年11月30日。

本市场体系，深化利率市场化改革，创新金融体系等。与此同时，政府还应在保障公平竞争、加强市场监管、维护市场秩序、弥补市场失灵等方面负起责任，积极稳妥推行工资集体协商和行业性、区域性工资集体协商，因地制宜提高最低工资标准；改革机关事业单位工资和津贴补贴制度，完善艰苦边远地区津贴增长机制，完善以税收、社会保障、转移支付为主要手段的再分配调节机制，尤其是继续健全农业支持保护制度和农业补贴制度、提高农民职业技能和创收能力、建立健全基本公共服务体系，大力增加转移性收入，推进城乡基本公共服务均等化；规范收入分配秩序，促进合理有序的收入分配格局的形成，完善收入分配调控体制机制和政策体系，建立个人收入和财产信息系统，保护合法收入，调节过高收入，清理规范隐性收入，取缔非法收入，增加低收入者收入，扩大中等收入者比重，努力缩小城乡、区域、行业收入分配差距，逐步形成"橄榄形"分配格局。

第六章

中国收入分配体制改革总结与展望

一、中国特色社会主义收入分配理论创新的时代意义

(一) 中国特色社会主义收入分配理论创新的时代意义

改革开放 40 年来,中国特色社会主义收入分配理论以马克思主义为指导,立足于中国国情和改革开放的实践经验,经历了由单一的按劳分配,到按劳分配为主体、其他分配方式为补充,再到按劳分配为主体、其他分配方式共同发展以及按劳分配与按生产要素分配相结合,走了一条不断创新发展之路,既体现了社会经济发展的客观规律性,又有鲜明的时代性。中国特色社会主义收入分配理论创新的时代意义体现在:

1. 发展了马克思关于社会主义个人收入分配的理论,丰富了中国特色社会主义政治经济学理论体系。

分配作为一个重要的经济范畴,一直是经济学研究和理论体系中的一个重要内容。马克思经过长时间对资本主义社会分配问题的研究,逐渐形成了关于未来社会分配问题的见解。1875 年

《哥达纲领批判》的公开问世，标志着马克思按劳分配思想的正式确立。如前所述，马克思的按劳分配理论包括他所提出的马克思实现按劳分配原则的生产力基础和社会制度条件，按劳分配思想的本质内涵、基本内容和基本要求，以及按劳分配的实现形式即未来社会主义社会的分配方式。马克思第一次将共产主义分为不同程度的两个阶段：低级阶段和高级阶段，并指出在共产主义社会的不同发展阶段，个人消费品的分配方式是不同的。在共产主义社会第一阶段，在经济和精神方面还存在许多旧社会的痕迹，劳动还只是人们谋生的手段，因而只能实行按劳分配。在共产主义社会的高级阶段"在劳动已经不仅仅是谋生的手段，而且本身成了生活的第一需要之后；在随着个人的全面发展，他们的生产力也增长起来，而集体财富的一切源泉都充分涌流之后，——只有在那个时候……社会才能在自己的旗帜上写上：各尽所能，按需分配！"马克思的按劳分配理论还包含着他关于社会公平正义的思想。分配理论是马克思主义政治经济学理论体系中的一个重要部分，马克思主义政治经济学的研究对象是资本主义生产关系，而马克思是从生产、分配、交换、消费四个环节来研究资本主义生产过程中的生产关系的，马克思深刻分析了生产与分配、交换、消费的相互关系，说明了直接生产过程中的生产关系，即狭义生产关系的性质决定着由社会再生产各个环节上的经济关系构成生产关系总和的性质；马克思还区分了作为生产要素的产品的分配、交换、消费与作为生产成果的产品的分配、交换、消费。

中国特色社会主义收入分配理论以马克思的收入分配理论为基础，坚持了马克思关于社会主义社会个人收入分配的基本原则，基于时代背景和中国社会主义实践，创造性地发展了马克思的理论。中国特色社会主义收入分配理论中不仅包含体现社会主义基本经济制度和生产关系性质的按劳分配的基本原则、内容、方式，还包含社会主义初级阶段和市场经济条件下按劳分配的实

第六章　中国收入分配体制改革总结与展望

现方式，社会主义公有制为主体的所有制结构与多种分配方式并存的分配制度特征，以及社会主义市场经济中按要素贡献分配的依据和实现路径。

中国特色社会主义收入分配理论对马克思理论的丰富和发展还表现在，在现代经济增长中如何保障劳动者收入增长的问题。"不论生产的社会的形式如何，劳动者和生产资料始终是生产的因素"①。马克思当年揭示的资本主义对抗性分配关系的特征就在于压低劳动报酬来增加剩余价值，其中包括提高的劳动生产率表现为资本的生产力而被资本家所占有。作为社会主义的重大原则，收入分配中必须保障劳动者的权益，保护劳动所得，尤其是保护在效率提高中的劳动所得。基于这一原则和社会主义实践，党的十九大报告提出，"坚持在经济增长的同时实现居民收入同步增长、在劳动生产率提高的同时实现劳动报酬同步提高。因此劳动报酬占比的提高需要有法律和制度的保障。其中包括维护劳动权益的法律规范、企业内工资集体协商机制、工资正常增长机制、最低工资和工资支付保障制度等。"这是理论与实践创新成果的总结。

公平与效率是人类实践活动丰富内含中的最基本内容，集中表征了人类实践活动的一切价值取向，社会主义要求效率与公平的动态平衡。马克思关于收入分配的思想中对公平效率问题进行了科学论述。公平与效率是社会主义收入分配所追求的两个目标，其实现既是社会主义生产关系性质的体现，也是政府作用和政府政策的体现。改革开放以来，在探索中国特色社会主义发展道路的实践过程中我们逐渐形成了收入分配应坚持公平和效率并重的重要思想，即我国的社会主义初级阶段实行的是以按劳分配为主、多种收入分配方式并存的收入分配制度，其内涵是按劳分

---

① 马克思：《资本论》第 2 卷，引自《马克思恩格斯全集》第 24 卷，人民出版社 1975 年版，第 44 页。

配和按生产要素贡献分配结合,其价值取向是实现公平和效率的统一。这一分配制度是同我国公有制为主体、多种所有制并存的所有制结构相适应的,既体现了社会主义初级阶段生产关系的特征和要求,也体现了发展社会主义市场经济和构建社会主义和谐社会的客观要求。在收入分配中处理好效率与公平的关系,是关系改革、发展和稳定的重大问题。初次分配和再分配都要兼顾效率和公平,再分配要更加注重公平。这些思想、实践和政策取向都是对马克思收入分配理论的重大发展。

进入新时代,马克思主义中国化的一个重大任务就是构建中国特色社会主义政治经济学理论体系。政治经济学要成为指导中国经济改革和发展的理论经济学,要根据中国经济改革发展的需要不断创新发展,重构中国特色社会主义政治经济学的学术话语体系和理论体系。

揭示生产关系规律是中国特色社会主义政治经济学研究的重大课题。面临全面深化改革的重大任务,中国特色社会主义政治经济学研究需要对改革和发展中出现的新现象、新矛盾的根源有科学的认识,找到解决这些矛盾的路径,形成新的经济学理论,为马克思主义政治经济学的创新发展贡献"中国智慧"。政治经济学不仅要研究我国经济发展新阶段的经济运行特征和问题,更重要的是要从基本经济关系层面上研究全面深化改革带来的生产关系、利益关系的变化(所有制和产权问题),揭示生产力和生产关系变化的经济规律。随着全面深化改革的推进,在收入分配领域出现了许多新现象、新问题、新矛盾,在经济运行深层次体现出来的是我国转型期收入分配关系及其利益结构演变,其背后的核心逻辑是生产关系,它是社会主义初级阶段生产力发展与生产关系、经济基础与上层建筑之间矛盾的具体表现和在收入分配中的展开。分配关系的调整和收入分配制度的改革要遵循生产力与生产关系、经济基础与上层建筑之间的客观规律,中国特色社会主义收入分配理论在研究、揭示这些规律的同时,将极大地丰富和发展中国特色社会主义政治经济学。

2. 为实现社会主义的核心价值和最终目标提供了可靠的思想和制度取向。

马克思、恩格斯从人和社会的关系出发，从历史演变的角度揭示了三大社会形态中人的发展状态，指出人的全面发展的历程和人类社会历史发展一样是一个自然历史过程。在《1857－1858年经济学手稿》中，马克思按照人的个体发展的程度把人类社会分为依次递进的三种社会形态，而"建立在个人全面发展和他们共同的社会生产能力成为他们的社会财富这一基础上的自由个性，是第三阶段"①，在这个阶段，人的个体得到了全面的、充分的发展，它相当于马克思所讲的社会主义社会和共产主义社会。马克思提出在未来社会重建"劳动者个人所有制"和自由人联合体，最终实现每个人的自由全面发展。马克思追求的是人的全面发展，物质资料的生产和发展只不过是人的全面发展的基础。人的全面发展是共产主义社会的核心价值。中国在建设社会主义的长期实践中，根据其思想发展和经验积累凝练出了社会主义的核心价值。习近平总书记指出，"要坚持以人民为中心的发展思想，这是马克思主义政治经济学的根本立场。"② 马克思关于人的全面发展的思想是我们坚持以人民为中心的发展，逐步实现共同富裕进行道路选择的基本原则和核心精神。

收入分配制度是以人民为中心的发展逐步实现共同富裕的制度基础。马克思认为分配公平与否取决于它是否与一定历史阶段由生产力水平决定的生产方式及生产关系相适应。在社会主义收入分配制度的构建上，我们要选择制度与现阶段生产力发展、增进经济效率的内洽性。公平正义的权利结构和分配结构是我国收

---

① 《马克思恩格斯全集》第 31 卷，人民出版社 1998 年版。
② 习近平：《立足于我国国情和我国发展实践，发展当代中国马克思主义政治经济学》，载于《人民日报》2015 年 11 月 25 日。

入分配制度改革的目标,也是构建社会主义和谐社会的基础。在此基础上,要建立起一种新的利益均衡机制,建立起一种为社会大多数成员所接受的权利分布及收入分配状态,以体现社会主义共同富裕的基本方向。

这些思想和制度构建取向,是中国特色社会主义收入分配理论的重要内容,改革开放40年来不断的实践探索为实现社会主义的核心价值即人的全面发展和共同富裕最终目标提供了可靠的制度基础。

3. 提供了收入分配领域要解决的重大课题的理论基础与实践方案。

经济增长与收入差距的矛盾是各个国家收入分配领域都遇到和要解决的重大问题,面对这个问题,经济学家各抒己见。"只有在落后国家,生产的增长才是依然重要的目标。在最发达国家,经济所需要的是更好的分配。"(约翰·穆勒,1848)[1] "在经济效率和社会公正之间存在冲突。该冲突的程度和重要性依经济发展的状况而不同。……收入水平越高,再分配政策引起的增长率下降问题就越小。发达国家有能力为社会公平牺牲一定的增长。但是对处于经济发展水平较低水平的国家来说,公平的代价都是巨大的……"(约翰逊,1964)多年来,自由主义几乎没有改变过对分配不公的态度。哈耶克认为"说分配公不公正是没有意义的……所有为保证分配公正而作出的努力必然会将市场自发秩序变成……一种集权的秩序。""19世纪的经济学家将分配问题置于经济分析的核心地位并致力于研究其长期趋势,这一做法值得称道。他们提出了正确的问题,我们没有任何理由相信增长是自动平衡的,长久以来,经济学家都忽略了财富分配。"[2]

---

[1] 约翰·穆勒:《政治经济学原理及其在社会哲学上的应用》,商务印书馆1997年版。

[2] 托马斯·皮凯蒂:《21世纪资本论》,中信出版社2014年版。

发展中国家如何实现经济现代化以及成功转型，西方主流经济学根据先行发达国家的经验开出了不少药方，而中国立足于自身国情坚持走中国特色社会主义道路，其发展道路和成功经验却受到越来越多的关注。但是，我们在转型和发展过程中也遇到和其他发展中国家一样的问题。"尽管中国经济正在经历不可思议的增长和经济趋同，然而不应该忽视的是，与其他发达国家一样，不平等问题与中国息息相关，而且在接下来的几十年里，不平等问题将越来越突出，因为经济增长最终将不可避免地放缓。"①"在过去的几十年里，中国立足于本国国情，并从19世纪到20世纪的西方历史经验里吸取教训，试图在资本主义和共产主义之间找到一条融合二者优点的道路，并建立起适合自己的发展模式。……调和经济效率、社会公平和个体自由的矛盾，防止全球化以及贸易和金融开放所带来的利益被少数人独占，阻止我们的自然资源被彻底破坏等诸如此类的问题，无论我们身处何地，都需要共同面对。"②

党的十八届五中全会提出了必须牢固树立并切实贯彻创新、协调、绿色、开放、共享的"五大发展理念"，用新的发展理念引领我国发展方式的转变。十一届三中全会后，一个重要的发展理念就是让一部分人先富起来。历史发展到今天，开始进入通过先富带后富，让人民群众共享发展成果，实现共同富裕的历史新时期。共享发展回答了"发展目标是什么和发展成果如何共享"的问题。党的十八届五中全会提出坚持共享发展，必须坚持发展为了人民、发展依靠人民、发展成果由人民共享，使全体人民在共建共享发展中有更多获得感，增强发展动力，增进人民团结，朝着共同富裕方向稳步前进。共享发展作为中国道路实践经验的概括和总结，彰显了中国道路的鲜明特色，明确了中国道路未来

---

①② 李实、岳希明：《〈21世纪资本论〉到底发现了什么》，中国财政经济出版社2016年版。

探索的实践方向。西方学者在讨论中国现代化道路问题时承认，中国虽然经历了殖民入侵，但是它特有的文化、价值观和历史，意味着它无法走西方现代化的道路。实践也已有力地证明了，中国现代化必然要走一条有自己特色的独特道路。

中国特色社会主义收入分配理论，立足于中国国情和自身经验，提出社会主义收入分配领域如何处理好公平与效率的关系的理论；初次分配领域如何处理好劳动与资本的关系的理论；在经济增长过程中如何发挥政府与市场的作用有效调节收入差距的理论；以及如何走包容性发展道路，脱贫致富实现共享发展，把缩小差距和共同富裕建立在生产力与生产关系相互促进的基础之上的理论，等等。这些理论是坚持以人民为中心的发展思想的集中体现，也是马克思主义政治经济学时代创新的重大成果，为我国收入分配领域要解决的重大课题的理论基础与实践方案。

（二）中国特色社会主义收入分配理论创新发展的基本条件

1. 社会生产力的发展为中国特色社会主义收入分配理论创新发展提供了基本前提。

从党的十四大明确指出，经济体制改革目标为建立社会主义市场经济体制，到党的十四届三中全会对建立社会主义市场经济体制做出了全面的战略部署，开启了社会主义市场经济理论的不断探索，中国经济改革取得一项又一项骄人的成果，这一切都基于生产力的解放，呈现为中国经济的持续高速增长。而解放生产力又为社会积累了财富，为人民生活水平的提高奠定了物质基础，物质生产和生活条件的变化，必将为社会主义收入分配理论研究提供基本前提。改革开放打破了高度集中的计划经济体制，经济蓬勃发展、高速腾飞，人民物质生活水平大幅提高，这样的鲜活实践使得人们真正得以冲破思想的束缚，开始探索理论的新发展，不再纠结于姓"资"还是姓"社"的问题。尤其邓小平提出市场经济不止存在于资本主义社会，"社会主义也可以搞市场经济"的观点，才真正地开始了社会主义市场经济收入分配理论的探索。随着我国生产力发展水平不断提高，中国告别了"温饱"时代，走向"小康"社会，而社会主义收入分配理论也正是这个大时代背景下的产物。理论构建与制度创新需要一个与之内洽的生产力基础，改革开放 40 年的经济增长与生产力发展不断地丰富了社会主义收入分配理论的探索和创新，也充分反映了生产力与生产关系、经济基础与上层建筑之间关系的客观规律。

2. 构建和谐社会和全面建成小康为中国特色社会主义收入分配理论创新发展提供了方向和目标。

社会主义收入分配理论是在全面建设小康社会目标的指引下，围绕着以人为本、公平正义、建设社会主义和谐社会的方向和原则不断进行的创新发展。

进入 21 世纪，党的十六大和十六届三中全会、四中全会，从全面建设小康社会、开创中国特色社会主义事业新局面的全局出发，明确提出构建和谐社会的战略任务，并将其作为加强党的执政能力建设的重要内容。党的十六届四中全会，进一步提出构建和谐社会的任务，明确了"以人为本、公平正义"，实现全面建成小康社会的宏伟目标。党的十七大和十八大分别提出，"初次分配和再分配都要处理好效率与公平的关系""初次分配和再分配都要兼顾效率和公平，再分配更加注重公平"。这些纲领性的提法为社会主义收入分配理论的进一步探索突破提供了新的方向和目标。可以说，对效率与公平在收入分配中的不断演进和运用，都是为了更好地促进收入分配的改革实践。不管从改革初期打破平均主义僵局，促使经济腾飞角度看，认为效率更为重要的观点，还是后来强调以人为本，着眼于遏制收入差距扩大、着眼于公平分配，着眼于提高低收入水平，应该认为在初次分配与再分配阶段强调效率与公平兼顾的论述，都是收入分配各环节上既要鼓励按要素贡献大小获得收益，承认合理的收入差距，同时又要调节收入差距的过大，防止贫富悬殊的两极分化，以此更好更快地建设社会主义和谐社会、实现全面建设小康社会的宏伟目标。

3. 以公有制为主体的多元所有制结构为中国特色社会主义收入分配理论创新发展提供了重要的制度环境。

改革开放以来,根据生产力发展水平和经济发展实际情况,不断推进社会主义初级阶段所有制结构的改革,这也使得社会主义收入分配理论随着改革发展逐步探索突破,走向成熟。从理论上讲,马克思主义收入分配理论中国化是一个动态的过程,当其所依存的经济条件发生变化时,理论也要随之变化。[①] 党的十一届三中全会到党的十四大,我国经济结构中形成了以公有制为主体、其他经济成分为补充的所有制结构,党的十五大又进一步提出"公有制为主体、多种所有制经济共同发展"的基本经济制度,表明了对公有制经济及其主体地位有更加全面的认识。由于分配方式取决于所有制关系,因此这一时期的收入分配理论,从按劳分配在社会主义初级阶段分配结构中的主体地位,多种非按劳分配方式的补充地位,转向了"个人收入分配要坚持以按劳分配为主体、多种分配方式为并存的制度";在党的十五大报告中,提出了"把按劳分配和按生产要素分配结合起来",党的十六大报告中又进一步深化为,"确立劳动、资本、技术和管理等生产要素按贡献参与分配的原则",更是对马克思收入分配理论的新发展,彻底突破了"产品型按劳分配"的实现模式。可以说,改革以来,所有制结构多元化改革的不断推进,理论界也突破了按劳分配方式的唯一性,人们从开始承认非劳动性收入,到逐渐探索劳动、资本、技术、管理等生产要素按贡献参与分配这些具有社会主义市场经济特点的分配方式,表明所有制结构的不断改革为社会主义收入分配理论探索突破提供了深厚基础。

---

① 杨辉:《马克思主义个人收入分配理论中国化研究》,世界图书出版公司2011年版。

4. 社会主义市场经济体制改革目标模式的确定为中国特色社会主义收入分配理论创新发展提供了理论框架。

改革开放40年，社会主义市场经济体制改革目标模式的确定可以分为三个阶段：第一阶段，突破了完全排斥市场调节的大一统的计划经济概念，形成了"计划经济为主、市场经济为辅"的思想；第二阶段，确认"社会主义经济是公有制基础上有计划商品经济"的论断，突破长期以来把计划经济同商品经济对立起来的传统观念，重新解释了计划经济的内涵；第三阶段，从根本上破除了把计划经济和市场经济看作属于社会基本制度范畴的思想束缚，确认建立"社会主义市场经济体制"的改革目标。社会主义市场经济体制的确立和社会主义市场经济理论的形成是马克思主义中国化的重大成果，为中国特色社会主义收入分配理论创新发展提供了理论框架。在社会主义市场经济的整体框架中，收入分配是一个有机构成部分，中国特色收入分配的基本原则、分配方式、实现形式、个人企业与政府三大主体的地位与作用、初次分配与再分配、资本与劳动的关系等这些制度要素都要放到社会主义市场经济体制框架中，寻找其实现路径，这些内容及理论创新也构成了收入分配理论的基本理论框架。

5. 解放思想、实事求是、与时俱进、求真务实为中国特色社会主义收入分配理论创新发展提供了思想保障。

改革开放以后的社会主义收入分配理论研究摆脱了"就分配论分配"的思维窠臼，在解读和运用马克思主义经典著作，更加注重与时俱进，更加注重实践对理论的检验和理论在实践中的作用，并通过实践促进理论的创新。正如邓小平提出的"解放思想，实事求是"的精神，这不仅是马克思主义的精髓，也是理论界进行社会主义收入分配理论探索创新的核心精神。邓小平首先在改革开放初期就勇于澄清历史上的错误，克服平均主义，按劳分配才得以"正名"；然后承认了我国现阶段除了全民所有制、集体所有制和混合制经济中的国有成分和集体成分外，还存在多种非公有制成分,因此打破了按劳分配的"唯一"论,并开始逐步把企业作为分配主体,为我国的收入分配改革提供了理论基础。之后又提出了社会主义发展的不平衡规律、竞争规律,提出了"先富""后富"的理论。这些都体现了邓小平以及这一时期研究者们强调物质利益和精神作用并重的原则。正是改革开放后思想路线上的拨乱反正,提倡解放思想、实事求是、与时俱进、求真务实的思想作风和研究方法,才为中国社会主义收入分配理论的探索突破提供了思想保障,也保证了中国社会主义收入分配理论发展创新的正确方向及其活力。

二、中国特色社会主义收入分配制度的演变逻辑与方法论意义

我国收入分配制度所经历的不断探索和发展的过程,是马克思主义中国化在收入分配领域的具体体现,更是对中国社会主义经济实践经验的理论提炼和总结。从经济改革与制度演化路径的视角,研究中国收入分配制度的演变逻辑,对于深刻理解中国经济社会转型发展具有重要的学科意义和实践价值。

从方法论意义看,迄今的解释多见于运用新古典经济学、新制度经济学产权、交易成本、成本—收益分析工具分析收入分配制度改革转型及其对资源配置优化、效率提高的作用。效率原则固然能够在很大程度上评判制度的优劣,但是随着对经济发展以及制度绩效认识的不断丰富,单纯以效率原则来衡量制度绩效,显然有所片面且有碍于实现制度绩效衡量的多样化和制度变迁理论分析范式选择的多样化。这也关系到如何对中国社会主义经济制度的变迁轨迹进行合理的、逻辑自洽的历史诠释。从政治经济学角度看,收入分配制度变迁既受到整体社会经济制度变迁的制约,又深刻影响着社会经济制度转型发展,同时也体现了"生产

力—生产关系—上层建筑"的相互影响、相互作用。

(一) 中国渐进式为主的收入分配制度演变方式

从1956年开始,在中国共产党历次全国代表大会决议精神的指导下,我国的收入分配制度在分配基础、分配原则、分配机制和分配形式等方面进行了渐次深入的调整与变革,从宏观历史时序来看形成了明显的渐进性制度变迁轨迹,经历了制度变革背景下传统社会主义按劳分配制度的形成与发展(1949~1978年);体制改革进程中社会主义收入分配制度嬗变(1978~1992年);社会主义市场经济体制下收入分配制度的完善与发展(1992~2012年);完善社会主义市场经济体制与收入分配制度改革深化(2012年至今)四个阶段。而在较长的时间轴上看,尽管当代中国的收入分配领域事实上出现了毛泽东和邓小平领导下寻求"均中求富"抑或"收入差距、共同富裕"两种主要思想及其相应的制度,但若将毛泽东与邓小平所坚持的观点看作是"社会主义公平"或"共同富裕"这一终极目标的不同阶段性特征,则其在实践中所带来的不同结果显然也具有其历史合理性。当然,由于中国每个时期关于社会主义收入分配制度的探索,是出于对当时经济社会体制结构等多重因素的考虑下以适应经济发展和社会稳定的需求的产物,因而更多地打上了历史范畴的烙印并带有了一定的历史局限性。

依据收入分配制度的改革进程所处阶段及其分配原则、分配机制、分配形式及分配方法的特点,我国收入分配制度演变方式具有的较显著的"两阶段论"特征,其时间转折点为1978年。即1978年以前是传统计划经济体制下自上而下的以强制性、渐进式和被动性为主的收入分配制度变迁,1978年以后则是在市场取向改革及其社会主义市场经济体制下由自上而下与自下而上双线主导,且以诱致性、渐进式和主动性为主的收入分配制度变迁。但这两个时期的收入分配制度变迁,在时间和空间上都带有显著的渐进式演变特征。

1. 渐进式为主的收入分配制度演变动力来源：外在压力、主动学习。

政府是中国经济体制改革最强有力的推动者，如果把政府作为制度变迁的主体来看待，那么我国收入分配制度演变的动力来源有两个：外在压力和内在动力（即主动学习）。

所谓外在压力，包括国际的竞争压力和国内的维稳压力。国际竞争压力是指国际上的（经济、政治、文化、军事等）竞争所引致的处于劣势的国家所面临的改革压力，比如在传统经济增长理念指导下国际上以生产效率为首要竞争目标，会导致这些国家建立促进效率的激励机制，从而进行收入分配制度改革；国内压力多指现有制度因严重的效率或公平缺失而引起绝大多数人的不满甚至威胁到社会稳定，或社会中的主要利益集团提出制度变革的要求，由此给政府带来的压力。如我国收入差距逐渐扩大对社会稳定的威胁迫使政府在收入分配制度尤其是公理性原则和政策性原则之间逐渐深入的权衡与调整。

主动学习主要是指（主体认知结构中的）政府尤其是政治家的危机意识和学习能力。当政治家敏锐地觉察到改革的潜在利益，即不改革现有制度的潜在威胁以及制度变迁带来的强大的外溢效应（连锁式的经济效应以及非经济效应，包括政权稳定、政府威望提升等），有能力发现有效的、低成本的制度改革途径，并且具有改革的胆略和热情，那么制度的变迁就有了内在动机。

由压力催生的制度变迁方式，从发起变迁的主体看往往先是诱致性变迁，随后政府"跟进"，发起强制性变迁，比如我国农村家庭联产承包责任制的建立和农村居民收入分配制度的改革。从制度变迁的速度看，往往是突进式变迁，原因就是现有制度已经处于"不改不行"的境地，改革的阻力较小。从制度变迁主体的态度来看，往往是被动式变迁；反过来看，如果政府主动变革制度，也就未必出现危机。相应地，由主动学习催生的制度变迁方式多为强制性、渐进式和主动式变迁。

纵观新中国成立至今近 70 年的收入分配制度变迁历程，外在压力和主动学习两大动力贯穿在我国渐进式的收入分配改革进程中。两者相辅相成，共同促进我国收入分配制度的不断完善与发展。从国内经济社会发展的各阶段性特征来看，解放生产力、发展生产力始终是第一要义。

在新中国成立初期，由于国内面临生产力水平极其落后、物质财富极大匮乏的发展问题，国际上社会主义阵营同资本主义阵营相抗衡的竞争问题，我国学习苏联的社会主义建设经验，提出了建立社会主义计划经济体制、优先发展重工业的战略目标。我国的收入分配制度变革相应服从于上述改革的目标要求，单一的生产资料公有制为分配基础，按劳分配、"均中求富"的分配原则，计划化的分配机制以及工资制和工分制的分配形式的组合构成了最初传统按劳分配的收入分配制度的主要内容，在满足人民最基本的生活水平的条件下为重工业发展提供必要的廉价生产要素并调动生产者的积极性。

而在改革开放初期，我国"主与补"混合型收入分配制度的构建不仅仅取决于外在压力的诉求，也取决于党的领导集团在新形势下对改革开放巨大机遇的把握、对新的社会局势和发展形势的判断。事实证明，中国经济发展受益于改革开放的强大外溢效应，改革开放成为中国经济社会发展的第二大转折点。在此之后，随着社会主义市场经济体制的确立与完善，面对生产要素在经济发展中越来越重要的贡献，我国相继推动了收入分配制度一系列的深化变革，由传统的劳动分配占绝对地位、新的生产要素分配有所渗入的"主与补"混合型收入分配制逐步转变为"主与并"混合型收入分配制度。

2. 渐进式为主的制度变迁路径选择原因：路径依赖。

路径依赖决定了我国的收入分配制度变迁必然是一个渐进的过程。每次改革都是对原有制度的边际调整和结构性改革。原有制度所规定的制度实施范式对制度变迁的方向与速度具有自我强化的惯性和"锁定"作用。选择渐进式的改革路径可以为社会组织提供适应性效率，从而使帕累托改进成为可能。当然也可能顺着原来的错误路径往下滑，甚至被锁定在某种无效率的状态下而导致停滞，此时往往需要借助于外部效应，引入外生变量来助力变革。

而这种渐进式为主的制度变迁路径选择，是植根于深受我国民族文化和传统观念影响的政府行为稳定偏好基础上的。在国际国内各种利益关系错综复杂的环境下，以实现稳定为首要目标的改革必定是成本最小的改革，也是最容易成功的改革。完善收入分配制度，形成既有效率又不失公平的收入分配格局，对促进社会稳定至关重要；而收入分配不合理，譬如极端的平均主义和贫富两极分化，都会增加政治不稳定、社会矛盾。在稳定偏好的影响下，政府行为往往表现出渐进性、反复性和试错性特征，而政府目标的达成也往往以实现社会稳定为基本前提。

3. 渐进式为主的制度变迁路径特征：制度缓慢演进、增量改革和体制外变迁、试验推广。

从制度"构建"转向"演化"观。社会主义制度的理论与实践是一个逐步的探索过程，因而新中国成立初期的制度建设带有明显的建构理性主义倾向，如诺思的制度创新理论所认为的那样，国家的治理者可以刻意地设计、创造和实施任何一种产权形式，比如宣布某种"虚所有制"（国有制）为"实所有制"，并建立在这种产权形式下的以八级工资制为实现方式的收入分配制度。而事实上，中国私有产权及其"主与并"混合型收入分配制度本身的型构，是内生在市场本身发育、生长和成型的演化过程[1]。

与此同时，这种演化特点还表现在我国对收入分配的效率与

---

[1] 韦森：《社会秩序的经济分析导论》，上海三联书店2011年版，第113页。

第六章　中国收入分配体制改革总结与展望

公平关系的认识演变上。仅就分配原则来看，在公理性原则方面，我国于1999年将"坚持按劳分配为主体、多种分配方式并存"写入宪法，将其视为我国的基本收入分配制度。在政策性原则方面，邓小平同志在1985年提出了"一部分地区、一部分人可以先富起来，带动和帮助其他地区、其他的人，逐步达到共同富裕"[①]的初始改革倾向，为后续的改革划定范围。这种改革目标和改革大方向也体现在了党的十四大提出的"兼顾效率与公平"中，党的十四届三中全会的《中共中央关于建立社会主义市场经济体制若干问题的决定》继而提出"效率优先、兼顾公平"；但由于经济体制存在的缺陷和缺失，该政策性原则按本身的逻辑发展的结果，却带来了各领域中收入差距的不断扩大化，并越来越偏离原来的目标；为此党的十六届四中全会及时纠偏，从构建社会主义和谐社会的高度，提出要"注重社会公平"以防止积重难返情形的出现，并最终形成了"初次分配和再分配都要兼顾效率与公平，再分配更加注重公平"的政策性原则，使广大人民共享改革发展的成果。这一分配原则不仅指导着我国收入分配制度的进一步改革与完善，也促进了我国产权制度的型构过程。譬如，农村土地流转制度的建立成为农村经济改革的"重头

---

① 1978年12月，在中共中央工作会议上，邓小平在《解放思想，实事求是，团结一致向前看》这篇报告里提出了一个深刻影响中国的"大政策"。邓小平指出，在经济政策上，要允许一部分地区、一部分企业、一部分工人农民，由于辛勤努力成绩大而收入先多一些，生活先好起来。一部分人生活先好起来，就必然产生极大的示范力量，影响左邻右舍，带动其他地区、其他单位的人们向他们学习。这样，就会使整个国民经济不断地、波浪式地向前发展，使全国各族人民都能比较快地富裕起来。这就是后来他反复阐释的"先富"与"共同富裕"的理论（邓小平：《解放思想，实事求是，团结一致向前看》，引自《邓小平文选》第2卷，人民出版社1994年版）。1984年10月，邓小平"允许一部分人先富起来"的思想写进了《中共中央关于经济体制改革的决定》（《中共中央关于经济体制改革的决定》，人民出版社1984年版）。该决定指出，只有允许和鼓励一部分地区、一部分企业和一部分人依靠勤奋劳动先富起来，才能对大多数人产生强烈的吸引和鼓舞作用，并带动越来越多的人一浪接一浪走向富裕。1985年9月23日，邓小平在中国共产党全国代表会议上的讲话中强调，鼓励一部分地区、一部分人先富裕起来，也正是为了带动越来越多的人富裕起来，达到共同富裕的目的。

戏"，《国务院关于完善产权保护制度依法保护产权的意见》中也首次出台产权保护顶层设计，明确非公有制经济和个人财产权同样不可侵犯。

4. 我国收入分配制度的演变几个显著的特征：

（1）改革的主体既有个人、团体，也有政府。一方面，收入分配制度的变迁是在政府的主导下进行的，并且政府不断通过立法和会议精神的方式推动和维护制度变迁的有序进行。另一方面，随着分配主体的多元化发展倾向，个人和企业在制度变迁中发挥着巨大的主观能动作用。政府对沿海及非国有企业放宽政策要求，鼓励个人、企业与地方政府改革实验，乡镇企业、个体、私营、外资等"三资"企业的迅猛发展，使得个人及企业团体在开放的环境中充分运用各种经济成分及手段进行改革创新，培育了新的分配基础、分配机制和分配形式，推动了我国收入分配制度的变迁发展。这一时期，个人、团体和政府制度创新合力构成了我国收入分配制度变迁的主要内容。

（2）收入分配制度变迁兼具自上而下与自下而上双向运动的特点。尤其是家庭联产承包责任制从最初小范围的村民自发组织到最后政府主导的全国范围内的推广，市场经济成分的逐步增大、特区经济的活力释放，以及多种经济成分下按知识、资本、技术和管理等要素的贡献获取收益等多样的分配形式的良好示范效应，使得我国所有制结构调整的步伐进一步加快，最终由政府通过细化的政策固化并推广开来，形成由诱发性变迁向强制变迁的转变；进而在变迁主体的主观能动性及其市场活力的驱动下进一步生成新一轮的诱致性变迁，所形成的示范效应及纠错效应又会以政府主导的方式进一步地调整下去……如此循环，便构成我国收入分配制度变迁双向运动且以诱致性为主的最显著特征。

（3）具有边际性变革、以增量改革带动存量改革的特征。鉴于国有企业改革阻力较大，为此，一方面，对旧有制度的边际调整，让新的收入分配制度逐渐建立在旧有制度基础上，表现为

第六章 中国收入分配体制改革总结与展望

边际性变革；另一方面，政府开始寻找新的改革增长点，选择了在基本不触动国有企业的产权或所有权基础的前提下通过大力发展非国有企业达到增强企业活力、提高企业效率的增量改革策略。通过在存量外领域培植新制度因素，维持有关制度主体的存量利益减轻改革阻力，又通过承认有关制度主体的增量利益而增强变革的动力，达到制度的边际均衡。所以由于分配基础的差异，也导致了分配原则、分配机制和分配形式带有明显的"双轨制"特征，在国有经济内部主要延续按劳分配为主，加大了奖金和津贴部分，并对国有企业经营者试行年薪制、股权期权制；在非公经济领域实行市场化的按要素贡献分配。在存量方面，财税体制改革和价格改革以及国有企业改革也在逐步地推进，但其进程要落后于增量改革。

概言之，1978年后我国收入分配制度变迁具有诱致性和强制性的共同特征，但是以诱致性变迁为主。尤其是在社会主义市场经济体制建立后，个人及企业成为制度变迁中最具创造活力的主体，增量改革外溢效应逐渐增大，边际性特征更加明显，收入分配制度变迁的诱致性特征更加突出。

（二）中国收入分配制度双向度演变逻辑

中国特色社会主义收入分配制度的实践探索和历史逻辑，建基于总体低下生产力水平及其生产关系、上层建筑的动态适应性发展之上。在这一整体向度的系统互动关系中，固然是生产力决定生产关系、经济基础决定上层建筑，但是随着经济领域生产资料所有制的社会主义改造结束，上层建筑对于经济基础进而生产关系对于生产力的反作用日益明显。检视我国收入分配制度的演变逻辑，表现出明显的两阶段：改革开放前"生产力—生产关系—上层建筑"的向前推进，即上层建筑反作用逻辑为主的内部封闭静态循环；改革开放后"生产力—生产关系—上层建筑"的向后推进，即生产力的决定逻辑为主的开放动态演进。

1. 分配制度演变的外在向度逻辑：从"生产力—生产关系—上层建筑"的向前推进到向后推进。

(1) 收入分配制度的内部封闭性静态演进（1949~1978年）。如前所述，由于社会主义制度的实践是新的探索过程，所以新中国成立初期的制度建设带有明显的建构理性主义倾向。1956年"三大改造"完成后，我国建立了社会主义生产资料公有制的所有制结构，收入分配制度的核心内容建构呈现出一步到位的特点。

首先，从"生产力—生产关系—上层建筑"的作用链条来看，我国的生产力水平低下、物质条件极大匮乏，而快速发展生产力必须建立起现代工业体系及其基础——重工业，为此提出了重工业优先发展的工业赶超战略；而重工业自身需要巨额资金、投资建设周期长等特征决定了在当时特定的生产力阶段国家必须采取计划经济体制，集中整个社会的资源，为重工业的发展提供廉价的劳动力和充足的物资需求。为此也需要在生产关系层面采用生产资料公有制和适当的收入分配制度。一方面，通过计划手段控制劳动力的消费、分配、生产；另一方面也需要充分调动劳动力的生产积极性，于是我国进一步提出了计划手段的按劳分配的收入分配制度，提出了公平偏向、共同富裕的分配理念，从而在上层建筑领域，在全社会形成了共同富裕、服务国家发展需要的意识形态。国家在法律、秩序和政策方面对收入分配制度的分配基础、分配原则、分配机制和分配形式做出了框架安排。

其次，从生"产力—生产关系—上层建筑"的反作用来看，国家对马克思关于社会主义分配制度认知的有限性以及苏联模式的示范效应，出于统治阶层稳固政权的需要，在生产关系领域采取按劳分配的收入分配制度，提出公平偏向的共同富裕理念，并通过计划体制使得我国的收入分配制度更好地为重工业优先发展战略服务，以促进生产力的发展。

但是传统的收入分配制度在实施过程中，在意识形态领域，超越特定历史发展阶段的"平均主义""共产风"的意识形态滋生，使得我国的收入分配制度逐渐脱离了其赖以生存的生产力基础，进一步使"生产力—生产关系—上层建筑"的向后推进对收入分配制度变迁的决定作用大大削弱。在相当长的一段时间内，我国的传统收入分配制度摒弃了按劳分配，公平偏向、共同富裕的分配理念在实践中转而异化为一种平均主义的分配制度，如"供给制"。从 1957～1959 年的"大跃进"与人民公社时期到 1960～1962 年的国民经济过渡期，再到 1966～1976 年的"文革"期间"四人帮"宣传"在社会主义历史时期，生产关系对生产力、上层建筑对经济基础的反作用是决定性的"，[①] 这种由上层建筑领域所影响的平均主义的分配流弊对生产力来说是一种严重的损害，尤以"文革"期间更为严重。可以说，改革开放前的收入分配制度变迁依循着"生产力—生产关系—上层建筑"的向前推进，即上层建筑反作用逻辑为主的内部封闭静态循环。

概言之，我国传统收入分配制度核心内容的建构呈现出一步到位的特点，通过上层建筑系统作用主导了收入分配的基础、原则、机制与形式的内容，并逐渐表现为对当时特定阶段生产力的脱离，呈现出一定的阶段跨越性、理想主义乌托邦精神的特征。

一方面，国家强制在意识形态领域决定了收入分配制度的整体框架。国家作为制度建设的主体，虽然不能决定一个制度如何运行，但是它却有权力"决定什么样的制度将存在"[②]。国家通过强制力提供法律、秩序及政策作为上层建筑领域的内容指导收入分配制度变迁的整体逻辑。

另一方面，由于社会认知的时代束缚，收入分配制度安排也具有一定的局限性。20 世纪 50 年代初期，我国同东欧许多国家

[①] 马昀、卫兴华：《用唯物史观科学把握生产力的历史作用》，载于《中国社会科学》2013 年第 11 期，第 55 页。

[②] 林毅夫：《关于制度变迁的经济学理论：诱致性变迁与强制性变迁》，上海三联书店 1994 年版，第 4 页。

一样采用了苏联式的中央计划体制。由于政府发展战略的偏好和有限理性的存在，占统治地位的社会思想可能并不是"正确"的思想：即体现在这种思想中的解决方案，将导致更高的收入增长速度和更合乎人们理想的收入分配，因此也会导致制度的效率无法充分地发挥，最终作用到生产力系统，导致生产积极性的破坏，生产力的停滞不前。同时由于存在意识形态刚性的问题，当原有的收入分配制度不均衡弊端逐渐显露，意识形态和现实之间的缝隙增大时，强制推行新制度安排将会挑战原有的意识形态，伤害统治者的权威。因此，政府倾向于维持旧的无效率的制度安排和社会稳定，而为纯洁意识形态而战。新的制度安排往往只有在旧的统治思想和制度被替代以后，才有可能建立。最典型的例子是在邓小平领导下中国农村集体经济从传统"一大二公"、高度集中经营的单一经营体制，向农村集体经济实行以家庭承包经营为基础、统分结合的双层经营体制的变迁。

这一期间，我国收入分配制度的演变处于一种封闭的静态循环中，收入分配制度的决定处于上层建筑与生产关系的内部循环中，并通过这种内部循环向外反作用于生产力的发展，收入分配随着生产力的发展不断适应性调整的动态过程并没有实现。

1949~1978年间，当生产力的决定机制被主观阻断之后，收入分配由上层建筑决定，最终这种脱离生产力决定机制的收入分配演变走入了困境。

（2）我国收入分配制度的开放性动态演进（1978~1991年和1992年至今）。面对传统计划经济体制运行下中国效率日益低下的国民经济，迫切需要对脱离生产力发展的旧的生产关系进行调整和改革，以解放和发展生产力，释放中国巨大的经济活力。

首先，"从生产力—生产关系—上层建筑"的向前作用来看。1978年真理问题的大讨论及改革开放作为意义深远的思想洗礼，激发了收入分配制度变迁中个体、企业及政府的思想活力。在解放和发展生产力的思潮带动下，我国在思想领域及国家政策上重新肯定了按劳分配的合理性，收入分配制度改革优先服务于调动广大人民的生产积极性和发展生产力的目标要求。商品和市场经济成分的引入必然对我国的所有制结构、经济体制进而对由此决定的我国的收入分配制度产生重要的影响，表现在分配基础、分配原则、分配机制和分配形式的改革与完善。尤其是在社会主义市场经济体制下，收入分配制度的改革更是在"共同富裕"目标的引领下围绕"效率与公平"原则进行的一系列优化。

其次，从"生产力—生产关系—上层建筑"的向后作用来看。我国收入分配制度的改革回归到遵循着生产力决定论。落后的生产力决定了在我国生产关系中，单一的所有制结构、计划的经济体制、平均主义的分配制度等与生产力的发展水平是不相适应的。这就决定了我国必须在所有制结构中引入非国有制经济成分，形成以公有制经济为主体，多种所有制经济成分补充、结合、并存的所有制结构。同时，经济体制中也引入市场机制来适应生产力的发展要求，进而由此决定了我国的收入分配制度的分配基础、分配原则、分配机制以及分配形式的一系列改革。从而收入分配制度变迁在意识形态、法律及规则等上层建筑领域不断的深化。

该阶段，即便在强制性变迁过程中政府在意识形态领域决定了收入分配制度的整体框架，诱致性变迁过程中个人、团体在上层建筑领域对收入分配制度认识的深化也决定了我国收入分配制度变迁的主要方面，但这些都是适应于我国生产力的发展水平的要求。此外，随着某一阶段收入分配制度的变革，当生产力获得了极大的发展后，生产关系的构成变得已经不能适应生产力的发展需求而必须进行新一轮的制度优化。比如，在所有制结构方面，改革初期形成的以公有制为主体、多种所有制经济为补充的所有制结构，逐渐变革为以公有制为主体、多种所有制经济共同发展的所有制结构；除劳动力外的生产要素市场合理性获得了肯定；市场机制的主体地位得到了认可；收入分配制度中，计划和市场相结合的分配机制得以确立，并逐渐让位于市场；按劳分配为主体、多种分配形式为补充的分配制度逐渐转变为按劳分配与按要素贡献分配相结合。

综观我国改革开放以来生产关系的变革发展，往往是在生产力大发展的推动下进行的，在所有制结构、经济体制和收入分配制度方面得到了进一步深度优化，进而由生产关系进一步作用到上层建筑领域，在意识形态、法律法规等方面对收入分配制度有了更加丰富的认识和界定，尤其是多次提到对"共同富裕"的理念以及"公平与效率"认识的逐步完善。而上层建筑的变化又反作用于生产关系，从而对所有制结构、经济体制，进而对收入分配制度有了更高、更具体的要求，进一步推动收入分配制度的变革，促进生产力的发展。这其中，尤其以个人和团体的制度创新运动逐渐被政府接受，转化成为以政府主导的制度创新为特色。

概言之，改革开放后，我国的收入分配制度变迁是在"生产力—生产关系—上层建筑"的相互作用中展开的，但是又必须以"生产力—生产关系—上层建筑"的向后推进，即生产力的决定逻辑为主的开放动态演进为主线。

2. 收入分配制度演变的内在向度逻辑：从狭义的分配关系改革到广义的分配制度改革。

分配的界定一般有狭义和广义之分：狭义的分配是指国民收入的分割和消费资料的分割，有时仅指一定社会主体根据既定原则给劳动者支付个人纯收入的行为，属于生产关系层次的内涵；广义的分配则既包括产品和收入的分割，还包括生产条件的分配[①]，其中自然条件的分配即生产要素的分配，以社会条件的分配即生产要素的所有权、使用权、收益权的分配为基础，属于建立在一定生产资料所有制基础上生产力层次的含义；更宽泛地

[①] 这里的生产条件具体包括自然条件和社会条件。自然条件的分配指生产要素的分配，社会条件的分配指生产要素的所有权、使用权、收益权的分配。

讲，分配的方式一旦成为国家的制度、政策和发展目标后，可以作为政策性分配原则乃至公理性分配原则，立足于整个社会经济发展做出安排和调节，具有上层建筑的意义。按照这一思路，分配以及分配制度也内含了生产力、生产关系和上层建筑的三重结构。

（1）从生产力的角度看，分配首先意味着自然条件的分配即生产要素的分配这一关涉及生产力的人的因素和物的因素以一定方式配置给社会经济主体，或生产力的人的因素和物的因素的一定的社会组织，即结合方式；同时，也关涉生产关系的社会条件的分配即生产要素所有权、使用权、收益权的分配以一定方式配置给社会经济活动主体。换言之，是生产条件的分配，也就是指物质生产资料的归属，即作为生产关系基础的生产资料所有制和各种生产要素的产权制度。对应于前面的"分配基础"。在传统计划经济体制下，由于生产资料公有制的产权制度安排，因此生产资料几乎不涉及社会条件分配，而生产资料自然条件的分配主要通过行政计划或指令赋予生产者；与此同时，由于绝大多数的生产要素产权收归国家或集体层面，所以个体所获得的收入也更加平均，社会相对而言也更公平。而1978年后随着经济的商品化和市场化，生产要素市场开始逐渐被培育起来，在生产要素市场上分配是一种商品的交换，要素及其产权被供给者以一定价格交易给生产者以满足生产所需。由于国家赋予经济个体更多的产权，则个体的生产积极性就得到更大的调动，社会的生产效率也就更高，但同时由效率差异所带来的收入差距也就会更大。

（2）从生产关系的角度看，分配意味着分配者依据一定原则将报酬或产品分割给被分配者，被分配者提供生产要素的贡献，分配者提供报酬或产品，分配者与被分配者通过生产要素与报酬之间的交换形成一种交易。马克思强调，从本质上讲，"生产条件的分配决定生产结果的分配""生产关系和分配关系是同一的，它不过是生产关系的反面""消费资料的任何一种分配，都不过是生产条件本身分配的结果"。由于分配者与被分配者在生产关系上通常是管理上的劳资关系或劳动关系及其分配的利益关系，所以收入或产品的分配就有了对应于前面的"分配原则""分配机制""分配形式"。

从我国劳资关系或劳动关系及其分配的利益关系的演变看，大致经历了两个阶段：第一阶段是改革开放以前，从1949年后过渡时期的"私转公"混合型收入分配制度下的、商品经济不发达条件下的中国式官僚资本、民族资本和城乡小私有者与劳动者的分配关系；随着1956年"三大改造"的完成和社会主义公有制的全面建立，逐渐转变为单一的按劳分配（或供给制）下的社会主义劳动者之间的劳动关系及其分配关系。第二阶段是改革开放之后，从1978年改革开放初期"主与补"混合型收入分配制度下社会主义劳动关系和劳资关系，转变为1992年社会主义市场经济体制"主与并"混合型收入分配制度下的劳动关系、劳资关系及其分配关系，其间，资本在分配关系中不断增大甚至演化出新的"食利阶层"雏形，进而形成、强化了相应的经济利益集团并显著改变了利益分配格局。

（3）从上层建筑的角度看，分配除了表现为在法律法规以及政策等层面确认公理性分配原则和政策性分配原则外，还具体表现为国家的再分配政策和再分配制度的实施和运行，分配关系是政府与个人、组织三大主体之间的收入分配关系。主要通过税制和社会保障制度的构建完成，属于分配原则和分配机制的内容，可反作用于生产关系和生产力层次的分配关系。比如，改革开放前，在"低工资高就业"战略指导下除按劳分配之外，主要是通过再分配手段给予职工较高的企业福利，且不对个人征收所得税。直到"主与并"混合型分配制度形成后期，鉴于收入差距过大日益突出的矛盾，政府不断强调初次分配和再分配兼顾效率和公平，再分配领域更加注重公平的分配原则，调整公理性原则和政策性原则在分配原则中的地位和关系。相应的，在分配机制中，政府职能逐渐归位，发挥在再分配领域中的重要作用。在税收和转移支付以及社会保障制度方面不断向低收入群体倾斜，保障低收入群体的合法权益。

因此，这种分配内在的"生产力—生产关系—上层建筑"三重内涵的理解和诠释，与前面以分配基础、分配原则、分配机制和分配形式四个维度结构分配制度来探索分配制度演变的内在逻辑，前后自洽，并不相悖。并且，在这三个层次上同样存在着决定和反作用的关系，要求生产要素及其产权分配—劳资关系—再分配（税制、福利制度等）三者应是相互适应的关系。

（三）中国收入分配制度演变方向

1. 我国收入分配制度演变方向：共享发展理念下的制度自我完善和深入发展。

收入分配制度改革并不是否定社会主义制度，而是否定历史进程中由于主客观原因形成的束缚生产力发展的体制缺陷和缺失因素，是为了更好地坚持和发展中国特色社会主义，在激发人们劳动积极性、促进生产力不断发展和经济有效增长的基础上，更好地满足广大人民群众日益增长、不断升级与个性化的物质文化和生态环境需要，从而真正实现社会主义生产目的。因此，改革和完善社会主义市场经济体制下的收入分配制度，即中国特色社会主义收入分配制度，有着重要而深刻的历史责任感和使命感：始终坚持以人为本的原则，秉承社会主义的本质理念，彰显出以"共享发展"为特征的社会主义收入分配制度自我完善和深入发展的演变方向。反之，跳出分配问题，片面强调市场化改革的理论和实践，只能是模糊焦点、掩盖问题。

2. 社会主义制度本质认识的演进。

长期以来，我国在社会主义制度以及收入分配的认识上往往更注重生产关系，从公有制、按劳分配、计划经济等方面来界定社会主义及其分配制度[①]。在1949年新中国成立初期，社会主义阵营对社会主义的普遍认识就是强调公有制程度越高越好，否定社会主义存在市场，强调实行计划经济、强调发展重工业、强调阶级斗争和无产阶级专政。我国对于什么是社会主义的认识，也大多停留在社会主义公有制经济、计划经济、无产阶级专政制度等方面。在收入分配制度的选择上实行单一的按劳分配制度。而随着"'左'倾思潮"的泛滥及"文革"运动，人们对社会主义本质的认识发生了扭曲，认为社会主义就是全面的公有制，就是平均主义、按需分配。收入分配制度的探索也从最初单一的按劳分配制度过渡到平均主义分配，严重破坏了社会主义生产生活。

而邓小平对社会主义本质与收入分配公平问题的回答则兼顾了生产力与生产关系两个方面：并随着实践的发展而逐步深化。他指出，"社会主义的本质，是解放生产力，发展生产力，消灭剥削，消除两极分化，最终实现共同富裕。"[②] 在社会主义本质中，解放生产力、发展生产力是属于效率提高的方面，而消灭剥削、消除两极分化、最终实现共同富裕则是属于维护社会公平的方面，这说明社会主义的本质包括两个方面：一是解放和发展社会生产力，促进整个社会经济效率的提高；二是消除两极分化，消灭社会贫富差距，实现公平正义，建设和谐社会，最终达到共同富裕。因此，社会主义的本质要求收入分配必须实现公平并实现共同富裕。

2002年11月，党的十六大报告提出了"全面小康"的概念。2007年10月，党的十七大报告进一步强调要走共同富裕道路，促进人的全面发展，做到发展为了人民、发展依靠人民、发展成果由人民共享。2012年11月，党的十八大报告再次提出，

---

① 列宁曾在1917年《无产阶级在我国革命中的任务》一文中指出："人类从资本主义只能直接过渡到社会主义，即过渡到生产资料公有和按劳分配。"（《列宁选集》第3卷，人民出版社1972年版，第62页）

② 《邓小平文选》第3卷，人民出版社1993年版，第373页。

要加大再分配调节力度，着力解决收入分配差距较大问题，使发展成果更多、更公平惠及全体人民，朝共同富裕方向稳步前进。将社会主义本质属性的论断逐渐把社会主义的本质要求上升到社会层面，是在邓小平对社会主义本质论断基础上的进一步升华。

概言之，随着对社会主义本质的更深层次的理解，我国收入分配制度的演变必须始终遵循着社会主义的本质要求，在根本上坚持以人为本，坚守"共享发展成果"促进公平以达到共同富裕这一中国特色社会主义的本质规定和奋斗目标。我国收入分配制度对分配公平以及生产力层次的认识也日趋完善。

3. 对分配公平实现途径认识的转变。

随着对社会主义本质认识由"公有制、按劳分配、计划经济、无产阶级专政"到"解放和发展生产力，实现共同富裕"的巨大转变，我国的收入分配制度也由单一的按劳分配甚至平均分配逐渐转变为"按劳分配作为主体"的"主与补"混合型收入分配制度，进而转变为"按劳分配与按要素分配相结合"的"主与并"混合型收入分配制度。收入分配原则由收入分配制度决定，受收入分配机制影响，在分配制度的变迁中，对分配公平的认识也由"平均化、按需分配的结果公平"逐渐转变为"效率优先、兼顾公平"进而转变为"初次分配和再分配都要注重公平，再分配更加注重公平"向公平端倾斜的分配原则。对公平实现途径的认识也经历了按需分配到再分配中政府分配与宏观调控机制相协调，通过税收和社会保障两大政策工具加以实现，进而到政府、市场和社会三者共同发挥作用。

1978年以前，在单一公有制的所有制结构下的劳动者不具备除生产力以外的任何生产要素，只能凭借自身劳动获取报酬。因此，社会主义分配公平只能由单一的按劳分配来实现。但是由于人们对社会主义本质认识的局限性，按劳分配的公平实现途径被以平均主义为核心的按需分配的过度公平的分配方式所取代。而这种方式经检验被证明是脱离了生产力发展水平的，是不切实际的。

而随着对社会主义本质认识的加深，尤其是在改革开放时期在生产力落后的背景下建立"主与补"混合型分配制度的要求，提出"先富带动后富"的发展理念，以及在1992年党的十四大对社会主义市场经济体制改革目标确立新的历史背景下由"主与补"混合型分配模式向"主与并"混合型分配模式的转变，收入分配原则同时实现了由单一的按劳分配向按劳分配和生产要素参与分配相结合原则的转变，即公理性分配原则的创新。与此相适应，政策性分配原则进一步调整并转向了"效率优先、兼顾公平"，但是长久以来坚持"效率优先"的政策性收入分配原则，导致了公平置于效率之后，并沦为为效率服务，使得公平的实现途径往往局限于再分配领域，通过政府分配机制以及宏观调控机制实现，如税收和社会保障制度方面所进行的不断调整变革。

党的十六大全面的小康社会目标的提出，标志着我国对社会主义公平实现的认识发生了一个重大的转变，即从通过"消灭剥削者""剥夺剥夺者"实现，转变为让多数人掌握财富，在一定意义上，全面的小康社会就是大多数老百姓都有产的社会。让大多数人都能够分享社会主义市场经济体制下经济发展好处的制度就是中国特色的社会主义制度。如我国农业税取消、"新农村合作医疗"、"新型农村社会养老保险制度"等一系列"反哺农业农村"的政策落实。

党的十七大完全将"效率优先、兼顾公平"的说法修订为"初次分配和再分配都要处理好效率和公平的关系，再分配更加注重公平。"并首次提出"逐步提高居民收入在国民收入分配中的比重，提高劳动报酬在初次分配中的比重。着力提高低收入者收入，逐步提高扶贫标准和最低工资标准。"这"四个提高"充分体现了中央对公平问题的重视，说明效率与公平的关系转变为二者并重。同时，对初次分配公平问题有了新的认识，不仅体现在国民收入三部分（政府财政收入、企业收入和个人可分配收入）保持适当的比例，并且保持均衡和协调增长；也体现在具体的生产企业在对生产参与者进行个人收入分配时要公正合理。我国在个人收入分配方面存在按劳分配和按要素贡献分配两种方式。个人收入分配方式不同，收入分配公平的标准也不同。在按劳分配方式下，分配公平要求严格按照劳动者所提供劳动的数量和质量进行个人收入的分配，不允许任何人利用自己的身份、地位和权力攫取不合理的收入；在按要素贡献分配方式下，分配公平要求资本所有者和劳动者按照各自在生产中所作贡献的大小进行个人收入的分配。

在国家"十三五"规划中，进一步提出了建立包容性制度，从而制度公平表现在消除贫困者权利的贫困、所面临的社会排斥及制度障碍等方面上。从而我国对公平实现的认识从"结果的平均"逐渐过渡到"机会的公平、过程的公平"，既包括财产公平、个人消费品的分配公平以及制度公平和权力公平等，也包括初次分配公平和再分配公平。这为建立公平的收入分配制度提供了新的思路，从分配产品的公平到分配条件的公平，更加注重配套制度的构建，而不仅仅是在分配内部进行调节，更是在分配所处的生产关系、生产力和上层建筑整体层次基础上的安排。

对公平的强调不仅仅在于解决分配制度内部的失衡，而是为了更好地服务于解放和发展生产力、实现共同富裕的社会主义本质目标和要求。这需要我们更深刻地把握"生产力—生产关系"的相互作用以及生产力"人的尺度"的和谐这一重要内容。

生产关系是通过人对物的关系表现的人与人之间的关系（在阶级社会里，首先是阶级关系），生产力就是通过人对人的关系形成的人力与人力、物力与物力和人力与物力的结合。[①] 作为一个整体的社会力量，生产关系的性质首先取决于生产力的性质，

[①] 平心：《三论生产力性质：关于生产力性质的含义问题及其它》，载于《学术月刊》1959年第12期。

然后取决于所有制、分配制度和交换制度的性质。① 而生产关系又会反作用于生产力。社会生产力和生产关系的相互作用对推动生产力的变革有着巨大的作用。当劳动者的积极性和创造性在社会生产力和生产关系所提供的物质条件和社会条件中得到激发和释放时，生产中的人的要素的生产潜力会极大解放，从而产生强大的连锁反应，即劳动生产率的提高促进生产工具更新进而引起社会生产力的新发展，又会唤起劳动者生产性能的改变进一步推动生产效率提高的循环。

因此，人的要素对于推动生产力变革有着重要的作用。马克思认为，"一切生产力即物质生产力和精神生产力"②。这表明，生产力既是生产物质财富的能力，又是生产精神财富的能力。因此，在生产力的发展过程中，不仅仅需要重视生产力发展的量的因素，也要重视"精神财富生产"的能力。而马克思所提倡的和谐生产力中人的尺度的和谐对生产力"精神财富生产"有着重要的意义。平心将劳动者的精神因素也纳入生产力的范畴，进一步将生产力的内部结构划分为物的要素和人的要素两部分，认为社会生产力是一切直接为生产使用价值服务的人的体力、精神力量、社会条件和一切被人用来生产使用价值的物质手段、物质条件、自然对象以及一切投入生产中的能量与动量的综合③，是"物质属性"和"社会属性"的结合。劳动者在生产过程中的精神状态（生产兴趣、生产的积极性和创造性等）实质是复杂的社会关系和社会条件的反映和产物。④

生产力的诸要素、诸因子和组成分子，除了一面受到生产关

---

① 平心：《略论生产力与生产关系的区别：八论生产力性质》，载于《学术月刊》1960年第8期，第29页。
② 《马克思恩格斯全集》第30卷，人民出版社1995年版，第175~176、496~497页。
③ 平心：《关于生产力性质问题的讨论》，载于《学术月刊》1960年第4期。
④ 平心：《三论生产力性质：关于生产力性质的含义问题及其它》，载于《学术月刊》1959年第12期。

系的结合、形成一定的社会生产体系外，还受到生产力内部的各种形式的联系的结合，形成生产力本身的结构和体系。[①] 生产力内部结构的和谐是建立在作为生产力构成因素的物的要素和人的要素同步互动基础上的，是以人与人的社会联系为基础，以人与物的联系为栋梁，以物与物的联系为支柱的。它们的交互组织，对生产关系来说，是有一定相对独立性的结构。作为衡量生产力发展水平的两个重要维度——物的要素和人的要素——在研究和实践过程中被片面地以生产力的量所取代，如劳动者社会地位、幸福感、满意度与自我一致性等精神层面质的部分被忽视。对生产力量的关注造成的经济发展"唯生产力论"和"唯生产力标准论"在很大程度上造成生产力发展的扭曲，与生产力发展的最终意义即人的解放与全面发展的要求不相符。

尤其是在中国社会主义"共同富裕"这一终极背景下，依托于生产力与生产关系相互作用的收入分配制度的构建必须取决于特定阶段的生产力的发展水平；同时，也必须重视分配制度中的生产力、生产关系和上层建筑之间的相互影响。毕竟，人的因素和物的因素是客观而共存于生产力、生产关系和上层建筑中间的。我们在构建社会主义收入分配制度的过程中，需要加深对收入分配制度这一作为生产关系的重要组成部分在"生产力—生产关系—上层建筑"中存在的相互作用的理解。因此，充分地考虑共存于三个层次的人的因素对于解决我国收入分配失衡问题有着极为重要的作用。而我国当前的收入分配制度所存在的一个重要的问题就是长期以来在"公平与效率"权衡中对公平端的忽视，过度强调效率的发展，从而社会主义收入分配制度长期强调"效率优先"。当前收入分配差距的扩大对劳动者的生产积极性，对社会公平的上层建筑，对实现共同富裕的社会主义本质目标是相

[①] 平心：《论生产力与生产关系的相互推动和生产力的相对独立增长：七论生产力性质》，载于《学术月刊》1960年第7期。

违背的。因此，基于以上的分析，我们应该更加注重收入分配过程中人与人的因素，加强公平端的建设，进一步提高物质生产力和精神生产力的生产效率。

4. 收入分配制度转型的完善和深入发展。

共同富裕是社会主义的本质规定和奋斗目标，就目前来讲，解决好效率与公平问题是当前实现共同富裕过程中的热点问题。但是共同富裕不等同于同时富裕，也绝不是搞平均主义，吃"大锅饭"。由于忽略再分配之下市场化机制所推动的发展及其追求部门利益和集团利益的结局，导致了"先富"没带"后富"，社会矛盾不断积累，各领域中的收入差距不断扩大。因此，初次分配和再分配都要注重公平成为解决这一突出问题的重要着力点，但也必须从"生产力—生产关系—上层建筑"的整体层次出发进行调整变革。我国调整收入差距促进社会公平的总体目标是：缩小收入差距，实现共同富裕，逐步形成中等收入者占多数的"橄榄形"收入分配格局。要实现这一目标，必须深化收入分配改革，理顺收入分配关系。

基于上述认识，我国收入分配制度深入改革与完善需要注意以下问题：

第一，我国收入分配制度转型的完善着力点在于人与人之间关系的处理，即处理好社会生产过程的各个环节的劳动者之间的相互关系和地位。保证各阶层、各主体在生产过程中的公平，保证人尽其才物尽其用各尽所能地充分发挥，保证人们参与分配环节的各层次都能够顺利实施。尤其是处理好不同社会阶层、主体在初次分配与再分配过程中的分配比例、地位等，保证人与人以及人与物之间的和谐关系。公平[①]问题是当前收入分配制度存在

---

① 公平是一个法权概念，属于上层建筑，分配是经济范畴，属于经济基础，是生产关系的内容。马克思说："难道经济关系是由法权概念来调节，而不是相反地由经济关系产生出法权关系吗？"由生产方式所决定的分配原则与公平所确定的标准是两回事。

的核心问题。长久以来经济发展中过度追求经济效率使得人们对生产力的关注点集中于量的测度上，关注生产率的提高，而忽略了生产力质量尤其是作为生产力主体的人的精神生产能力。在经济发展转型过程中，新的发展观是以人为本，强调统筹兼顾。因此，在处理人与人之间关系的时候要注重对人的因素如幸福感等的提升。

第二，重视占生产关系基础地位的所有制关系及其结构的完善，探索公有制为主体、多种所有制经济共同发展的新结合形式，尤其是当前混合所有制改革的推进；加快对要素所有权的改革。对于要素收入分配的转型来讲，重点在于各种生产要素参与收入分配的比重及其形式。要素收入分配与居民收入分配之间存在密切联系。由于居民收入中劳动收入不平等程度一般大大低于资本收入不平等程度，因此，要素收入分配向劳动倾斜将有助于缩小居民收入分配差距。《国务院关于完善产权保护制度依法保护产权的意见》中首次出台产权保护顶层设计，明确非公有制经济财产权同样不可侵犯。该意见明确了产权保护的十大任务：加强各种所有制经济产权保护；完善平等保护产权的法律制度；妥善处理历史形成的产权案件；严格规范涉案财产处置的法律程序；审慎把握处理产权和经济纠纷的司法政策；完善政府守信践诺机制；完善财产征收征用制度；加大知识产权保护力度；健全增加城乡居民财产性收入的各项制度；营造全社会重视和支持产权保护的良好环境。国家对产权改革的重视表明了我国对各种要素参与收入分配的完善。

第三，和谐社会的构建需要政府的归位与退位，针对政府在收入分配领域中的边界模糊以及在初次分配与再分配中的功能错位等问题进行重新调整。明确政府与市场在转型期收入分配领域中的权力边界，防止市场与政府功能错位。改变以往政府权力错配下的过度干预问题，如我国的户籍制度、城市倾斜政策、权力寻租腐败等。在重新界定收入分配领域中的政府权力与市场关系的基础上，一方面，使市场在初次分配中起决定性作用，营造公平竞争的社会环境，加强企业和个人在收入分配领域的主观能动性。另一方面，按照有进有退、以退为进的原则，通过政治体制改革推进政府职能的转换，实现政府权力因素逐步退出初次分配领域，进入二次分配领域。同时通过规范收入分配秩序，完善转移支付功能，实现社会公平正义，这是全面落实科学发展观，构建社会主义和谐社会的重中之重。

第四，在政治、法律层面，完善我国的税收、社会保障、产权等制度改革，保障弱势行业、群体、阶层的权益。从战略意义上调节现有收入分配制度中的不合理因素，严厉打击非法、非正常收入；推进垄断行业改革，调节垄断行业过高收入；打击收入分配制度中的腐败行为，在全社会营造公平有序的竞争环境，保障政府、企业和居民参与收入分配的地位平等，保证收入分配参与人的多元化。同时，加强对收入分配过程的监督机制的建立，促进收入分配公平透明。制定公平与效率同时兼顾但再分配更加注重公平的收入分配策略。

（五）中国收入分配制度演变中政治经济学分析方法论的意义

本书遵循马克思主义政治经济学方法论对我国渐进式的收入分配制度演变过程进行历史大视野下的分析，从收入分配制度变迁既受到整体社会经济制度变迁的制约、又深刻影响着社会经济制度转型发展、在生产力—生产关系—上层建筑相互作用的完整的系统结构互动机制中，通过分配基础、分配原则、分配机制和分配形式等四个维度深刻揭示我国收入分配制度演变的四重内涵，重返政治经济学的传统。

（1）马克思主义唯物史观方法论对于深刻剖析中国收入分配制度的变迁有着重要的意义。

马克思主义政治经济学作为一门历史的科学，从方法论上看，就不能仅限于一般原理运用或技术性工具运用的分析，而须将历史方法和逻辑方法相结合。历史方法上，在研究收入分配制度时，要按照历史发展的真实进程来把握其发展和变化；逻辑方法上，要按照思维逻辑，从简单到复杂，从低级到高级不断引申和展开。概言之，要深入社会经济历史变迁中社会经济结构、社会经济行为、社会经济关系、社会经济法律制度及其社会经济政策等变化和发展的深层次进行历史考察、动态分析、关联研究，揭示出收入分配制度演变本质的、具有决定意义和规律性的特征、历史价值（辩证、客观地分析其二重性）及其发展方向。

（2）在历史形成的社会经济结构的整体制约中，以及从生产力与生产关系、上层建筑的矛盾运动中来解释收入分配制度的变迁。

社会作为按照特殊规则与特定结构组成的有机整体是不以人的意志为转移的，社会人行为受到社会条件的制约。社会结构对于他们反复组织起来的人的实践活动来说，既是后者的前提又是后者的结果，是内在于我国的收入分配制度的演变过程中的。而生产力作为制度变迁逻辑主线上的发端性要素，作为生产关系的物质承担者，其发展变革推动了生产关系的变动。因此，对作为生产关系重要组成部分的分配制度的研究也必然不能脱离生产力与生产关系的矛盾运动。而由社会生产关系总和构成的经济基础的变更则会使更庞大的上层建筑或快或慢地发生变革。因此，将分配纳入社会经济系统的整体向度，通过分析生产力、生产资料所有制及其生产关系、上层建筑的发展演变如何引致分配制度的发展演变，分析刻画外在向度的理论进路。

（3）以生产资料所有制及其产权关系为基础确定收入分配制度的性质，并依据一定时期的经济关系来理解收入分配的法律制度、政策规定等规范，即分配基础、分配原则、分配机制、分配形式的依据。

生产力对生产关系、经济基础对上层建筑的决定作用是通过生产资料所有制为基础展开的，作为狭义生产关系的生产资料所有制结构在整个经济关系中有决定性作用。按照经典的马克思主义政治经济学的基本原理，在社会生产关系中，生产资料所有制及其产权关系决定分配关系和分配制度。所有制是一个发展的概念和发展的过程，在一定的社会经济形态同时存在的由不同所有制形式构成的所有制结构中，这也决定了不同时期收入分配制度的不同内容，这些内容在社会实践中通过法律制度、政策、条文等规范得以实现，渗透到分配制度内部分配基础、分配机制、分配原则和分配形式的逻辑互动中，为刻画内在向度的理论进路提供依据。

（4）通过社会分配实践来实现收入分配制度演变发展和规律性与合目的性的统一。

社会分配实践作为人类实践过程中主观与客观、目的性与规律性的统一，在社会实践基础上对收入分配制度进行不断的调整完善，克服了经验主义的不可知论，也能够摆脱唯物主义先验论，摒弃"左倾""右倾"的片面性认识，为科学收入分配制度的构建奠定基础。实践是检验真理的唯一标准，在实践中认识和把握我国的收入分配制度演变，将收入分配制度演变的自发性与自觉性、合规律性与合目的性统一起来，以保持分配制度演变发展的可持续性及其活力。

此外，本书一是改变了以往将效率作为制度评判的唯一原则的分析方法，实现制度绩效衡量的多样化；二是建立基于共同富裕的制度变迁理论分析范式，实现制度变迁理论分析范式选择的多样化。

（1）既重视对已形成集体共同意识的既存体系进行历时分析法，更重视对尚未集体觉察和形成体系但代代相传的部分进行共时分析法。

（2）基于共同富裕而非单纯基于效率的研究，公平和效率并不矛盾。新制度经济学把经济效率的提高作为评判制度优劣的原则。效率原则固然能够在很大程度上评判制度的优劣，但是随着对经济发展的内容等认识的不断丰富,单纯地以效率原则来衡量制度绩效显然是片面的。这也关系到如何对中国社会主义经济制度的变迁进行合理的逻辑自洽的历史诠释。

(3) 逻辑一致。根据盛洪的解释,"在新古典经济学中,人们关注的是资源配置的问题。利益分配问题是一个被认为是自动解决的问题,或不甚重要的问题。"① 所以,按照新古典经济学从资源配置效率的标准评判制度优劣的方法,制度变迁就应该是一个用效率较高的制度安排来替代或"转变"较低的。而改革者的任务不过是要证明新的制度安排(如市场经济制度)比旧的制度安排(如计划经济制度)好。这一认识在我国改革开放后很长一段时间以来影响颇广颇深,也导致了在研究我国的社会主义经济转型或制度变迁(改革)时,难免分析逻辑上存在以后30年否定前30年的悖论,有失偏颇。本书试图通过把我国近70年的收入分配制度演变及其实践,整合在"共同富裕"这一基本点上,从阶段性差异的角度来实现逻辑统一的政治经济学诠释。在此基础上,以期寻求到深化收入分配制度改革的未来之路。

三、新时期深化收入分配制度改革的路径:走共享发展的中国道路

共享发展是马克思在对资本主义两极分化式发展批判基础上,对未来社会主义社会发展方式的科学揭示。中国传统文化中包含着共享的文化意蕴和理想追求。20 世纪 80 年代后,邓小平逐渐形成了其共同富裕的思想,清晰阐述了社会主义的本质,共享的理想追求逐步实质化。2015 年党的十八届五中全会,以

---

① 盛洪:《中国的过渡经济学》,上海人民出版社 1994 年版。

习近平为核心的中央领导集体，适应新的发展需要首次提出了共享发展的新发展观。这是在继承共同富裕思想的基础上，深入对社会主义本质的理解，是中国特色社会主义的本质要求，是新时代引领中国发展的思想指南。共享发展理念是在中国特色社会主义实践中逐步形成和完善的。改革开放40年来，中国共产党坚持以马克思主义为指导，带领人民群众走中国特色社会主义发展道路，从"富起来"到"强起来"，共享发展成为其实践逻辑主线，也是马克思主义中国化的政治经济学理论体系借以形成和展开的核心。

（一）共享发展的思想逻辑

1. 共享发展与马克思的科学社会主义。

在人类历史文化和思想发展的进程中，我们可以找到共享发展的思想渊源，"共富""公平正义""共同体"这些概念都与共享发展这一理念有关。[1] 马克思的科学社会主义理论就是建立在生产资料公有制为基础的共享发展基础上的。马克思恩格斯曾提出"真正的共同体"概念，他们用这一概念特指一种由人民群众共同参与治理公共事务的生存和生活状态。"在真正的共同体的条件下，各个人在自己的联合中并通过这种联合获得自己的自由""在那里，每个人的自由发展是一切人的自由发展的条件。"[2] 显然，这样一种人类发展的高级阶段的社会，无疑是人类共同体理想在社会发展的更高阶段的历史性回归。这是一个没有阶级、没有民族国家、没有私有制和压迫的真正的"自由人的联合体"，寄予着人们有关共同体之平等、自由、自主性生存的

---

[1] 最早提出共同体概念的是法国思想家让·雅克·卢梭。他从社会契约论角度出发，认为社会契约一旦缔结，"就意味着每个人把自己的全部权利都转让给由人民结合成的集体，因此个人服从集体的'公意'，也就是服从自己，人民则是这个政治共同体的主权者。"（卢梭：《社会契约论》，商务印书馆1982年版，第23页）

[2] 马克思、恩格斯：《共产党宣言》，引自《马克思恩格斯选集》第1卷，人民出版社1972年版，第273页。

第六章 中国收入分配体制改革总结与展望

一切想象。

马克思把人的自由全面发展作为人的权利的基本内涵,同时把人的劳动实践活动作为权利实现的途径和过程。他认为只有在现实的世界中并使用现实的手段才能实现真正的解放,也只有在共同体中,个人才能获得全面发展其才能的机会。可见,人的实践活动既是人的权利的实现途径,也是人的社会责任和实践属性的彰显过程。从这个意义上讲,共享发展理念作为人类经济社会活动的先进理念,必须体现人的共同意志,体现人的"类"本质,体现人的主体性地位,如此才能防止人在发展中出现异化。在马克思看来,市场体制、赤裸裸的金钱交换关系支配的整个自由资本主义历史阶段,以纯粹性利己为核心动机和价值目的的所谓"理性经济人",构成其全部社会关系尤其是生产关系主体的最重要特质。

社会主义初级阶段,所有制形态和制度性质的根本变化、资本逻辑的社会化遏制,广大人民需要的充分满足以及公平正义的普遍化,生产关系的主体的生存特质也相应地发生了较大变化,成为既利他(社会公共利益)又利己(个人利益)的经济主体;在共产主义社会中,社会生产关系的主体的生存特质实现了质变,成为社会利益本位的公益人。这一转变是一个长期的、复杂的历史过程。在《哥达纲领批判》中,论及未来的新制度及其形成,马克思是这样描述的:"在共产主义社会高级阶段上,在迫使人们奴隶般地服从分工的情形已经消失,从而脑力劳动和体力劳动的对立也随之消失之后;在劳动已不仅仅是谋生的手段,而且本身成了生活的第一需要之后;在随着个人的全面发展,他们的生产力也增长起来,而集体财富的一切源泉都充分涌流之后,——只有在那个时候,才能完全超出资产阶级权利的狭隘眼界,社会才能在自己的旗帜上写上:各尽所能,按需分配!"[①]

[①] 马克思、恩格斯:《哥达纲领批判》,引自《马克思恩格斯选集》第3卷,人民出版社1995年版,第305~306页。

2. 共享发展与社会公平正义。

人们对公平问题的探讨，可以追溯到很早以前。从古希腊的卡克利斯、柏拉图和亚里士多德，到中世纪的西欧思想家，及至资产阶级革命时期的伏尔泰、孟德斯鸠、卢梭等人及其以后的马克思、恩格斯等人，都对公平问题做了许多阐述，形成了丰富的有关公平的思想。

在17~18世纪欧洲的资产阶级革命时期，资产阶级思想家格老秀斯认为，基于人类共有的理性，人们所拥有的符合人性要求的自然权利是公正的、公平的；霍布斯认为，人类在自然法支配之下，人人都是平等的，遵守自然法就是实现正义、公平、公道；伏尔泰认为，人生而是平等的，一切享有各种天赋能力的人，都是平等的。他认为平等的真谛就在于自然法面前的平等，而不是在财产所有权和社会地位上的平等；孟德斯鸠认为，公平的法律不能牺牲公民的个性，在公平的社会中，人民的安全就是最高的法律；卢梭认为，公平很重要的内容就是平等，它不是绝对的、事实上的平等，而是能够缩小贫富差别，实现法律面前的平等。19世纪，不少资产阶级思想家提出与自然法思想相异的公平思想。边沁认为，公平的要求在于为社会谋福利。奥斯丁认为法律往往与公平、正义相分离。黑格尔则认为公平理性的东西是自在自为的法的东西。

在不同的历史时期，不同的个人从不同的角度赋予了公平范畴不同的内涵，因此，公平范畴本身是"历史的"。公平正义是马克思关于社会分配的价值取向和基本原则，但马克思认为公平分配原则和方式是客观的，而不是主观的、抽象的。分配公平与否取决于它是否与一定历史阶段由生产力水平决定的生产方式及生产关系相适应。马克思指出，所谓的分配关系，是同生产过程的历史规定的特殊社会形式，以及人们在他们生活的再生产过程中互相所处的关系相适应的，并且是由这些形式和关系产生的，分配关系不过表示生产关系的一个方面。

3. 共享发展与共同富裕。

共同富裕是指发展成果由全体人民共同享有，它既是人们追求的梦想，也是实现后的一种状态。因此，共同富裕的内涵中必然包含共同享有。

从共享和共富的相互关系看，在推进社会主义共同富裕的过程中，共享是共富的基础，为共富提供动力，共享的目标是共富；共富在发展阶段上包含着先富以及先富带后富、实现共同富裕。

从共享自身的内涵看，共享的主体是全体人民而不是一部分人或少数人，不管是个人还是群体，都有平等的资格和机会参与经济社会活动。共享不等于共有或均享，不能无偿占有他人劳动和损害他人的正当权益。共享发展是建立在社会公平正义、共建基础上的共享，即建设越多、贡献越大，享受发展成果的能力和机会也越大。共享经济发展成果是最重要、最基础的共享，但不是共享的唯一内容；践行共享发展理念不是只解决基本社会民生问题，还包括满足人民的精神层面需求，包括干净的空气、丰富的闲暇休息和文化生活，等等，即包括经济、政治、社会、文化、生态等在内的全面共享。在社会主义初级阶段社会生产发展不充分、不均衡的条件下，还不能实现全方位、全领域的共享，而是"渐进共享"和"有条件的共享"，并需要通过法律法规形式，建立秩序和规则，为共享发展提供稳定的社会预期和长期的制度保障。从这几个方面的意义上讲，共享与共富有着相同的含义，因此，共同富裕必然包含共享共富。

（二）实现共享发展的基本条件和社会主义的实践探索

1. 共享发展体现了社会主义的本质要求和根本目标。

根据中国特色社会主义实践，邓小平提出了关于社会主义本质的科学论断："社会主义的本质，是解放生产力，发展生产力，消灭剥削，消除两极分化，最终达到共同富裕。"① 邓小平对社会主义本质的新概括，既坚持了马克思主义的科学社会主义，同时又赋予社会主义新的时代内容。它的基本内涵包括两个方面：一是把解放和发展生产力纳入社会主义的本质；二是突出强调了社会主义社会的发展目标，即消灭剥削、消除两极分化，最终达到共同富裕。

在共同富裕这个概念中，"富裕"反映了社会成员对社会财富拥有的丰裕程度，是社会生产力发展水平的集中体现；"共享"则反映了社会成员对财富的占有方式，是社会生产关系性质的集中体现。因此，共享发展和共同富裕包含着生产力与生产关系两方面的特征，从质的规定性上成为社会主义的本质规定和奋斗目标。

2. 社会主义制度为实现共享发展提供了根本条件。

在现实中不存在抽象的财富分配，它们总是同特定的经济制度和社会关系结合在一起，而共享发展和共同富裕的基本属性规定了只能和社会主义公有制结合起来才能具有充分的实现条件。马克思讲到，只有在存在着资产阶级和无产阶级的阶级对立的私有制社会被一个新的"联合体"代替后，即一个新的社会制度产生后才能实现。这就界定了共享发展和共同富裕的制度前提。

生产资料占有不公和由此导致的分配不平等是资本主义社会的顽疾，只有消除生产资料私人占有的资本主义制度，才能消除剥削和不平等，实现共同富裕。在资本主义经济制度的前提下，无论采取什么样的社会财富和收入再分配的办法，都无法消除内生于资本主义生产方式的不平等和两极分化现象。建立在公有制基础上的社会共同占有和管理社会共同财产的社会主义制度是确立共同富裕、共享发展目标的根基，体现了社会主义制度的价值

---

① 《邓小平文选》第3卷，人民出版社1993年版，第113页。

追求，也为实现共同富裕提供了制度条件。

当代资本主义国家一直在用国家干预和社会福利政策来调节贫富差距，减少社会矛盾。但是要看到，资本主义市场经济内在的贫富分化和社会利益结构失衡是由它的基础生产关系决定的，资本主义私有制限制了对财产和收入分配结构调节的力度及范围。当代资本主义国家为经济增长已付出巨大的代价（不平等和社会分裂），我国在发展社会主义市场经济的过程中，要避免资本主义制度最有害的和破坏性的特征出现。

3. 生产力的发展为实现共享共富提供了物质基础。

马克思深刻地揭示并突出地强调了人类物质生产力及其发展对于人类社会和人的发展所具有的重要性。历史唯物主义把人类的生产活动理解为人类最基本的也是最重要的实践活动，而人类生产活动的主要内容就是不断发展社会的物质生产力，人类从事物质生产活动以及其他一切社会活动的一般的主要目的和动机，就是为了获得一定的物质利益，即追求物质福利和富裕水平的提高。马克思说过，人们奋斗所争取的一切，都同他们的利益有关。不仅如此，历史唯物主义还进一步揭示了人类追求物质利益和物质福利的历史性和阶级性。在一切以生产资料私有制为基础的阶级社会中，都存在着生产资料的占有者剥削不占有生产资料阶级的劳动的共同特点。恩格斯指出，剥削现象的存在，是因为在人类发展的以前一切阶段上，生产还很不发达，以致历史的发展只能在这种对立形式中进行着。马克思恩格斯认为，在未来社会生产力充分发展和物质财富极大丰富的基础上，建立了生产资料公有制，个人被动地、强迫性地服从旧的社会分工，脑力劳动和体力劳动的对立现象才能消失；在这个基础上，劳动不仅仅是谋生的手段，随之成为生活的第一需要，人的全面发展才能实现；在这个基础上，被市场等价交换原则和资产阶级权力所束缚的个体才能得到解放，多样性、平等性、自由性的个体特征才能出现，才能真正实现个人的"自由和全面"发展，从而实现全社会的共享发展和共同富裕。

4. 中国特色社会主义追求共享发展与共同富裕的实践探索。

新中国成立之初,我国建立了人民民主专政和人民代表大会制度的国体和政体,经过全面的社会主义改造,建立起社会主义的制度体系,为共同富裕理念奠定了制度基石。中国共产党以"实现共产主义"作为党的最高纲领,以"全心全意为人民服务"作为党的根本宗旨,符合共建、共享、共富等社会价值的追求。1953年12月16日,中共中央通过了《关于发展农业生产合作社的决议》,指出"为着进一步提高农业生产力……并使农民能够逐步完全摆脱贫困的状况而取得共同富裕和普遍繁荣的生活"。走共同富裕的社会主义道路和社会主义基本制度为实现共同富裕奠定了根本前提,以毛泽东为核心的党中央领导集体进行了艰辛的社会主义建设探索。在分配领域,通过实行生产资料社会主义公有制,在采取均等的按劳分配方式中尝试共享和共同富裕。

邓小平是我国改革开放的"总设计师",也是我国改革开放以来共同富裕理论的主要奠基者和共同富裕实现路径的领路人。邓小平认为,共同富裕"是体现社会主义本质的一个东西","社会主义的本质是,解放生产力,发展生产力,消除剥削,消除两极分化,最终达到共同富裕";关于在社会主义初级阶段实现共同富裕目标方面,邓小平指出"社会主义原则,第一是发展生产力,第二是共同致富",实现共同富裕的物质基础是大力发展生产力,即"整个社会主义历史阶段的中心任务是发展生产力"[1]。在共同富裕的实施路径上,邓小平反复强调:"我们允许一些地区、一些人先富起来,是为了最终达到共同富裕,所以要防止两极分化"[2]。邓小平时代沿着这样的思路对经济体制进行

---

[1] 《邓小平文选》第3卷,人民出版社1993年版,第254~255页。
[2] 《邓小平文选》第3卷,人民出版社1993年版,第195页。

了大胆的改革。在农村推行家庭联产承包责任制、在城市开始发展商品经济，同时对外开放、建立经济特区、鼓励东部沿海有条件的地区率先实现现代化等。在分配领域，打破平均主义的分配方式，提出一部分人先富起来，在效率的基础上实现公平，通过先富带动后富，逐步实现共同富裕。

1992年以后，党的领导集体不断继承、丰富和发展共同富裕思想。党的十四大报告明确提出"我国经济体制改革的目标是建立社会主义市场经济体制""兼顾效率与公平，运用包括市场在内的各种调节手段，既鼓励先进，促进效率合理拉开收入差距，又防止两极分化、逐步实现共同富裕"。在分配领域，实行按劳分配和按要素贡献分配相结合的方式，以及效率与公平相统一的原则，追求分配共享；促进区域平衡发展，追求区域共享。

党的十六大制定了全面建设小康社会的奋斗目标，以江泽民为核心的党中央领导集体强调在社会主义现代化建设的每一个阶段都必须让广大人民群众共享改革发展的成果，兼顾效率与公平，指出共同富裕思想为"三个代表"重要思想的核心内容之一。

党的十七大强调"以人为本，科学发展，更加注重公平"，提出科学发展观的战略思想。科学发展观的核心是以人为本，就是要始终把实现好、维护好、发展好最广大人民的根本利益作为党和国家一切工作的出发点和落脚点，做到发展为了人民，发展依靠人民，发展成果由人民共享。这种以人为本、关注人的多方面需求和全面发展极大地扩展了共享和共富的内涵。

党的十八大提出"全面建成小康社会"总目标的要求，明确坚持走共同富裕道路，"要坚持社会主义基本经济制度和分配制度，调整国民收入分配格局，使发展成果更多更公平惠及全体人民，朝着共同富裕方向稳步前进"，提出"促进人的全面发展、逐步实现全体人民共同富裕"是中国特色社会主义的目标，深刻体现了科学发展观中"以人为本"的价值观。以习近平同志为核心的党中央站在全面建成小康社会、实现中华民族伟大复兴中国梦的历史高度，坚定"人人参与、人人尽力、人人享有"的共享发展理念，不断深化收入分配制度改革，着力构建"发展成果由人民共享"的长效机制。

党的十九大立足中国特色社会主义进入新时代的新的历史定位，针对我国现阶段发展不平衡不充分中的突出问题，民生领域存在的短板，城乡区域发展和收入差距依然较大等，提出我国社会主要矛盾已经转化为人民日益增长的美好生活需要和不平衡不充分的发展之间的矛盾。根据主要矛盾的变化，明确了新时代中国特色社会主义思想的丰富内涵，最根本的要求是以人民为中心的发展思想，着力解决发展不平衡不充分问题，不断促进人的全面发展、全体人民共同富裕。十九大提出将全面建成小康社会目标划分为两步或两个阶段，突出提高人民收入和提高人民生活水平的目标任务，立足改善民生、让改革成果更多惠及全体人民。

共享发展是马克思主义与当代中国实际相结合的产物。改革开放40年来，共享发展一直是中国特色社会主义实践的主线，在追求共享发展和实现共同富裕的过程中，国家逐步富强，人民逐步富裕，人民群众从改革和发展中得到了实惠。

1978年，我国是世界上最贫穷的国家之一。按照世界银行的统计数据，当时我国人均国内生产总值（GDP）只有156美元，2017年，我国人均GDP已达到9 480美元，上升为中等偏上收入国家，与高收入国家人均GDP 12 700美元的标准已相当接近；1978~2017年，我国GDP以年均9.5%的速度增长了39年，现有经济规模已经是1978年的34倍。① 改革开放以来，中国的贫困人口从1978年的2.5亿人下降到2017年的3 046万人，贫困发生率从30.7%下降到3.1%；特别是党的十八大以来，我国创造了减贫史上的最好成绩，5年累计减贫6 853万人，消除

---

① 林毅夫：《改革开放创40年经济增长奇迹》，新华网，2005年2月8日。

绝对贫困人口2/3以上。改革开放初期的1978年，我国9.6亿人口中有7.9亿农民，占82%，2017年，我国城镇化率已达到57%以上，城镇失业率控制在了5%左右。改革开放40年来，人民健康和医疗卫生水平大幅度提高，人均预期寿命从1981年的67.8岁增加到2016年的76.5岁。40年来，人民消费水平和质量不断提高，20世纪80年代满足了温饱，90年代电视、冰箱、洗衣机、空调等家用电器开始普及，21世纪第一个10年，住房、汽车开始作为家庭消费品进入千家万户；2010年以来，旅游、休闲、异地养老等新兴消费爆发式增长。①

在人民群众生活水平不断提高的同时，改革开放和市场经济的发展也带来了一系列问题，特别是在分配领域，出现了分配不公和社会成员间收入差距扩大的问题。现阶段我国收入分配领域的突出矛盾和问题主要表现在：（1）居民收入差距基尼系数超过国际警戒线。我国1980年的基尼系数为0.34，表明当时我国个人之间收入差距较小，此后30年的发展中这一数值不断攀升。据国家统计局公布，2003~2008年全国居民收入基尼系数呈现波动上升走势，由2003年的0.479上升至0.491，而后逐年回落，降低至2015年的0.462，2016年为0.465，虽然我国居民收入差距整体出现下降趋势，但是仍远高于国际公认的警戒线，收入差距较大。（2）财产占有在社会成员间的分布失衡。根据北京大学中国社会调查中心《2014中国民生发展报告》，1995年我国财产的基尼系数为0.45，2002年为0.55，2012年我国家庭净财产的基尼系数达到0.73，顶端1%的家庭占有全国1/3以上的财产，底端25%的家庭拥有的财产总量仅在1%左右。②财产权分

---

① 《光明日报》2018年3月3日。
② 根据《21世纪资本论》作者皮凯蒂针对中国的研究，2015年中国的财产分配情况是：最富10%的人群占全部财产的比重为67%，其人均财产为190万元。最富1%的人群占全部财产的比重为30%，其人均财产为835万元（Piketty, T., Yang, L. & Zucman, G., 2017. Capital Accumulation, Private Property and Rising Inequality in China, 1978-2015. NBER Working Paper）。

布和财产权收入的多少与个人及家庭收入差距是密切相关的。
(3) 初次分配领域资本与劳动的分配关系失衡。资本强权和劳资利益关系失衡是我国转型期初次分配领域的主要矛盾。据《社会蓝皮书：2013年中国社会形势分析与预测》显示，我国劳动者报酬占GDP的比例从1990年的53.4%下降到2011年的44.9%。[①] 初次分配领域资本与劳动的分配关系失衡主要表现为：第一，国民收入分配中劳动收入比重下降；第二，经济增长中劳动报酬增长缓慢。

在中国特色社会主义实践中，如何在经济增长和发展中构筑实现共同富裕的社会经济基础，既涉及完善社会主义市场经济体制，也涉及不断深化改革，激发新发展的新活力、新动力，解放和发展生产力，同时也涉及更好地发挥政府作用等问题。这是新时代给我们提出的新课题，这些课题的核心是如何坚持以人民为中心，走中国特色的共享发展道路。

(三) 中国特色社会主义共享发展理念下的发展道路

习近平指出，"要坚持以人民为中心的发展思想，这是马克思主义政治经济学的根本立场。" 以人民为中心的发展，其关键是实现共享发展，体现逐步实现共同富裕的要求。在新时代，中国特色社会主义实现共同富裕和共享发展的路径是以公平正义为核心价值构建实现共同富裕的体制机制，坚持以人民为中心和人的全面发展的理念，以共享发展来解决收入分配中的矛盾；走贫困人口脱贫致富、全面实现小康的中国道路；建立资本与劳动的协调共赢机制；有效发挥政府调节分配和收入的功能。

1. 以公平正义为核心价值构建实现共同富裕的体制机制。

进入21世纪，我国发展战略推进到全面建成小康社会的决

---

① 《社会蓝皮书：2013年中国社会形势分析与预测》，社会科学文献出版社2014年版。

第六章　中国收入分配体制改革总结与展望

定性阶段，社会经济领域面临着全面深化改革、完善社会主义市场经济体制、转变经济发展方式等一系列战略性任务。在收入分配领域，我们推出了一系列深化改革的措施，规范收入分配秩序，加大政府调节力度，以切实解决分配不公和收入分配差距过大的问题。

中国特色社会主义是一个不断追求公平正义、实现共同富裕的过程，在实践中需要与之相适应的体制机制。按照马克思历史唯物主义观点，人类社会不存在普遍的正义，正义是历史的产物。一个公平正义的制度，其作用是要形成一个让社会绝大多数成员都感到满意，从而能激励他们的创造性劳动的制度环境，最终促进经济效率的提高。任何一个制度作为生产关系的法定表现是由生产力决定的，在收入分配和财产权构建上，我们要选择的是这种制度与现阶段生产力发展、增进经济效率的内洽性。在社会主义市场经济条件下，公平正义原则首先应体现为法律承认和保护财产获得的正当性和正当财产权利的排他性，即产权保护原则。

与社会主义市场经济相适应的产权制度承认和保护包括劳动在内的各种要素主体对经济的贡献以及获得收入和财产，这是一种贡献与收益相对应的公平原则，从它是社会财富的第一次分配的意义上，又被称为"原始公正"。在不区分市场主体的个性特征而仅从普遍适用性上来说，这种公平原则体现了一种形式理性和机会平等的公平，它却不能体现社会成员之间无个体差别的共享与占有。问题在于，在物质财富还没有极大丰富，劳动还是个人的谋生手段的社会主义市场经济中，不同的市场主体在个人禀赋、经营条件、机遇等方面的千差万别，注定了各市场主体之间发生实际经营结果上的差别（在分配上体现为个人财产和收入的差别），如果我们的产权制度不保护这种结果而强调全体成员共同占有和平等分享，事实上会造成一部分人占有他人劳动成果的情况，这又违背了产权正义的原则，同时还会损失效率。

2. 坚持以人民为中心和人的全面发展。

发展只不过是人的全面发展。马克思、恩格斯从人的解放和全面发展出发，从历史演变的角度揭示了三大社会形态中人的发展状态，指出人的全面发展的历程和人类社会历史发展一样是一个自然历史过程。在《1857－1858年经济学手稿》中，马克思按照人的个体发展的程度把人类社会分为依次递进的三种社会形态。其中最初的社会形态是指人的依赖关系，"在这种形态下，人的生产能力只是在狭窄的范围内和孤立的地点上发展着。"[①]这种形态包括原始社会、奴隶社会、封建社会，生产力不发达，人身依附是社会人与人关系的特征。人身依附关系完全扼杀了个人的主动性和生产积极性，严重阻碍了生产力的发展。

以物的依赖性为基础的人的独立性，是第二种社会形态，相当于马克思所讲的资本主义社会和资本主义市场经济。在这种社会形态下，物的依赖性主要表现为对资本的依赖性，资本追求剩余价值的同时也推动了社会生产力的极大发展，马克思、恩格斯在《共产党宣言》中对于资本主义市场经济形成的巨大生产力给予了充分的肯定。他们写道："资产阶级在它的不到一百年的阶级统治中所创造的生产力，比过去一切世代所创造的全部生产力还要多，还要大。自然力的征服，机器的采用，整个大陆的开垦，河川的通航，仿佛用法术从地下唤出来的大量人口……过去哪一个世纪能够料想到有这样的生产力潜伏在社会劳动里呢？"[②]资本主义社会生产力的发展为一个更高级的生产形式创造了物质条件，但是，资本生产力本身又是在"异化"的形式下表现出来，其生产关系特征是资本以市场平等交换的假象无偿占有他人的劳动成果以及资本与劳动的对立。

---

① 马克思、恩格斯：《1857～1858年经济学手编》，引自《马克思恩格斯全集》第46卷，人民出版社1979年版，第104页。

② 马克思、恩格斯：《共产党宣言》，引自《马克思恩格斯选集》第1卷，人民出版社1972年版，第256页。

第六章　中国收入分配体制改革总结与展望

"建立在个人全面发展和他们共同的社会生产能力成为他们的社会财富这一基础上的自由个性,是第三阶段"①,它相当于马克思所讲的社会主义和共产主义社会。在这个阶段,人类由"必然王国"进入"自由王国",以自由人联合体为基础,消灭了私有制和剥削。在这一社会形态中,高度发展的生产力的基础上实现了对异化劳动的扬弃,个人从权力和资本的奴役下解放出来,实现了全面发展和自由发展。马克思强调,"第二个阶段为第三个阶段准备条件。"马克思所讲的条件既包括生产力发展所提供的物质条件,也包括人与人的社会关系方面的条件,如社会公平正义、按需分配、个人自由选择和对社会公共事务的充分参与,等等,在这里,共享发展和共同富裕不仅是社会价值、理念,更是现实的社会实践。就物质资料生产、所有制与人的发展的关系看,从历史唯物主义出发,马克思认为财产权和所有制不仅是一种与物质生产力发展有关的生产关系,它本质上包含着人的发展的基础条件,即能否突破旧的社会分工和机器大工业对人的束缚,消灭并剥夺任何人利用财产的占有权力去奴役他人劳动的权利,重建"劳动者个人所有制"和自由人联合体,最终实现每个人的自由全面发展。马克思追求的是人的全面发展,物质资料的生产和发展只不过是人的全面发展的基础。

生产力的发展和经济增长的目的是什么？经济社会的发展怎样做到可持续？各个国家都必须回答这些问题。1998年诺贝尔经济学奖得主阿马蒂亚·森在其颇具影响的《以自由看待发展》一书中,批评了将发展等同于国民生产总值的增长,或个人收入的提高,或工业化与技术进步,或社会现代化等的观点,认为这些都是狭隘的发展观,最多属于工具性范畴,是为人的发展服务的。进入2000年,世界各国领导人在联合国千年首脑会议上商定

---

① 马克思、恩格斯:《1857～1858年经济学手稿》,引自《马克思恩格斯全集》第46卷,人民出版社1979年版,第108页。

了一套时限为 15 年的目标和价值指标,强调自由、平等、共济、宽容、尊重大自然和共同承担责任,最终是为了人的发展。①

中国立足于改革开放以后的经济增长与发展实践,在丰富的实践经验基础上,形成了以人民为中心的发展思想。习近平指出,"要坚持以人民为中心的发展思想,这是马克思主义政治经济学的根本立场。要坚持把增进人民福祉、促进人的发展、朝着共同富裕方向稳步前进作为经济发展的出发点和落脚点,部署经济工作、制定经济政策、推动经济发展都牢牢坚持这个根本立场。"② 以人民为中心的发展,其关键是实现共享发展,体现逐步实现共同富裕的要求。

3. 以共享发展来解决分配领域中矛盾。

经济增长与发展理论认为,一国人均收入的高低取决于该国的长期经济增长。同样,增长理论与各国发展的历史经验表明长期经济增长关键是实现经济的转型,即实现从传统马尔萨斯陷阱向现代持续经济增长的转变。长期经济增长的进程必然经历经济成果的分配过程,该过程是收入分配理论研究的主要内容。不同的收入分配必然造成收入的不同分布,并进而影响一国的经济福利。根据各个发展中国家的经验,经济转型和实现长期经济增长并非能自行解决收入的不平等问题。另外,社会制度结构也会影响一国的经济增长,如果经济增长的成果不能为全体社会成员共享而是被少数人或社会利益集团独占,经济增长将失去普遍的激励机制。

经济增长的成果如何让人民共享,特别是让穷人受益,20世纪以来发展经济学根据一些发展中国家的增长经验概括出"包容性增长"和"益贫式增长"的模式。"包容性增长"这一概念

---

① 李义平:《马克思的经济发展理论:一个分析现实经济问题的理论框架》,载于《中国工业经济》2016 年第 11 期。

② 习近平:《立足于我国国情和我国发展实践,发展当代中国马克思主义政治经济学》,载于《人民日报》2015 年 11 月 25 日。

最早由亚洲开发银行在2007年首次提出。它的原始意义在于"有效的包容性增长战略需集中于能创造出生产性就业岗位的高增长、能确保机遇平等的社会包容性以及能减少风险,并能给最弱势群体带来缓冲的社会安全网。"包容性增长最基本的含义是公平合理地分享经济增长,其中最重要的表现就是缩小收入分配差距,它涉及平等与公平的问题,最终目的是把经济发展成果最大限度地让普通民众来受益。与此相关的是"益贫式增长",它关注经济增长、不平等和贫困三者之间的关系。发展中国家的增长实践表明,单纯的经济增长并不能自动惠及穷人,穷人的生活水平有可能随着经济增长而下降,因此"涓滴效应"并没有出现。在这个背景下,人们重新审视经济增长、贫困和不平等之间的关系并达成共识:高速的经济增长和对穷人有利的收入分配相结合能够导致绝对贫困下降的最大化,达到所谓的"益贫式增长"[①]。从各个发展中国家的发展经验看,在实现经济增长和现代化的过程中必然会产生大量剩余劳动力和失业现象,同时,需要依靠社会救助的贫困人口也可能随之增加。"益贫式增长"模式强调要增长机会平等,对贫困人口给予更多关注,实现充分就业并使劳动收入增长率高于资本报酬增长速度。"益贫式增长"强调一国要实现较高且可持续的经济增长率就要增加贫困人口参与经济增长过程的机会,提高贫困人口参与经济增长的能力使其成为经济增长的推动者,而不是单纯依靠社会保障和救济来帮助穷人。对处在经济社会转型期的我国而言,发展劳动密集型产业,尽可能多地创造就业机会,减少失业;实施乡村振兴战略,富农增收,是贫困减除和实现"益贫式增长"的主要途径。

共享发展作为中国道路实践经验的概括和总结,它包含着包容性增长和益贫式增长的意义,同时彰显了中国增长和发展道路

---

① 张庆红:《对"益贫式增长"内涵的理解:一个文献综述》,载于《经济学研究》2013年第4期。

的鲜明特色。实践证明，中国现代化必然要走，也正在走一条有自己特色的独特道路，在这条道路的特殊性内涵中，共享发展无疑是其中的核心价值之一。

4. 贫困人口脱贫致富，全面实现小康。

贫困人口脱贫致富是全面建成小康社会，实现共同富裕的一个标志性指标。在以贫困问题为主题的《1990年世界发展报告》中，世界银行给贫困所下的定义是："缺少达到最低生活水准的能力"。该报告同时指出，衡量生活水准不仅要考虑家庭的收入和人均支出，还要考虑那些属于社会福利的内容，比如医疗卫生、预期寿命、识字能力以及公共货物或共同财产资源的获得情况。它用营养、预期寿命、5岁以下儿童死亡率、入学率等指标，作为以消费为基础对贫困进行衡量的补充。贫困人口的比例是衡量社会成员生活富足富裕均衡程度的指标。①

贫困不只是一种物质和精神生活能力低于基本生活水准，更在于是一种人的机会的丧失，体现为社会的不公正不道义。当今世界各国都把贫困作为最大的难题。改革开放以来，中国在全面推进现代化国家进程取得巨大成果的同时，扶贫开发事业也取得了举世瞩目的伟大成就。中国在30多年的扶贫过程中也形成了自己的扶贫经验和有中国特色的道路，受到国际社会的高度关注和赞誉。② 作为一个"二元结构"特征显著，城乡和区域发展差距较大的发展中国家，快速推进工业化、城镇化阶段的人口大

---

① 2016年，世界银行调整了最新国际贫困线标准即每天1.90美元，新贫困线保留了世界最贫困国家的老贫困线（即按照2005年不变价每天1.25美元）的真实购买力。根据这一新贫困线标准，世界银行预测2015年全球贫困人口将从2012年的9.02亿人减少到7.02亿人，占全球人口的比例从12.8%下降到9.6%。

② 联合国《2015年千年发展目标报告》显示，中国极端贫困人口比例从1990年的61%，下降到2002年的30%以下，率先实现比例减半，2014年又下降到4.2%，中国对全球减贫的贡献率超过70%。根据国家统计局发布的数据，截至2017年末，全国农村贫困人口从2012年末的9 899万人减少至3 046万人，累计减少6 853万人；贫困发生率从2012年末的10.2%下降至3.1%，累计下降7.1个百分点（中国经济网，2018年2月2日，16：56）。

第六章　中国收入分配体制改革总结与展望

国,如何平衡公平和效率的关系、提高发展的包容性,特别是如何帮助农村贫困人口走出贫困陷阱,是我们在新时代面临的重大课题。

在习近平总书记治国理政新理念、新思想、新战略中,提出要促进包容性发展、使发展成果更多更公平地惠及全体人民,尽快使全国扶贫对象实现脱贫、让贫困地区群众生活不断好起来。他多次强调:"我国大部分群众生活水平有了很大提高,出现了中等收入群体,也出现了高收入群体,但还存在大量低收入群众。真正要帮助的,还是低收入群众。"

国家在"十三五"经济社会发展规划制定的经济保持中高速增长的目标中,强调平衡性,首次提到包容性,这都与缩小收入差距、实现共同富裕密切相关。平衡性包含了缩小城乡之间、地区之间的发展差距,也包括了缩小收入差距问题,而包容性则意味着经济发展的成果要更多地让全体人民来分享,特别是低收入人群;在具体政策措施方面,"十三五"规划建议中提到的人口城镇化率提高、增加就业机会、稳步提高基本公共服务均等化、解决贫困人口脱贫问题等,都有利于缩小收入差距,而扶贫减贫是共享发展和实现共同富裕要守住的民生底线。新时期还要新思路,改革创新扶贫开发体制机制,进一步丰富和完善扶贫的经验和模式,构建起政府、市场、社会协同推进的大扶贫格局。在政府层面,还要发挥社会主义制度可以集中力量办大事的政治优势,建立起国家战略及保障实施的机制;① 在市场层面,要充分发挥市场机制的作用使扶贫工作从"输血式扶贫"走向"造血式扶贫",提供扶贫受益人的市场能力,切断贫困的代际传递;在社会层面,要动员和凝聚全社会力量广泛参与扶贫,重点是民

---

① "十三五"规划特别提出"精准扶贫,精准脱贫"的战略,并推出"产业扶贫、生态保护脱贫、易地搬迁扶贫、教育脱贫、低保政策兜底"的"五位一体"式综合扶贫机制安排。

营企业、社会组织和公民个人的力量以多种形式参与扶贫开发。

5. 建立资本与劳动的协调共赢机制。

建立资本与劳动的协调、共赢机制是社会主义市场经济中解决初次分配劳资矛盾的根本途径,这一机制的基础是社会主义初级阶段的生产关系。在市场经济条件下,初次分配关系是通过市场机制形成的,资本和劳动价格的高低决定了资本所有者和劳动及其他要素所有者的收入水平,并同时调节资源的配置过程,政府对市场机制的调节不做过多的干预。我国在构建社会主义市场经济体制的基本框架时,为保证体制的效率也提出了在初次分配领域效率优先、兼顾公平的原则。实践证明,初次分配完全由市场决定既不能实现市场经济的高效率也难以实现公平。初次分配的基本格局是由资本与劳动的利益关系即生产关系决定的。

生产决定分配,不同的所有制关系决定不同的分配制度,这是马克思主义政治经济学的一个基本原理。资本主义市场经济中生产资料的私人占有是收入分配的两极分化和贫富差距的根本原因,据此,马克思提出了生产资料由全社会成员共同占有的设想,并把生产资料的公有制作为促进社会生产力发展,实现社会成员共同富裕的基本条件。因此,协调资本与劳动的合理关系必须坚持社会主义初级阶段基本经济制度,充分发挥公有制的作用。

在社会主义市场经济中,公有制经济在关系国家及民生的重要经济部门充分发挥了主体和主导作用,是国民财富增长和财产利益在社会成员间合理分配、平等受益的重要保证。同样是财产权主体的多元化和收入分配方式形式的多样性,其合理结构与协调关系的所有制基础是否以公有制为主体,这是社会主义市场经济条件下解决初次分配领域各利益主体收入分配矛盾(最主要的矛盾是资本与劳动)与资本主义市场经济的根本区别。

6. 有效发挥政府调节分配和收入的功能。

从西方发达国家收入分配实践经验来看,往往通过社会再分

第六章　中国收入分配体制改革总结与展望

配政策来缩小收入差距,如税收、转移支付、提供公共产品等,但是在初次分配中还缺乏调节财富差距和收入差距的有效手段。吸取西方国家的经验教训,需要充分发挥政府在纠正社会财富占有进而收入分配的过分不平等状态的功能,在初次分配和再分配领域构建起一整套财产分配稳定机制和行之有效的财产再分配的经济调节机制,以之抑制和扭转整个社会财富的过度集中和财产分布过度不均等的趋势。[①]

(1) 健全工资决定和正常增长机制,完善最低工资和工资支付保障制度。构建动态的最低工资增长机制,在确定最低工资标准时,要与职工平均工资保持合理比例关系,并根据不同地区的物价上涨情况和经济社会的发展水平适时调整;通过立法的方式强制企业以国民收入增长率和企业利润增长率为基数确定工资增长率,使企业工资性收入总额的增长不低于企业利润总额的增长。

(2) 完善税收调节机制,健全有利于调节财产与收入差距的税制结构。转变财税理念,把税制设计的核心目标放在调节收入分配公平上[②],着眼于整个税制体系的建设,充分发挥不同税种之间协调配合的调节功能。通过财产税制对财产保有和转移环节的课税,从源头上缩小财产的差距。通过差额累进个人所得税制调控居民的收入,从源头上减少收入对财富积累能力的影响。开征具有直接税性质的新税种,扩大直接税征税范围,健全直接税体系,增强直接税制的调控功能;同时要降低间接税特别是增值税税率,减轻增值税的负担。

[①] 根据世界银行经济学家米兰诺维奇的研究,OECD 国家初次分配收入(市场决定收入)的基尼系数为 0.468,但是经过政府的收入再分配政策后,可支配收入的基尼系数大幅降低为 0.318。在再分配政策中,79% 是由政府对居民的转移性支出政策贡献的,另外 21% 是由个人所得税贡献的(李实:《〈21 世纪资本论〉到底发现了什么》,中国财政经济出版社 2015 年版)。

[②] 曲顺兰:《税收调节收入分配:基本判断及优化策略》,载于《马克思主义与现实》2011 年第 1 期。

（3）完善社会救助体系。社会救助是国家和社会对无劳动能力和生活来源的社会成员以及因自然灾害或其他经济社会原因导致生活困难者，给予临时或长期的救助和帮扶的一种社会保障制度，主要内容包括救济、救灾和救贫，是为了满足人民群众最基本的生活需求、保障其最低生活水平的最后一道防线。我国目前以政府为主导的社会救助制度还存在社会救助工作机制不健全、救助渠道不规范、救助制度碎片化、救助效率效益不高、救助对象和救助标准不合理等问题，需要进一步完善，主要包括完善社会救助内容体系；完善社会救助的法律体系；大力发展第三方社会救助组织。

共享发展作为中国道路实践经验的概括和总结，包含着包容性增长和益贫式增长的意义，同时彰显了中国增长和发展道路的鲜明特色。实践证明，中国现代化必然要走，也正在走一条有自己特色的独特道路，在这条道路的特殊性内涵中，共享发展无疑是其中的核心价值之一。

参 考 文 献

1. Atinc, T. Manuelyan, Sharing Rising Incomes: Disparities in China, in World Bank, eds., *Sharing Rising Incomes: China 2020 Series*, Washington D. C.: World Bank Press, 1997, pp. 257 – 260.

2. 程恩富:《现代马克思主义政治经济学的四大理论假设》,载于《中国社会科学》2007 年第 1 期。

3. 陈慧女:《中国共产党领导社会主义经济建设过程中收入分配改革领域的实践与基本经验》,载于《经济纵横》2012 年第 2 期。

4. 陈宗胜:《倒 U 曲线的"阶梯形"变异》,载于《经济研究》1994 年第 5 期。

5. 陈宗胜:《经济发展中的收入分配》,载于《南开大学学报》(哲学社会科学版) 2016 年第 8 期。

6. 陈宗胜、高玉伟:《论我国居民收入分配格局变动及橄榄形格局的实现条件》,载于《经济学家》2015 年第 1 期。

7. 蔡昉、王美艳:《中国面对的收入差距现实与中等收入陷阱风险》,载于《中国人民大学学报》2014 年第 3 期。

8. 崔朝栋、崔翀:《马克思分配理论与当代中国收入分配制度改革》,载于《经济经纬》2015 年第 2 期。

9. 促进形成合理的居民收入分配机制研究课题组:《促进形成合理的居民收入分配机制(总报告)》,载于《经济研究参考》2010 年第 3 期。

10.《邓小平文选》第 3 卷,人民出版社 1993 年版。

11. 《邓小平文选》第 2 卷，人民出版社 1993 年版。

12. 冯招容：《收入差距的制度分析》，载于《中共中央党校学报》2002 年第 3 期。

13. 高峰等：《当代资本主义经济研究》，中国人民大学出版社 2012 年版。

14. 高培勇：《收入分配：经济学界如是说》，经济科学出版社 2002 年版。

15. 高志仁：《新中国个人收入分配制度变迁研究》，湖南师范大学 2008 年学位论文。

16. 高玉伟：《关于收入分配原则问题的讨论》，载于《中国城市经济》2010 年第 11 期。

17. 谷红欣：《中国当代收入分配思想研究》，复旦大学经济学院 2006 年学位论文。

18. 谷书堂：《社会主义经济学通论——中国转型经济问题研究》，高等教育出版社 2005 年版。

19. 谷书堂、蔡继明：《按贡献分配是社会主义初级阶段的分配原则》，载于《经济学家》1989 年第 2 期。

20. 顾准：《顾准文集》，贵州人民出版社 1994 年版。

21. 郭元晞：《有计划商品经济条件下的个人消费品分配》，载于《中国社会科学》1986 年第 5 期。

22. 郭熙保、张平：《对我国经济体制改革论争的回顾与思考》，载于《江海学刊》2009 年第 4 期。

23. 胡爽平：《马克思主义分配理论及其在当代中国的发展》，武汉大学 2010 年学位论文。

24. 胡晓风、韩淑颖：《中国社会主义经济问题讨论纲要》，吉林人民出版社 1983 年版。

25. 胡钧：《关于全民所有制内部商品价值形式》，载于《红旗》1959 年第 12 期。

26. 胡长清：《共同富裕论——中国公平分配模式》，湖南人民出版社 1998 年版。

27. 胡锦涛：《高举中国特色社会主义伟大旗帜，为夺取全面建设小康社会新胜利而奋斗——在中国共产党第十七次全国代表大会上的报告》，引自《十七大报告辅导读本》，人民出版社 2007 年版。

28. 胡锦涛：《坚定不移沿着中国特色社会主义道路前进，为全面建成小康社会而奋斗——在中国共产党第十八次全国代表大会上的报告》，引自《十八大报告学习辅导百问》，党建读物出版社、学习出版社 2012 年版。

29. 黄黎：《为"按劳分配"正名——1977－1978 年的按劳分配理论讨论会始末》，载于《党史博采：纪实版》2008 年第 5 期。

30. 黄泰岩：《论按生产要素分配》，载于《中国经济问题》1998 年第 6 期。

31. 洪银兴：《非劳动生产要素参与收入分配的理论辨析》，载于《经济学家》2015 年第 4 期。

32. 黄燕芬等：《分配的革命：部分劳权向股权的转换》，中国水利水电出版社 2004 年版。

33. 经济研究、经济学动态编辑部：《建国以来政治经济学重要问题争论》，中国财政经济出版社 1981 年版。

34. 贾康：《共享发展需要优化收入分配走向共同富裕》，载于《中国党政干部论坛》2015 年第 12 期。

35. 经济研究编辑部：《中国社会主义经济理论的回顾与展望》，经济日报出版社 1986 年版。

36. 江泽民：《加快改革开放和现代化建设步伐 夺取有中国特色社会主义事业的更大胜利——在中国共产党第十四次全国代表大会上的报告》，载于《求实》1992 年第 11 期。

37. 江泽民：《高举邓小平理论伟大旗帜，把建设中国特色社会主义事业全面推向二十一世纪——在中国共产党第十五次全国代表大会上的报告》，引自《十五大报告辅导读本》，人民出版社 1997 年版。

38. 江泽民：《全面建设小康社会，开创中国特色社会主义事业新局面——在中国共产党第十六次全国代表大会上的报告》，引自《十六大报告辅导读本》，人民出版社 2002 年版。

39. 江宗超：《按劳分配与劳动价值论的关系综述》，载于《法制与社会》2008 年第 11 期。

40. 列宁：《列宁选集》第 3 卷，人民出版社 1995 年版。

41. 列宁：《列宁全集》第 33 卷，人民出版社 1995 年版。

42. 李楠：《马克思按劳分配理论及其在当代中国的发展》，高等教育出版社 2003 年版。

43. 李怀印等：《制度、环境与劳动积极性：重新认识集体制时期的中国农民》，载于《开放时代》2016 年第 6 期。

44. 李成瑞：《陈云经济思想发展史》，当代中国出版社 2005 年版。

45. 李楠：《关于社会主义市场经济与按劳分配的关系》，载于《江汉论坛》1995 年第 5 期。

46. 李楠：《马克思按劳分配理论及其在当代中国的发展》，高等教育出版社 2003 年版。

47. 李实：《中国个人收入分配研究回顾与展望》，载于《经济学》2003 年第 2 期。

48. 李实：《中国收入分配格局的变化与改革》，载于《北京工商大学学报》（社会科学版）2015 年第 4 期，第 1~6 页。

49. 李实、岳希明：《〈21 世纪资本论〉到底发现了什么》，中国财政经济出版社 2015 年版。

50. 李实：《中国收入分配制度改革四十年》，载于 *China Economist* 2018 年第 4 期。

51. 李萍：《统筹城乡发展中的政府与市场关系研究》，经济科学出版社 2011 年版。

52. 李义平：《马克思的经济发展理论：一个分析现实经济问题的理论框架》，载于《中国工业经济》2016 年第 11 期

53. 李培林：《关于扩大中等收入者比重的对策思路》，载于《中国党政干部论坛》2007 年第 11 期。

54. 吕光明、李莹：《中国劳动报酬占比变动的统计测算与结构解析》，载于《统计研究》2015 年第 8 期。

55. 林霞：《中国特色社会主义个人收入分配制度研究》，南京师范大学 2012 年学位论文。

56. 林毅夫等：《中国的奇迹：发展战略与经济改革（增订版）》，上海三联书店 1999 年版。

57. 林毅夫、蔡昉、李周：《论中国经济改革的渐进式道路》，载于《经济研究》1993 年第 9 期。

58. 林毅夫：《关于制度变迁的经济学理论：诱致性变迁与强制性变迁》，上海三联书店 1994 年版。

59. 林毅夫：《中国农业：当前问题和政策抉择》，载于《经济导刊》1996 年第 1 期。

60. 林延光：《当代中国慈善公益募捐发展研究》，湖南师范大学 2014 年学位论文。

61. 林幼平、张澍：《20 世纪 90 年代以来中国收入分配问题研究综述》，载于《经济评论》2001 年第 4 期。

62. 卢现祥：《我国的渐进式改革及其寻租问题》，载于《中南财经大学学报》1998 年第 5 期。

63. 卢梭：《社会契约论》，商务印书馆 1982 年版。

64. 陆立军、王祖强：《新社会主义政治经济学论纲》，中国经济出版社 2000 年版。

65. 刘承礼：《改革开放以来我国收入分配制度改革的路径与成效——以公平与效率的双重标准为视角》，载于《北京行政学院学报》2009 年第 1 期。

66. 刘承礼：《30 年来中国收入分配原则改革的回顾与前

瞻——一项基于公平与效率双重标准的历史研究》，载于《经济理论与经济管理》2008年第9期。

67. 刘灿等：《中国特色社会主义收入分配制度研究》，经济科学出版社2017年版。

68. 罗志荣：《国企改革——十年攻坚探出发展新路子》，载于《企业文明》2013年第3期。

69. 梁漱溟：《梁漱溟全集》第7卷，山东人民出版社1993年版。

70. 劳动和社会保障部劳动工资研究所课题组：《深化劳动价值论和分配理论的认识》，载于《经济日报》2002年3月18日。

71. 《马克思恩格斯选集》第2卷，人民出版社1972年版。

72. 马克思：《资本论》第3卷，人民出版社1975年版。

73. 《马克思恩格斯选集》第3卷，人民出版社1972年版。

74. 《马克思恩格斯文集》第7卷，人民出版社2009年版。

75. 《马克思恩格斯全集》第25卷，人民出版社1965年版。

76. 《马克思恩格斯全集》第4卷，人民出版社1985年版。

77. 《马克思恩格斯全集》第30卷，人民出版社1995年版。

78. 《马克思恩格斯选集》第1卷，人民出版社1972年版。

79. 《马克思恩格斯全集》第46卷上，人民出版社1979年版。

80. 《马克思恩格斯文集》第6卷，人民出版社2009年版。

81. 《马克思恩格斯全集》第31卷，人民出版社1998年版。

82. 马克思主义政治经济学概论编写组：《马克思主义政治经济学概论》，人民出版社2011年版。

83. 《毛泽东选集》第1卷，人民出版社1970年版。

84. M.亚姆波尔斯基：《现阶段的工资问题》，载于苏联《经济问题》1931年第6期，转引自范林榜：《马克思按劳分配释读与中小企业薪酬管理实践》，载于《改革与战略》2010年第

1 期。

85. 马寅初：《新人口论》，北京出版社 1979 年版。

86. 逄锦聚等：《马克思劳动价值论的继承与发展》，经济科学出版社 2005 年版。

87. 逄锦聚：《论劳动价值论与生产要素按贡献参与分配》，载于《南开大学学报》（哲学社会科学版）2004 年第 5 期。

88. 平心：《三论生产力性质：关于生产力性质的含义问题及其它》，载于《学术月刊》1959 年第 12 期。

89. 平心：《略论生产力与生产关系的区别：八论生产力性质》，载于《学术月刊》1960 年第 8 期。

90. 平心：《关于生产力性质问题的讨论》，载于《学术月刊》1960 年第 4 期。

91. 平心：《论生产力与生产关系的相互推动和生产力的相对独立增长：七论生产力性质》，载于《学术月刊》1960 年第 7 期。

92. 青连斌：《分配制度改革与共同富裕》，江苏人民出版社 2004 年版。

93. 曲顺兰：《税收调节收入分配：基本判断及优化策略》，载于《马克思主义与现实》2011 年第 1 期。

94. 四次会议纪要汇编组：《1977－1978 按劳分配理论讨论会四次会议纪要汇编》，中国财政经济出版社 1979 年版。

95. 托马斯·皮凯蒂：《21 世纪资本论》，中信出版社 2014 年版。

96. 汤国：《我国关于"按劳分配"的讨论》，载于《经济研究》1958 年第 7 期。

97. 王珏：《社会主义政治经济学四十年》第 4 卷，中国经济出版社 1991 年版。

98. 王珏等：《分配制度十人谈》，广西人民出版社 1998 年版。

99. 王启荣、王广礼、方涛:《中国社会主义经济学理论》,华中师范大学出版社 1987 年版。

100. 王祖祥、张奎、孟勇:《中国基尼系数的估算研究》,载于《经济评论》2009 年第 3 期。

101. 王克忠:《论社会主义市场经济与按劳分配》,载于《学术月刊》1997 年第 4 期。

102. 王小鲁、樊纲:《中国收入差距的走势和影响因素分析》,载于《经济研究》2005 年第 10 期。

103. 王毅武:《中国社会主义经济思想史简编》,青海人民出版社 1988 年版。

104. 王友成:《1958 – 1959 年党的领导集体对所有制问题的认识轨迹》,载于《河南师范大学学报(哲学社会科学版)》2010 年第 4 期。

105. 王维平、张娜娜:《"共享"发展理念下的社会分配》,载于《西南民族大学学报(人文社科版)》2016 年第 6 期。

106. 魏众、王琼:《按劳分配原则中国化的探索历程——经济思想史视角的分析》,载于《经济研究》2016 年第 11 期。

107. Wen Rui and Wu Li, New China's Income Distribution System: Its Evolution, Performance and Lessons for the Future, *Social Science in China*, Winter, 2007.

108. World Bank, *World Development Report* 2005: *A Better Investment Climate for Everyone*, New York: World Bank and Oxford University Press, 2004, pp. 258 – 259.

109. 吴敬琏:《当代中国经济改革》,上海远东出版社 2004 年版。

110. 吴敬琏、周叔莲、汪海波:《驳"四人帮"对社会主义工资制度的污蔑》,广东人民出版社 1978 年版。

111. 吴敬琏:《论"四人帮"经济思想的封建性》,引自《吴敬琏选集》,山西经济出版社 1989 年版。

112. 卫兴华：《按贡献参与分配的贡献是指什么》，载于《人民日报》2003年2月18日。

113. 韦森：《社会秩序的经济分析导论》，上海三联书店2011年版。

114. 习近平：《立足于我国国情和我国发展实践，发展当代中国马克思主义政治经济学》，载于《人民日报》2015年11月25日。

115. 徐茂魁等：《"马克思主义政治经济学原理"疑难解析》，中国人民大学出版社2002年版。

116. 徐茂魁：《马克思主义政治经济学研究述评》，中国人民大学出版社2003年版。

117. 萧国亮、隋福民：《中华人民共和国经济史（1949－2010）》，北京大学出版社2011年版。

118. 谢明干、丁家祧：《学习〈中共中央关于经济体制改革的决定〉百题问答》，吉林人民出版社1985年版。

119. 晓亮：《论经营及按经营成果分配》，载于《中国社会科学》1986年第5期。

120. 薛暮桥：《中国社会主义经济问题研究》，人民出版社1979年版。

121. 《人民日报》特约评论员文章：《贯彻执行按劳分配的社会主义原则》，载于《人民日报》1978年5月8日。

122. 《人民日报》特约评论员：《贯彻执行按劳分配的社会主义原则》，载于《人民日报》1978年5月8日。

123. 《斯大林全集》第13卷，人民出版社1979年版。

124. 《斯大林选集》下卷，人民出版社1979年版。

125. 单克强：《收入分配改革的有效途径：资源共享》，载于《海南金融》2014年第2期。

126. 孙迎联：《收入分配机制：共享发展视野下的理论新思》，载于《理论与改革》2016年第5期。

127. 上海市劳动局办公室资料组编：《建国以来按劳分配论文选》（上），上海人民出版社1978年版。

128. 上海市劳动局办公室资料组编：《建国以来按劳分配论文选》（下），上海人民出版社1978年版。

129. 史乐陶：《落实十九大精神 探讨中国居民收入分配现状与问题——中国收入分配50人论坛（南开2017）研讨会综述》，载于《南开经济研究》2018年第2期。

130. 盛洪：《寻求改革的稳定形式》，载于《经济研究》1991年第1期。

131. 盛洪：《中国的过渡经济学》，上海人民出版社1994年版。

132. 唐若兰：《共享发展理念视域下我国扩大中等收入群体的路径探析》，载于《四川行政学院学报》2018年第5期。

133. 俞文伯和安烈鹰：《革命队伍中改行"工资制"是倒退》，载于《安徽日报》1958年10月27日，转引自经济研究、经济学动态编辑部：《建国以来政治经济学重要问题争论》，中国财政经济出版社1981年版。

134. 云付平：《收入分配视阈下的共享发展思考》，载于《中央社会主义学院学报》2017年第1期。

135. 杨承训：《正确认识"深化收入分配制度改革"中的矛盾》，载于《思想理论教育导刊》2008年第4期。

136. 杨辉：《马克思主义个人收入分配理论中国化研究》，世界图书出版公司2011年版。

137. 袁竹：《完善中国特色社会主义收入分配机制研究》，东北师范大学博士学位论文，2013年。

138. 于光远：《关于社会主义制度下商品生产问题的讨论》，载于《经济研究》1959年第7期。

139. 于光远：《政治经济学社会主义部分探索（二）》，人民出版社1981年版。

140. 于祖尧：《中国经济转型期个人收入分配研究》，经济科学出版社 1997 年版。

141. 约翰·穆勒：《政治经济学原理》，华夏出版社 2009 年版。

142. 张宇等：《中级政治经济学》，中国人民大学出版社 2016 年版。

143. 张宇：《中国特色社会主义政治经济学》，中国人民大学出版社 2016 年版。

144. 张作云等：《社会主义市场经济中收入分配体制研究》，商务印书馆 2004 年版。

145. 张俊山：《关于当前我国收入分配理论研究的若干问题思考》，载于《经济学家》2012 年第 12 期。

146. 张淑惠、刘敬：《精准扶贫政策缩小了城乡收入差距吗？——基于空间面板数据的实证研究》，载于《新疆大学学报》(哲学·人文社会科学版) 2018 年第 6 期。

147. 中共中央文献研究室：《建国以来重要文献选编》，中央文献出版社 1995 年版。

148. 中共中央文献研究室：《关于建国以来党的若干历史问题的决议》注释本，人民出版社 1983 年版。

149. 《中共中央关于经济体制改革的决定（中国共产党第十二届三中全会通过）》，人民出版社 1984 年版。

150. 《中共中央关于建立社会主义市场经济体制若干问题的决定（中国共产党第十四届三中全会通过）》，人民出版社 1993 年版。

151. 《中共中央关于制定国民经济和社会发展第十三个五年规划的建议》（中国共产党第十八届五中全会通过），人民出版社 2015 年版。

152. 中共中央：《中共中央关于建立社会主义市场经济体制若干问题的决定》（中国共产党第十四届三中全会通过），人民出版社 1993 年版。

153. 中央财政领导小组办公室：《中国经济发展五十年大事记》，人民出版社 2002 年版。

154. 《中共中央关于全面深化改革若干重大问题决定》，引自《党的十八届三中全会〈决定〉学习辅导百问》，党建读物出版社、学习出版社 2013 年版。

155. 张作云等：《社会主义市场经济中收入分配体制研究》，商务印书馆 2004 年版。

156. 赵晓雷：《中华人民共和国经济思想史纲》，首都经济贸易大学出版社 2009 年版。

157. 赵凌云：《中国共产党经济工作史（1921－2011）》，中国财政经济出版社 2011 年版。

158. 张庆红：《对"益贫式增长"内涵的理解：一个文献综述》，载于《经济学研究》2013 年第 4 期。

159. 赵满华：《社会主义市场经济与按劳分配相互统一》，载于《经济问题》1993 年第 6 期。

160. 朱光华、陈国富：《中国所有制结构变迁的理论解析》，载于《经济学家》2001 年第 3 期。

161. 朱炳元等：《马克思劳动价值论及其现代形态》，中央编译出版社 2007 年版。

162. 周为民、卢中原：《效率优先兼顾公平——通向繁荣的权衡》，载于《经济研究》1986 年第 2 期。

163. 《周恩来选集》下卷，人民出版社 1984 年版。

164. 周振华等：《收入分配与权利、权力》，上海社会科学院出版社 2005 年版。

165. 周振华：《我国收入分配变动的内涵、结构及趋势分析》，载于《改革》2002 年第 3 期。

166. 中国发展研究基金会课题组：《转折期的中国收入分配：中国收入分配相关政策的影响评估》，中国发展出版社 2012

年版。

167. 仲津:《对按劳分配的一些看法》,载于《学习》1957年第2期。

168. 钟祥财:《中国收入分配思想史》,上海社会科学院出版社2005年版。

后记

本书是集体劳动的成果。刘灿确定写作思路和设计写作框架；刘灿、王军统修全部书稿。各章撰写者为：第一章李怡乐，第二章李萍、王军，第三章李萍、王军，第四章李萍、王军，第五章李萍、王军，第六章刘灿、李萍。